立法评论

第2卷

中山大学法学院　主办
中山大学中国立法研究大平台　承办
中山大学立法研究中心　协办

主编　刘　诚

法律出版社
LAW PRESS·CHINA

本书编委会

主　　编 刘　诚

编　　委（按姓氏笔画排序）

丁建峰　王承志　王　怡　毛　玮　庄瑞银　刘　诚
孙　莹　杜　金　杨　彪　陈毅坚　罗　玥　郑琼现
胡汝为　徐　英　黄泷一　黄泽萱　董淳锷　韩光明
谢进杰　谢　琳　潘炫明

学术委员会（按姓氏笔画排序）

于海涌　邓世豹　石佑启　冯玉军　任　强　刘文静
刘　恒　李挚萍　杨建广　吴家清　汪习根　沈国明
宋方青　宋华琳　张　亮　陈柏峰　陈　俊　周林彬
周旺生　封丽霞　姜明安　郭天武　黄建武　黄　瑶
崔卓兰　董　皞

目　　录

立法理论与实践

农村土地法制改革

学术专论

Table of Contents

Legislative Theory and Practice

The Reform of Rural Land Laws

Academic Monograph

PART 1

立法理论与实践

Legislative Theory and Practice

pp.001 -080

立法论证的概念、原则、方法

王爱声*

目　次

摘要:立法论证是指一定的主体在立法活动中,运用一定的方法,借助一定的信息,通过一定的步骤,对立法的制度设计和内容安排等需要以法的形式确立的事项加以证成的过程。它是对立法资

---

* [作者简介]王爱声,法学博士,北京市人大常委会法制办公室处长。

源进行有效调控的重要手段和形式，对于增强立法的科学性、产出质量优良的法和保证法的实施至关重要。立法论证必须遵守一定的原则，“合逻辑”是首要的原则；但需注意，立法论证的理论、方法和实践来源并不限于逻辑。逻辑、对话和修辞的方法均适用于立法论证，此外还有一种实证的方法，强调通过实践理性达到论证目的。

关键词：立法论证；论证原则；论证方法

一、立法论证的概念

在一般的意义上，论证是指从一些已经肯定的命题出发，经过一系列推理而达到肯定另一命题的思维形态。[1] 论证活动和实际生活有着相当密切的关联。比如，做一个建设工程方面或者其他方面的项目，通常都离不开论证；又如，确立一个观点——小至议论文的写作，大至完成一篇学术论文，也都需要论证。人们对论证已经有了一些基本的看法，一般认为：论证就是用论据来证明论点的过程，目的是揭示论点和论据之间的内在关系，论点是解决“证明什么”的问题，论据是解决“用什么来证明”的问题，论证是解决“如何进行论证”的问题。在法律语境下，所谓论证，简单地讲，就是举出理由支持某种法律主张或判断。[2] 换言之，法律上正确性标准的寻求都必须经过论证，这种论证表现为对规范性命题的证立或证成过程。[3] 用卡尔·拉伦茨(Karl Larenz)的话来说，论证就是提出一些似乎可以使某项主张正当化，或使其至少看来值得讨论的理由，这些理由必须能够说服预期的讨论伙伴，并有效地克

〔1〕 参见宋文坚主编：《逻辑学》，人民出版社1998年版，第8页。

〔2〕 参见严厥安：《法、理性与论证——Robert Alexy的法论证理论》，载《政大法学评论》总第25期。转引自舒国滢：《走出“明希豪森困境”》，载[德]罗伯特·阿列克西：《法律论证理论——作为法律证立理论的理性论辩理论》，舒国滢译，中国法制出版社2002年版，代译序第7页。

〔3〕 参见舒国滢：《走出“明希豪森困境”》，载[德]罗伯特·阿列克西：《法律论证理论——作为法律证立理论的理性论辩理论》，舒国滢译，中国法制出版社2002年版，代译序第7页。

服其可能提出的反对理由。[4]

在法律实践领域，人们比较熟悉的是司法过程中的论证，不管是律师还是法官，都要通过一定的论述来证立其案件或支持其裁决。判决是一种典型的法律论证，在一些国家的成文法律制度中，明确规定判决必须论证理由。[5] 法律论证的重要性是没有疑义的，但是在人们的认识上还存在疏漏。时下流行的法律论证理论有意无意地回避了立法领域的问题，[6]很多学者都是将法律论证理论作为司法裁决的证立理论来研究的，高深复杂的论证理论并没有为立法活动提供支撑。实际上，法律论证存在于法律活动的一切场景，论证不仅仅是法院的实践，也是立法部门的实践；它不仅在司法裁决中显得重要，在立法过程中也十分重要。立法论证同样体现了一种生活法则和实践逻辑，在整个法律的生成、演进和实施中起着关键性的作用。因此，完整意义上的法律论证还包括立法活动中的论证——这一点是首先要明了的。由于理论不够，立法论证虽然已有大量实践，但仍停留在简单操作的水平，论证活动的专门化、科学化程度不高。立法者自身对论证的认识仍然不足，立法实践中的论证活动主要靠习惯，缺乏理性和自觉的方法。

任何提出法律命题的人都有责任提供支持该命题的论述。法科教师向学生阐明一个观点，尚且予以严格的证立，何况制定法律这样的重大主张呢？另一方面，提出任何陈述或命题的理由、根基都不排除被质疑和批评的可能。既然如此，论证就显得尤为重要了。立法可以看作一种寻求正确性标准并形成规范性命题的活动。立法者的任务是给出清晰、明确的法律规范，当他提出一个立法命题并期望为人所接纳的时

〔4〕 参见[德]卡尔·拉伦茨：《法学方法论》，陈爱娥译，商务印书馆2003年版，第31页。

〔5〕 如《荷兰宪法》第121条规定：一个合法的判决必须明示判决理由。《德国民事诉讼法典》第313条第1款规定：裁决必须包括该裁决所依据的有效法律条款、案件事实及裁决理由。

〔6〕 参见[比利时]卢卡·温特根斯：《一种新的立法理论——立法法理学》，王保民译，载周旺生主编：《立法研究》(第5卷)，北京大学出版社2005年版。

候,必须有充足的理由来支持他的提议,即要充分论证。〔7〕只有经过科学的论证,才能将立法观点诉诸理性并使之获得正当化的基础。在立法这一特定的专门的语境下,立法论证就是对需要立法、应当立法、能够立法的事项的理由说明。具体地说,立法论证是指一定的主体在立法活动中,运用一定的方法,借助一定的信息,通过一定的步骤,对立法的制度设计和内容安排等需要以法的形式确立的事项加以证成的过程。它是对立法资源进行有效调控的重要手段和形式,主要解决要不要立法及如何进行立法的问题。也可以说,立法论证就是使立法主张正当化的过程,即想要成为某种定论的规范如何得到确认和承认。它涉及论证的逻辑结构、论证规则及各种情境下特殊法律论据的运用,特别是还涉及对价值判断赋予理由的可能性问题。

立法论证的成果不仅为立法机关的立法提供参考和决策依据,也是要求人们正确行为和规范司法、行政人员活动的前提。这种论证是一种具有本源性的高层次法律论证活动,对于增强立法的科学性、产出质量优良的法和保证法的实施至关重要。有学者也谈到,立法论证在立法过程中起着启动立法、保证立法工作顺利进行、促进立法进程以及保障立法的实施和实现的作用。〔8〕

二、立法论证和几个相关概念的关系

1. 立法论证和立法调研。立法中需要通过调查研究来了解情况,也需要通过立法论证来解决问题。立法论证也可以视为一种正式的调查研究方法,但是它不同于一般的调查研究。一般调查研究侧重于考察情况、分析问题和提出对策,它是做好立法准备的基本要求和方法,调查研究的结果可以成为立法论证的基础材料。而立法论证必须从严

---

〔7〕 参见[荷]伊芙琳·T. 菲特丽丝:《法律论证原理——司法裁决之证立理论概览》,张其山等译,商务印书馆2005年版,导论第1页。

〔8〕 参见汪全胜:立法学辞条(二),载山威立法论坛:http://pkuwangfang. fyfz. cn/blog/pkuwangfang/index. aspx? blogid = 183052。

格意义上提出解决问题的办法,说明立法方案必要和可行的理由。论证质量的高低在很大程度上决定着立法能否正式提上日程。

2. 立法论证和法律解释。立法论证是立法前或立法中的活动,它的依据可以是法律,也可以是事实,论证结果通常服务于立法决策,其有效性表现为论证意见是否得到采纳。法律解释则是立法后的活动,它的依据是业已确定的法律规范,解释结果具有法律效力。在很多情况下,法律解释和论证活动不能截然分开,法律解释必须是能够证立的。麦考密克将法律解释看作法律实践论证的特定形式,就是说,法律解释只有置于法律论证的框架内才能对其进行更好地理解。[9] 我们最好在宽泛的意义上来领会这一观点。这意味着立法论证就是立法过程中的法律解释,它近似于对在各种可能的解释当中所作出的选择进行证立,其结果一旦形成我们称之为法的东西,则它必须是可解释的。论证不清的问题如果留待解释,也必然解释不清。

3. 立法论证和立法说明。立法说明是对法的草案的补充说明,是对于立法背景、立法过程、立法思路和立法内容等情况的叙述。说明本身往往是立法结果或阶段性结果的呈现。它告诉人们法案是如何规定的,着重表明提案人的意图和法案的基本情况,具有和法一样的效力。立法说明一般比较简略,反映立法论证的结果,但不展示立法论证的细节。立法论证是通过论理的方式说明为什么这样规定,通常比立法说明更为详尽,它的有效性和可接受程度取决于论证的说服力。

三、立法论证的过程形式

立法论证的内容和形式非常丰富,按照不同标准可以作不同的分类。按内容和性质的不同可分为:应然的论证(如立法的必要性、可能性)和实然的论证(如立法的可行性)、实质论证和形式论证、理论论证和实践论证、法意论证和语义论证。还可以按组织形式、论证主体、论

---

〔9〕 参见陈金钊主编:《法律方法论》,中国政法大学出版社 2007 年版,第 198 页。

证规模、法条类型的不同划分出其他一些类型。

从现行法律的制度设计来看,《立法法》只对立法论证作了非常原则的规定。[10] 各地的立法法规普遍提到了论证,但少有具体规定。因此,立法论证在形式上是法定要求,但在实践上还不是正式程序,而仅仅被当作工作层面的事情。我们说立法过程是一个政治过程,是利益博弈和利益衡量的过程,这是立法过程的本质,是从人的行为活动的角度而言的。从思维活动和方法论的角度来看,立法过程还是一个反复论证的过程,论证活动贯穿于立法过程的每一个阶段。

1. 立法规划环节的论证。在实际操作中,编制立法规划过程中进行的论证称为立法项目论证。[11] 在这个环节,规划编制部门十分看重论证对于立法选项的价值,因为立法论证与立法项目的选择直接相关。论证的重点是关系到立法能否提上日程的一些要素,如立法的必要性、可能性等。需要解决的问题和各方面提出的立法要求很多,而立法资源、立法范围都是有限的,因此不可能所有的立法提议都进入立法程序,这就需要通过必要的论证,适当把握立法需求和立法供给的关系。做好这个环节的论证工作,不仅可以优化立法项目,还能突出立法的重点,防止项目选择的随意性。

2. 立法计划环节的论证。这个阶段的立法论证是前一阶段立法论证的深化,应当更加全面、准确、充分、到位。北京市目前正在实施法规立项论证制度,其基本精神是:凡纳入年度立法计划的项目必须进行立项论证,未经立项论证的项目不能列入立法计划。从历年的情况来看,一些立法项目难以提上日程或者半途而废,主要是论证不足的问题。在立法计划环节加强论证,是为了确保立法论证的可靠性,使立法机关的审议工作顺利进行,最终保证立法的质量和效率。

---

〔10〕 参见《立法法》第34条。

〔11〕 如《北京市人大常委会立法规划编制与实施工作规程》规定对拟列入立法规划的立法项目都要进行论证,还规定了立法项目论证的主要内容。

3. 立法起草前的论证。起草前的论证，即在法案起草的前期阶段，起草班子针对有关主题组织进行的论证活动，一般是对纳入年度立法计划的项目进行论证。这个阶段的论证主要是为法案起草做准备，重点是从整体上对立法的可行性加以分析，即在明确立法基本思路的前提下，对立法要解决的主要问题和具体措施、立法中的难点和可能遇到的障碍等问题进行具体分析。在此基础上，再作出法案起草决策，进行立法框架设计和条文草拟工作。

4. 立法起草中的论证。如果经过前几个阶段的论证，在立法方向和立法的基本问题上仍有障碍，起草过程将变得十分艰难，甚至会给立法带来致命的影响。立法工作进入起草阶段时，意味着立法的必要性和可行性等重大问题已经基本解决，至少是在宏观上已经解决。因此，起草中的论证一般是在微观层面解决问题，即针对具体问题、个别问题进行更加深入、细致的论证。这个阶段的论证以法条论证〔12〕为主，起草工作表现为边论证、边起草的特点。

5. 正式立法阶段的论证。正式立法阶段的论证是指立法进入审议阶段后，在立法的必要性、可行性、合理性等基本问题上出现严重分歧的时候，由相关立法主体组织进行的论证。这一阶段的论证是伴随立法审查或审议活动进行的，这种论证的规格和效力更高，通常需要采取专家论证的形式。在法案已基本形成、多数问题得到解决的情况下，论证的重点是那些矛盾突出、争议较大、对立法足以造成重大影响的要害问题——经常是一些久议不决的问题，主要涉及立法的内容方面。这一阶段的论证在很大程度上是为决策服务，对立法的成败有直接影响。

综上，我们是在立法过程这样一个完整的链条上来看待不同阶段的论证活动的。从这个角度切入，可以发现立法论证有以下几个特点：(1)立法论证是一个思辨的过程；(2)立法论证是一个动态的过程；

〔12〕 即对将要制定的法律条文所进行的论证。做好法条论证是发现规则和完善规则的必由之路。

(3)立法论证是一个层次递进的过程;(4)立法论证是一个资源流动和方案选择的过程;(5)立法论证呈复式结构,即总体论证由多个论证组成;(6)论证过程和立法过程是同步发展、演变的。

四、立法论证的原则

立法过程中的论证实践有两大通病:一是不讲究论证规则;二是不讲究论证方法。这样就会导致论证不足,使主观判断占上风,难免轻率、机械、匆匆忙忙地得出结论。这种状况在有关立法的论证文本中司空见惯。

论证的目的是说服他人接受证方的观点。衡量一个论证是否成功,就看它是否确实充分,是否有足够的说服力。为了达到这一目的,论证就必须遵守一定的规则。在立法论证方面,我们同样需要形成一套可靠、完整的观念,明确从事这种活动应当依循的基本规则。罗伯特·阿列克西确信,在讨论有争议的法律问题时,解决此问题的适当手段是在遵守合理规则的前提下所进行的讨论。〔13〕 这种讨论的实质是,通过一系列程序性的技术——论证的规则和形式来为正确性要求提供理性的可靠的基础。〔14〕 依靠理性来寻求确实性或正确性的答案是人们的迫切任务,但应注意,理性不等于百分之百的确实性,只要遵守一定的讨论规则和形式,规范性命题就可以在理性的方式下得以证立,讨论结果就可以称为理性的结论。〔15〕

谈到论证规则,我们自然会想到逻辑。逻辑论证在形式上有着特殊、严格的要求。按照逻辑学原理,一个论证是由论题、论据和论证过

〔13〕 参见[德]卡尔·拉伦茨:《法学方法论》,陈爱娥译,商务印书馆2003年版,第32~33页。

〔14〕 参见舒国滢:《走出"明希豪森困境"》,载[德]罗伯特·阿列克西:《法律论证理论——作为法律证立理论的理性论辩理论》,舒国滢译,中国法制出版社2002年版,代译序第7页。

〔15〕 参见[德]罗伯特·阿列克西:《法律论证理论——作为法律证立理论的理性论辩理论》,舒国滢译,中国法制出版社2002年版,第224页。

程三部分组成的，逻辑论证的规则主要是针对这三要素。立法论证自然要符合一般论证的逻辑要素，凡是逻辑论证应当遵守的规则，在立法论证中都应当贯彻。首先，论题要明确。①论题必须是一个有确定真值的命题，就是说，论证的是什么必须清楚，违反即犯了论题不清的错误，就会产生歧义，导致论证无效。②保持论题的同一性，不得转移或者偷换论题，这是同一律对论证活动的要求。[16] 其次，论据要真实。①论据必须是公认的真命题，或者其真实性得到确认，违反即论据虚假。②保持论据的一致性。论题的真实性依靠论据来证明，所以论据和论题之间、论据和论据之间都应该是一致的，不能由不同论据推出相互矛盾的命题。③论据要充分。所有论据的相加形成一个论据集，整个论据集应当是论题的充足理由。最后，论证要可靠。①从论据应能推出论题。论题和论据之间要有内在的、必然的联系，不能犯"推不出"的逻辑错误。②推理应当是有效的或可接受的。在社会科学领域几乎难以见到纯粹的证明，论证活动中运用归纳推理的情况非常普遍，用推理的有效性或可接受性来衡量相对比较容易。[17]

总之，立法论证要遵守逻辑规律[18]，以保持思维的一致性、无矛盾性、明确性和论证性。[19] 这基本上应属常识范围的问题，但还是经常为人所忽视。甚至有人认为，逻辑在法律论证中的用处是微乎其微的，这本身是一种没有逻辑的看法。事实上，无论在什么时间和场合，法律论证的可靠性总体上是由逻辑来保证的，没有逻辑的论证恐怕不堪一击。对于立法论证而言，不合逻辑的论证肯定谈不上可靠。因此，"合逻辑"应是立法论证的基本原则之首。不过要注意，立法论证的理论、方法和实践来源并不限于逻辑。经过分析大量的论证性立法文件，总结其中的得失，我认为，符合标准的、好的立法论证还应当遵守下列原则：

---

〔16〕 参见王洪主编：《法律逻辑学》，中国政法大学出版社 2001 年版，第 217 页。

〔17〕 参见宋文坚主编：《逻辑学》，人民出版社 1998 年版，第 360 ~ 365 页。

〔18〕 包括同一律、矛盾律、排中律和充足理由律。

〔19〕 参见陈应芬：《法律分析逻辑》，西南交通大学出版社 2002 年版。

1. 提出法律命题要从问题出发，从需求入手。问题本身必须是真问题，没有问题、问题不明或问题为假的论证是不能成立的。

2. 提出的法律命题应具有似真性。一项立法主张不必是确定为真的命题，但可证立的法律命题首先是基于接近正确的判断。对谬论[20]进行论证是毫无前景的。

3. 尊重事实，遵守常识，遵循事物发展的客观规律。违背事实和公理的论证必然是会失败的。

4. 正确地运用论证方法，保证论证的有效性。只讲逻辑不讲方法的论证是难以让人理解的。

上述原则是各种形式和类型的立法论证都要遵循的纲领性原则。

五、立法论证的方法

讨论立法论证的方法，主要回答的是如何具体实施立法论证的问题。有效的论证不能没有方法。因为立法不仅仅是政治的任务，它还是一门科学，科学的事情就需要科学的方法。方法的适当运用，有助于增强立法事项的可证实性。立法论证的实践向我们提出了方法上的要求，论证理论则为立法论证提供了方法指南。一般论证理论和法律论证理论是立法论证的思想渊源和基础，其他学科的原理和方法论也可为立法论证的理论和实践所参酌借鉴。

学界一般认为，法律论证的基本方法有三种：逻辑的方法、对话的方法和修辞的方法。法律论证既然包括立法论证，这些基本方法就能够应用于立法论证。还有一种方法从论证实践中得来，即实证的方法。这种方法强调运用实践推理，通过实践理性达到论证目的。

1. 逻辑的方法

这里所说的逻辑是指形式逻辑。法律领域的逻辑应用有着古老的传统，在法律论证理论中，逻辑方法一直是一种基本的方法。逻辑之于

〔20〕 谬论是一种“似合理却不合理”的论辩。

立法活动的重要性,不亚于它在司法过程中的重要性。这两种活动都离不开逻辑思维。以判断性思维为特点的论证活动,只有通过一定的思维形式才能得到充分表现。因此,从逻辑的维度来看,立法论证的实质是立法的思维形式问题。在立法过程中,立法者的论证活动必然用到法律推理,即逻辑的思维方法。归纳推理和演绎推理是法律推理的基本形式,因而基本的逻辑方法也主要是归纳法和演绎法。在这种方法中,逻辑思维被大量应用于立法语境下的各种论述,形式有效性被视为论证合理并得以确立的标准,即当一个论证在逻辑上有效时,才能从已有的立法规则或事实前提中得出相关结论。立法论证的目的是为立法主张寻找理据以求得广泛的支持,因此,特别强调论证的合理性和可接受性。按照逻辑方法,一个立法要求或主张得以证立且可被接受须具备两个条件:一是论证应当是在逻辑上形式有效的论述,二是进行论证所用的论据及得出的结论应当具有可接受性。一项法案要正式提上议程、通过各种审查并获得认可,首先应当具备这样一个逻辑基础。不过,许多人也意识到逻辑方法的不足,其最大的问题是,只能解决论证的形式标准问题,而难以提供实质向度的评判标准。[21] 诺伊曼曾经指出,逻辑方法在法律论证活动中“理所当然地必要”,但另一方面,也不要过分期待“从逻辑演算运用中获得知识”。[22]

在具体应用中,逻辑方法除了演绎法和归纳法,还有类比法、设证法、逆推法、排除法、否证法、反证法、归谬法等。

2. 对话的方法

对话是近年来某些学者提出的一种新的法律论证方法,它是经由论辩达致理性共识的一种沟通方式,它的进路是从商谈程序的视角来考虑法律论证。在这种方法中,法律论述被看作某种法律观点可接受

---

〔21〕 参见[荷]伊芙琳·T.菲特丽丝:《法律论证原理——司法裁决之证立理论概览》,张其山等译,商务印书馆2005年版,第37页。

〔22〕 参见[德]阿图尔·考夫曼、温弗里德·哈斯默尔主编:《当代法哲学和法律理论导论》,郑永流译,法律出版社2002年版,第339页。

性对话的组成部分,论述的合理性取决于商谈程序是否符合可接受性的某些形式标准和实质标准。[23] 于是,法律论证成了一场关于法律立场的对话。对话的论证模式从形式上体现了多元主体参与法律决定、表达利益诉求的权利,各方根据特定讨论规则为自己的法律立场进行辩护。不过,仅有平等对话和协商还是难以有效解决问题,法律决定往往是在对话式论证的基础上,由程序主持者、决策者依据一定原则进行利益衡量的结果。这种论证模式不仅包括对论点的支持,也包括对它们的辩驳;每一方都提出支持自己的论证,同时又提出对对方论证的怀疑。论辩性讨论的结果总是由较充足理由的力量所决定。在有不同意见的情况下,不仅需要充分考虑多数人的意见,更要看重这些意见的论证理由是否充分。因此,任何一方都要提出充分的论证理由,用理由支持他的判断。

对话式的论证是我们经常看到的立法论证的实际场景。对话有不同的类型,[24] 立法论证中的对话是一种说服性、商谈性、论辩性的对话。立法论证是一种通过论辩机制进行商谈、表达、解释、批评和修改论证的活动。它所要达到的目标是,通过理性论辩来消解意见分歧,让人们理性地共享已得到支持的关于某个问题的主张。论辩话语的基本意图是使对方接受某种观点。只要是一个并非人人赞同的观点,就总是需要维护。而维护论点的同时,意味着它的可接受性成了问题。由于自己的观点遭到反对,或者害怕自己的观点受到挑战,人们总会积极地参与论辩。这种论辩有两方或多方参与,往往存在意见冲突。分歧使争议不可避免,而语用者仍试图以论辩的方式解决争议。论辩者会使用大量论据来维护其立场和观点,因而论辩的结构是由大量论据组成的

---

〔23〕 参见[荷]伊芙琳·T. 菲特丽丝:《法律论证原理——司法裁决之证立理论概览》,张其山等译,商务印书馆2005年版,第16页。

〔24〕 对话有六种基本类型:说服的、探究的、谈判的、信息寻求的、商议的、争吵的对话。另外还有一类对话是这六种类型的变体,即包含其中两个以上的混合型对话。这些类型各有自己的目标、益处和规范。参见武宏志:《法律逻辑和论证逻辑的互动》,载《法商研究》2006年第5期。

复杂结构,显示出争议在不同程度上存在的复杂性。鉴于这种复杂性,论辩者要想以理性的方式消除某观点引起的争议,就必须运用论辩证实其观点的可接受性。[25] 对话从开始到对抗、讨论、结束,分为多个阶段,不同阶段的论证层层深入。随着论据的增加和方法的变化,论辩各方的力量对比也发生着转换。有人说,正是基于这样的特点,对话方法非常自然地适合于法律论辩。[26] 在许多场合,立法论证差不多成为法律论辩的典型模式。也可以说,论辩式的论证是立法论证的一种典型模式。在这种模式下,参与讨论者在一些重要问题上存有分歧,但每一个讨论者都能理性地参与,积极寻求合理性的方案,都愿意将这种讨论实践作为实现共同利益的手段,并能为共同利益的实现而相互妥协。

在具体应用中,对话方法主要有阐释法、质疑法和批驳法等。

3. 修辞的方法

法律过程中的许多事例表明,充分论述并不取决于形式逻辑的有效性。事实材料和论证技术的运用都能大大增强论证的效果。于是,一种更具有开放性的方法产生了。它使法律论证在立法领域的适用成为可能——这就是修辞的方法。简单地说,修辞是一种增强说服力的方法。这种方法比逻辑方法更容易被不同背景的人所接受,更容易产生实际的效果和影响,有利于使立法参与者在最大限度上达成理性的共识,有利于使立法最大限度地反映民众意志。[27]

作为对逻辑方法及其强调法律论证形式方面的回应,修辞方法更加注重论述的内容及其可接受性。对于所面对的听众而言,论证的可接受性取决于论证的有效性,即是否能够说服听众,让听众认可法律论

〔25〕 参见[荷]弗朗斯·凡·埃默伦、罗布·荷罗顿道斯特:《论辩 交际 谬误》,施旭译,北京大学出版社 1991 年版,第 14 ~ 15 页。

〔26〕 参见武宏志:《法律逻辑和论证逻辑的互动》,载《法商研究》2006 年第 5 期。

〔27〕 参见杨贝:《法律论证的修辞学传统》,载法律方法与法律思维网:http://www2.scut.edu.cn/juris/publish/news/falvxiuci/3dsgu4c16je4jm.html。

证。〔28〕论述内容的可接受性则取决于论题事项和论述本身所面对的听众。修辞方法注重法律论述的交互性,揭示了法律论述不是一个自说自话的思辨过程,以理说服的对象不是自己,而是其他主体。这种方法关注听众。实际上,所有论证都是以听众为指向的,目标在于获得或强化听众的认同。法律论证的听众可能是当事人,也可能是陪审团、法学家、一般社会公众等群体。正如有的学者所认为,"论证是以听众为中心的交流。无论如何运用,无论想如何影响,你准备和提供的论据都必须以接收者为中心。如果没有考虑你的听众,那么你的论证不过是在锻炼你构造论据单元的能力罢了"。〔29〕阿列克西也在总结沙伊姆·佩雷尔曼(Chaim Perelman)论证理论的基础上指出:同样一个主张,对一些支持讲话者主张的听众,可能会用支持的论点,对另一些不支持讲话者主张的听众,也可能会用作反对的论点。因此,讲话者必须使自己的言说适应听众,而不管他们可能是什么样的人。〔30〕

修辞方法的运用离不开措辞。这种方法强调,在论证过程中,我们必须依靠有效的论辩而不能依靠那些难以令人信服的教条,必须富于洞察力地探究他们的理据,而不是简单地接受他们的汇报。措辞不是纯粹的润饰,而是一种增强效果的说服性论述。像亚里士多德、西塞罗等人所强调的那样,它是任何沟通和论辩过程中都不可或缺的元素。只有在使用措辞时,人们才能进行沟通和思考。所有研究都不可避免地要运用措辞,例如诉诸权威、诉诸被认可的意识形态、诉诸历史上的

---

〔28〕参见[荷]伊芙琳·T.菲特丽丝:《法律论证原理——司法裁决之证立理论概览》,张其山等译,商务印书馆2005年版,第17页。

〔29〕Josina M. Makau & Debian L. Marty, *Cooperative Argumentation: A Model for Deliberative Community*, Waveland Press, 2003, p. 181. 转引自杨贝:《法律论证的修辞学传统》,载法律方法与法律思维网:http://www2.scut.edu.cn/juris/publish/news/falvxiuci/3dsgu4c16je4jm.html。

〔30〕参见[德]罗伯特·阿列克西:《法律论证理论——作为法律证立理论的理性论辩理论》,舒国滢译,中国法制出版社2002年版,第200页。

律典、运用各种譬喻。[31] 措词在有关立法的研究论证和沟通表述中也起着相当重要的作用，措辞的好坏和措词方式如何，直接影响着增强语言力量的效果。如果我们对不同立法的措辞形式仔细加以审视，就会体察到通过文字贯注到立法中的观念、底蕴以及措辞背后所隐含的权力和利益关系的不同。总之，认真看待措辞，提高措辞水平，是达致更有成效的言说，影响和改变听众，改善立法研究、探索和论证质量的必由之路。

在具体应用中，修辞方法主要有对比法、比喻法等。

4. 实证的方法

论证不仅要形式正确，更重要的是内容协调，在实质方面能够让人接受。除了上述几种方法，还有一种以理性判断为特点的非形式逻辑的方法可以探讨。逻辑的作用虽然重要，但也不是绝对可靠的，在大多数实际开展的证立活动中，结论不是从前提中逻辑地推导出来的。[32] 理查德·波斯纳（Richard A. Posner）说，在逻辑说服和修辞伎俩之间还有很多种方法可以取得合理真实的信念，这些信念仍然是理性的，尽管并不是严格的或者是精确的，这就是实践理性的领地。[33] 他认为，实践理性意味着“对无法为逻辑或精密观察证实之事物形成种种确信时使用的各种方法”。[34] 这种通过实践理性作出判断的方法可以称为实证的方法，即运用实质推理、辩证思维进行论证。大卫·休谟（David Hume）指出：“一切推理可以分为两类：一类是证明的推理，亦即关于观念之间关系的推理；另一类是或然的推理，亦即关于事实与实际存在的

〔31〕 参见［美］麦克洛斯基等：《社会科学的措辞》，许宝强等编译，生活·读书·新知三联书店 2000 年版，第 3 页。

〔32〕 参见［德］罗伯特·阿列克西：《法律论证理论——作为法律证立理论的理性论辩理论》，舒国滢译，中国法制出版社 2002 年版，第 202 页。

〔33〕 参见［美］理查德·A. 波斯纳：《法律与文学》（增订版），李国庆译，中国政法大学出版社 2002 年版，第 361 页。

〔34〕 ［美］理查德·A. 波斯纳：《法理学问题》，苏力译，中国政法大学出版社 2002 年版，第 90 ~ 91 页。

推理。"[35]这两类推理被分别概括为形式推理和实质推理。实质推理也称辩证推理，是指根据法的实质内容进行的推理，一般适用于法律前提不明确的情况。它的特点包括：其一，它是对法律规定的实质内容进行价值评价的推理，带有一定的主观性；其二，它适用于疑难案件，即适用于形式推理无法解决问题或者虽然可以解决问题但明显不公时。立法论证中，在不少情况下难以采用形式推理得出判断和结论，就不可避免地要适用实质推理了。比如：对如何处理两种对立的理由没有明确法律依据的；根据同一法律规定可以提出两种对立的意见，需要从中作出选择的；由于出现新情况，依照现行法的规定执行显失合理性的。

这种方法在很多场合都会用到。这里关注的是一个理性分析的概念，它旨在正确认识复杂的和多方面的理性思考。[36] 按照笛卡尔的观点，这是一种正确运用自己的理性寻求真理的方法，"理性是万能的工具，可以用于一切场合"。[37] 这种方法的基础和来源是一种实践推理。法律推理的结论往往不具有科学推理那样的确定性，在很多情况下离不开理性的价值判断，所以，有时目标的确立更需要通过实践论证来作答。这种判断往往发生在与价值相关的背景下，包含着某种目的性，包括对所赋予价值的含义、对事实的解释和描述。[38] 由此可见实践性法律论证的合理性所在。实践推理从最初承认的规范开始，通过一定的方法去论证根据这些被承认的规范作出的新的决定。它是以实践理性为出发点的，时常以具体的信念、直觉为开端，并以此来断定各种论据的相关性和有用性。

在具体应用中，实证的方法主要有分析法、综合法、例证法、引证法、验证法等。

---

〔35〕［英］休谟：《人类理智研究》，北京大学哲学系外国哲学史教研室编译，载《西方哲学原著选读》（上卷），商务印书馆1981年版，第524页。

〔36〕参见［英］麦考密克、魏因贝格尔：《制度法论》，周叶谦译，中国政法大学出版社1994年版，第202页。

〔37〕［法］笛卡尔：《谈谈方法》，王太庆译，商务印书馆2002年版，第45页。

〔38〕参见焦宝乾：《法律论证导论》，山东人民出版社2006年版，第132～133页。

六、立法论证的实际操作

在上述原则和方法的适用中应当注意以下几点：

第一，逻辑不是教条。一个论证在多大程度上为人所接受，不在于结论本身，而在于得出判决结论的过程。通常，推理得出的结论若要使人信服，推理的过程就必须符合逻辑规律，但须知遵守逻辑形式不应是教条式的。逻辑并不是分析、反映立法过程和从事立法论证的唯一正确工具，因为论证实践及其背后的生活、社会背景并不总是以逻辑的方式进行。法律推理的局限在于：尽管一定的真的前提通过形式逻辑必然会得出真的结论，但它却不能保证作为推理前提的必然为“真”。所以，仅依靠形式逻辑不能得出绝对的判断结论，还必须正确发挥实践理性的作用，理性和逻辑不可偏废。日常生活中，经常存在从不完善的前提得出有缺陷的结论的方法，以及从不完善的前提得出有用结论的推理。有人将这种现象称为合情论证。其特点是：前提为真时，结论并不必然为真；从前提到结论的思维活动往往表现为运用正常、正规或典范情形以说明一般、特殊或者个别的合理性。〔39〕 正统逻辑一直怀疑合情论证（推理），常把它视为失败的、有缺陷的甚至是谬误。但是，它在现实生活中却是大量存在的，甚至成为人们决策和行动的向导。〔40〕

第二，掌握论据很重要。法律问题的解答并非借逻辑推论来达成，而是通过对有关论据的讨论。在讨论有争议的法律问题时，重要的是谁的论据更好。有的时候，在一个论证中既没有充足的根据、证据或资料，也没有精确而负责的计算、预测和科学、严谨又有说服力的数字。如果论据不充分，把确定论题真的必要条件当作充足理由，就会达到相反的效果。还有的时候，所引论据与论题不太相关，论据的真实性与论

〔39〕 参见武宏志、刘春杰主编：《批判性思维——以论证逻辑为工具》，陕西人民出版社2005年版，第167页。

〔40〕 参见陈金钊主编：《法律方法论》，中国政法大学出版社2007年版，第194页、第200页。

题的真实性没有必然联系。这也是一个致命的问题。

第三,运用技巧是为了更好地说明。世界上没有唯一有效的论证方法,因此,好的论证不能只用单一的方法,而应强调多元化方法的综合运用和论证方法的适配性,通过直接证明、补充、佐证等各种方式,来达到充分论证的目的。以分析法为例,鉴于提出立法主张者在其基本命题之下通常有一系列分论题,进行论证时最好采取分层论证的方法,即围绕中心论点,从不同角度、不同方面,对论题进行层层深入的论述,一层比一层分析入微,一层比一层接近论点,尽可能提供充足理由。立法的复杂性决定了必须用解剖麻雀的方式,把一个事物或问题分解为若干个部分、方面、层次、要素,分别加以考察,从性质、特点、组合、起因、发展、结果、关系等方面进行剖析,然后再加以综合,同时还要注意揭示所处的社会环境和时代背景。这样的论证才会有针对性、说理性,才会有实际意义。

第四,要注重交际规则。对话或商谈式的论证是一种交际行为。法律论证具有交涉性,强调论证过程中主体之间的交互作用,有时也被表述为"法律论辩"。立法论证中有大量的论辩场合,不同观点的"合理碰撞"当然是允许的。但必须明确,论辩的目的是消除纷争,而非炫耀能力。因此,不管是何种形式的论证活动,一定要回避和防止武力论辩、权威论辩,要紧紧围绕论证目标进行言说,并遵守说者、听者应当恪守的交际规则,做到清楚、诚实、有效、切题。[41]

第五,要写好论证报告。有些场合口头论证是可以的,如立法起草中的论证、专家座谈会式的论证;但在一些正式、关键的立法环节,撰写完整的论证报告就显得非常必要了。论证报告应当充分展示论证过程,并提供准确、可靠的立法观点和充足、详备的立法理由。这对于立

〔41〕 清楚,即不做让人无法理解的言语行为;诚实,即不做不诚实的言语行为;有效,即不做多余的、没有意义的言语行为;切题,即不做与现行言语行为没有相宜联系的言语行为。参见[荷]弗朗斯·凡·埃默伦、罗布·荷罗顿道斯特:《论辩 交际 谬误》,施旭译,北京大学出版社1991年版,第58~61页。

法过程中的重大决策，特别是在决定将立法项目列入规划、计划或者提上会议议程等方面，都是一个依据性的条件。总之，好的论证应当通过好的论证报告体现出来，好的论证是立法纳入程序、获得通过和保证立法质量的基础。

（责任编辑：罗玥）

设区的市委托第三方起草法规的问题及其规制*

张玉洁**

目　次

摘要:在地方立法中,传统委托立法模式最大

---

* [基金项目]本文系国家社科基金青年项目"京津冀地区区域立法研究"(课题号:12CFX018)、广东省地方立法研究高校联盟资助项目《地方人大委托第三方起草法规草案问题的实证研究》的阶段性成果;本文受广州大学新进"优秀青年博士"培养计划的支持。

** [作者简介]张玉洁,法学博士,广州大学公法研究中心特聘研究员。

的弊端在于部门利益法律化倾向。为此，设区的市人大在获得立法权之初，就尝试委托“第三方”（如高等院校、律师事务所、科研院所等）起草地方性法规，以限制立法过程中的“公权私用”现象，提升法规起草的客观中立性。这一立法模式的变革在我国省及较大的市人大立法中，有着充分的理论与实践基础。但是在设区的市人大委托第三方起草法规上却呈现出客观中立性隐忧、立法能力不足及结构性缺陷。为了保障设区的市正常行使立法权，我国应当加强设区的市人大的立法主导地位，强化第三方与行政主管部门的协作机制，建立立法责任追究机制。

关键词：设区的市；委托立法；第三方起草法规；部门利益法律化

引言

自2015年《立法法》修订以来，284个设区的市获得了地方立法权。为了应对立法权的下沉以及地方立法的压力，[1]设区的市人大往往通过委托“第三方”（如高等院校、律师事务所、科研院所等）起草法规的模式，缓解短期内的立法能力不足。这种法规起草方式在社会各界引起了强烈反响。多数人对立法权的下沉持溢美之词，并肯定设区的市人大享有立法权与地方立法需求之间的现实价值。[2] 但在冷静下来后却发现了诸多现实问题。一种新的变革倘要发挥实际作用总是要经得住磨合的阵痛——它包括制度的衔接、人员的配置、各部门之间的协调等，设区的市立法权应当从问题中得到完善、从改革中实现发展，这样才能使《立法法》中的立法权配置成长为一种切实可行的制度。有鉴于此，关于设区的市委托第三方起草法规问题的实证研究，将为我们提供一个客观的审视路径：《立法法》的制度设计能否承受实践的检验，设区

〔1〕 伊士国认为，《立法法》修订后立法主体的扩容，是立法权下放的体现。参见伊士国：《论设区的市立法权扩容的风险及其防控》，载《政法论丛》2017年第4期。

〔2〕 参见季长龙：《从较大市到设区市：地方立法权下放的意义与反思》，载《河南工业大学学报》（社会科学版）2015年第4期。

的市人大如何承接和运用立法权，立法质量又是如何得到保障的。上述三个疑问在很大程度上反映了设区的市立法权与立法能力之间的矛盾。它可以被用来解释“委托立法”现象的盛行，并有助于我们明晰地方立法权下沉与国家治理模式的转型。当然，指明设区的市委托第三方起草法规存在的问题，并积极引导其走向完善，就成为本文的主要努力方向。

一、设区的市委托第三方起草法规的可行性

长期以来，地方人大的立法模式都是由法规的执行部门负责或牵头起草，从而形成了执法者主导法案起草的“部门立法”现象。在改革开放初期无法可依的情况下，“部门立法”方式有效地调动了地方政府的数据优势和经验优势，有利于提升立法的可操作性和社会治理的稳定性，快速推动地方经济发展和法制建设，实现社会稳定有序发展。但是，随着中国特色社会主义法律体系的基本形成，“部门立法”的现实弊端也日渐凸显，例如公共利益部门化和部门利益法律化倾向突出、地方人大代表素质良莠不齐、地方立法的民主化程度低等，使地方性法规呈现出权力固化、权利限缩、责任虚置等问题，直接影响地方性法规的质量。在此情况下，地方人大开始探索“第三方立法”的新型立法模式。所谓“第三方立法”，是指“利益相关者不能直接主导立法，防止立法主导权被利益主体控制，立法者应与立法可能带来的利益保持距离，不能从自己设计的制度中获取任何现实利益”的一种法规起草模式。[3] 设区的市委托第三方参与立法全过程，以打破政府(或部门)“唱主角”的旧格局，将某一特定立法事项通过立法招标等方式委托给社会组织或人员，如行业协会、咨询顾问、律师事务所或专家学者，期望以中立、多元化的民主参与途径，消除地方性法规起草中的政府主导色彩，提升地

[3] 李松：《有权不可任性——珍惜权力，管好权力，慎用权力》，新华出版社2015年版，第71页。

方性法规的科学性、民主性。尤其是在2015年《立法法》修订以后，设区的市委托第三方起草法规更是成为一种立法常态。这种现象似乎已经证明，委托立法理论不会受到立法机关级别的影响，可以适用于各级立法机关。然而，立法理论与立法实践的衔接，从来都不是仅凭表面现象就能够发现地方立法学的实质的。否则，墨西哥对美国法律的移植也不会以失败告终。因此，实证调查的结果将证明，设区的市委托第三方起草法规不仅能够良好地适用“委托立法理论”，同时也反映出某些独特的立法基础。

（一）设区的市委托第三方起草法规的理论基础

在我国，地方人大委托第三方起草法规，既有多年的立法实践基础，又有丰富的理论基础。在理论与实践的结合下，地方人大同“第三方”起草者之间，建立起“需求—供给”相协调的委托关系。前者拥有立法的压力和动力，后者掌握精湛的立法知识和专门人才。在立法压力较大的省份，第三方起草者与地方人大已经形成了较为稳固的委托关系，并帮助地方人大做好日常法规清理、评估、专家意见等工作。钱穆认为，“现实是制度的血液营养，理论是制度的精神生命”。[4] 在委托立法理论的发展历程中，党对立法工作的领导，成为我国委托立法理论发展的首要动力。尤其是在委托立法理论发展的重要节点上，党对立法规律的把握，直接推动了立法理论的整体发展。《中共中央关于全面推进依法治国若干重大问题的决定》指出，“深入推进科学立法、民主立法……探索委托第三方起草法律法规草案”。2015年修订的《立法法》第53条便以国家制定法的方式，肯定了党对委托立法理论的全新发展，确立了委托第三方起草法律法规的法律意义。由此可见，设区的市委托第三方起草法规同立法权下沉之间，保持了微妙且紧密的联系。此外，设区的市委托第三方起草法规符合民主理论的内在精神。作为现代立法的主要特征，民主已经成为立法科学性、正当性的重要基础。

---

〔4〕 钱穆：《中国历代政治得失》，生活·读书·新知三联书店2005年版，第48页。

而且,在深究程序正义的当下,民主已由传统的表决方式发展出征求公众意见、专家论证会、听证会、委托第三方起草法规以及社会化评估等多种形态。黄文艺认为,“法律是否真正是人民意志的充分表达,在相当程度上就取决于立法程序的可参与程度”。[5] 可以说,民主立法是展现现代法治国家立法水平的重要标杆,也是提升立法质量的本质要求。对设区的市而言,委托第三方起草法规是民主立法的重要表现和应有之义。一方面,人大委托第三方起草法规是地方立法机关科学调动民主立法资源,实现立法民主化的绝佳策略。另一方面,它也扩大了公民参与立法的路径,提升了立法程序的民主化程度。地方性法规是与人们生活密切联系的,不能仅凭立法机关的臆想、闭门造车就形成影响人们行为方式的规则。它应当能充分表达民意,体现人们的法治需求。因此,委托第三方起草法规是地方立法机关遵循程序正义和民主立法理论的体现。

(二)设区的市委托第三方起草法规的实践基础

地方人大委托第三方起草法规的尝试,早在20世纪80年代就已经在我国立法实践中得到展现。为了解决地方政府“公共利益部门化、部门利益法律化”的流弊,地方人大开展了委托立法的尝试与探索。我国第一个委托第三方起草法规的案例是1986年上海市人大法制委员会委托上海市委牵头市委宣传部、市高级人民法院等16家单位共同参与起草了《上海市青少年保护条例》。这是我国第一部专门针对未成年人保护而制定的地方性法规,其设置的制度、条款展现出各部门在公共利益保护与执法上的相互博弈,其结果也显现出第三方起草法规的优势。自本世纪初开始,地方人大委托第三方起草法规的样本逐渐增多,在国内各级立法机关均有体现。2001年,重庆东通律师事务所受重庆市人大委托负责起草《重庆市物业管理条例》,为我国地方人大委托律师事务所起草法规开创了先例,引起了巨大

〔5〕 黄文艺、杨亚非主编:《立法学》,吉林大学出版社2004年版,第54页。

的社会反响。有学者将这类立法改革称为"立法走向民间的创新"。[6] 在此基础上,重庆市政府法制办公室又与地方院校签订地方性法规委托起草协议,并明确规定"第三方委托起草法规"成为规避部门利益法制化、实现立法科学性的重要方式。[7] 此后,北京、上海、天津、湖北、辽宁、青海、宁波、武汉及呼和浩特等省市人大常委会先后采用委托起草的方式,将立法项目委托给律师事务所、科研院校或者法学院校。上述地方人大委托第三方起草法规的立法实践,为设区的市委托立法提供了重要借鉴,也使得《立法法》修订之初的设区的市立法工作能够顺利开展。

(三)设区的市委托第三方起草法规是遏制立法腐败的制度化结果

立法腐败是权力腐败的组成部分之一,其典型特征是利用立法职权,"为特定族群、团体或个人牟取政治、经济及宗教利益的行为或现象"。[8] 从权力规制角度来看,我国立法权的规制主要来自于上级立法机关的监督、党政机关的监督和社会公众的监督。但由于立法本身的抽象性、立法方案的可选择性以及立法语词的运用等问题,以权力监督方式规制立法权的效果并不十分有效。而委托第三方起草法规,则是对立法腐败的强力回应,也是遏制立法腐败的制度化结果。我国《立法法》第53条第2款规定:"专业性较强的法律草案,可以吸收相关领域的专家参与起草工作,或者委托有关专家、教学科研单位、社会组织起草。"这条法规的立法目的在于提升地方性法规的科学性、扩展公众参与地方立法的渠道,从而达到集思广益、增进立法共识、提升立法质量的目的。从委托第三方起草法规的制度设定来看,设区的市在获得立法权之初,一方面就有意识地限制地方行政机

---

〔6〕 郝建生:《民主足音》,中国民主法制出版社2008年版,第145页。

〔7〕 参见陈鹤编:《行政法与行政诉讼法精编案例教程》,华中科技大学出版社2012年版,第120页。

〔8〕 杨宏力:《非典型腐败及其制度治理》,载《社会科学研究》2016年第4期。

关对立法工作的干预程度,削弱地方行政机关对地方立法的控制,防止“部门利益法制化”现象的出现;另一方面,设区的市人大力求在公共参与立法的范围上有所突破,并吸纳一些专业性强、法律知识丰富、社会基础较好的法律团队,成为常规型的立法资源、立法队伍,提升地方性法规起草的中立性、客观性与科学性,从而防止立法腐败现象的出现。由此观之,委托第三方起草法规成为设区的市行使地方立法权的必然选择。

二、设区的市委托第三方起草法规的难题

无论是法学界还是设区的市人大,均对委托第三方起草法规赞不绝口,并认为这种法规起草模式既实现了党和国家加强民主立法的要求,也提高了地方立法的质量,避免了立法腐败现象,尤其是在创造性立法上具有典型示范意义。我国各级人大的委托立法实践证明,省级人大与较大的市人大在委托第三方起草法规上,既有多年的立法经验支撑,又有丰富的立法理论支持,并取得了良好的立法效果。但对于设区的市人大而言,立法实践的匮乏以及行使地方立法权的现实压力,成为设区的市立法机关迅速启动第三方起草法规机制的重要原因。而近两年来设区的市委托第三方起草法规的实际情况,虽然样本并不充分,但也足以说明其中的问题。

(一)受委托第三方的中立性、科学性隐忧

设区的市委托第三方起草法规的初衷在于合理利用地方立法资源、提升立法质量以及防止部门利益法律化倾向。但实际上并未产生预想中的效果。在早期的地方人大立法实践中,地方政府部门对地方性法规起草的主导权,往往衍变为地方政府扩充行政权力、规避自身责任与义务、强化部门权力和利益的法制化手段。这样的地方性法规,不仅难以保证立法质量,也有可能侵害公民的合法权益,影响地方性法规的顺利实施。从科学立法的角度出发,设区的市委托第三方起草法规比行政机关起草法规更能够保持科学性、中立性。但从现实情况来看,

上述立法认知在实践中遇到了阻碍。一般说来,"第三方"大多是既有法律知识又具有特定领域专业知识的专家、社会组织。其往往同特定行业保持着密切联系。由此引发的一个顾虑就是:作为起草法规的第三方,能否坚守公正、科学、民主的立法理念和职业道德,就成为地方性法规立法质量的重要影响因素。这一立法模式能否促成地方立法从"政府主导立法"向"人大主导立法、第三方提供智力支持"的转换,在很大程度上取决于专业人士能否保持客观性立法的品格。较之于行政机关,尽管第三方具有更好的独立性,并且不属于地方立法所调整和规范的范围,但在立法科学性问题上仍存在诸多弊端:一方面,起草法规的第三方很难获得足够的立法数据、立法信息。为此,立法机关担心"专家学者没有实务工作经验,对实际情况不了解,容易理论脱离实际"。〔9〕 这样,委托第三方立法不仅关涉法规起草的科学性问题,同时也为地方性法规实施后的执法问题带来了不确定性。另一方面,设区的市人大与受委托第三方之间属于合同关系,也就是说,合同价格将成为衡量立法质量的标准之一。排除受委托方资质和立法能力上的差异,单就第三方用于立法调研以及征询专家意见、公民意见的经费支出而言,合同价格将成为法规草案质量的重要影响因素。作为地方立法机关,设区的市人大一定要考虑到受委托的第三方能否在有限的财力支持下,获得足够的立法数据、信息以及客观中立的身份。否则,这种立法模式有可能在利益的驱使下降低立法的质量。

(二)受委托第三方的立法能力问题

在现代法治社会中,立法涉及社会生活的方方面面。对于设区的市立法机关而言,立法任务繁重且缺乏经验。为此,设区的市立法机关在现有力量和人员配置的基础上,仍对立法权的行使力不从心。针对《立法法》修订后,全国人大迫切要求设区的市行使立法权的局面,设区

---

〔9〕 廖军权、黄泷一:《提升设区的市立法质量的创新机制:立法点评》,载《地方立法研究》2017年第1期。

的市委托第三方起草法规就成为行使立法权的紧急应对措施。在第三方的参与下,设区的市立法机关得以顺利地行使地方立法权,加快地方立法权的实施进程,改变地方立法滞后的局面。但是,委托第三方起草法规的立法模式是一把双刃剑,与之相伴的问题是:受委托第三方的立法能力究竟能否保质保量地完成法规起草任务。如果第三方消极懈怠,草案不尽如人意,设区的市人大就无法顺利通过该项法规,甚至需要重新启动立法调研和征求意见程序。上述观点尽管带有揣测的成分,但这种担忧并非空穴来风,立法实践中已有个案加以证实。2001年,重庆东通律师事务所受重庆市人大委托负责起草《重庆市物业管理条例》严重脱离实际,缺乏可操作性,不得不回归到"部门立法"的原有路径上来。最后通过的《重庆市物业管理条例》经过了大幅度修改,与最初律师事务所拟定的草案相去甚远。上述个案表明,地方人大委托第三方起草法规尽管能够在一定程度上遏制"部门利益法律化"倾向,却也产生了其他立法难题。由此来看,设区的市在委托立法模式的运用上须慎重考虑受委托主体的立法能力,否则有可能造成立法资源的大量浪费。此外,立法资源历来被视为一种稀缺的制度资源或社会资源——权力寻租、立法腐败就是对立法资源稀缺性的最好证明——桑本谦认为,立法是一种消耗公共资源的活动,应当考虑到财政的支付能力。否则,公共资源的浪费或虚耗会减损法律的尊严,降低法律的实施效果。[10] 如果设区的市在委托第三方起草法案过程中,因不完备的调查或者立法能力不足而导致立法资源输出缺乏效益。这不仅会大大降低地方立法的质量,更有损于法律在人民心中的尊严,减损地方性法规的实施效果,造成法律资源的严重浪费。因此,设区的市在委托第三方起草法规的过程中,除了克服立法中部门利益倾向之外,还应当警醒第三方的立法能力问题。

---

〔10〕 参见桑本谦:《公共惩罚与私人惩罚的互动——一个解读法律制度的新视角》,载《法制与社会发展》2005年第5期。

(三)设区的市与受托第三方的结构性缺陷

地方立法机关在委托第三方起草法规问题上,往往采用"项目招标 + 委托协议"的方法,确立地方人大与受托第三方之间的权利义务关系。聚焦于设区的市人大委托立法项目招标可以发现,受托第三方大多来自该行政区划内的市属高等院校——其优势表现在两方面:一是了解当地的实际情况;二是便于开展立法调研和汇报工作——这种做法或许能够从省人大委托立法中找到缩影,但问题在于,设区的市人大与受托市属高校之间的双向立法能力不足,在设区的市立法上形成了结构性缺陷。法规起草不仅需要专门性的立法人才,还需要吸纳特定领域的专家。[11] 而我国高等院校(尤其是设区的市的市属高等院校)过分重视部门法人才的培养,而忽视了对专门型立法人才的培育。由此导致设区的市获得立法权之后,难以获得足够的立法人才。这也反映出受托起草法规的市属高等院校的另一重起草缺陷:本身缺乏专门性立法研究人员。恰是由于不注重立法人才的培养,致使市属高等院校本身的立法学研究不够深入。在接受法规起草委托之后,市属院校同设区的市人大一样,既缺乏立法理论的钻研,同时也未真正从事过立法工作。在选择"第三方"作为受托方时,设区的市人大只提出某些原则性要求,而没有细化的规定和严格的选择标准,加上没有专门或权威的认证和评估,对第三方的立法能力缺乏全面认知。立法知识的欠缺往往在法规草案的质量上得到展现。例如,条款过长、语言冗余、结构松散等问题比比皆是。但这远非委托第三方起草法规的核心问题所在。受制于受托第三方的立法能力不足以及设区的市立法人才储备困境,近两年设区的市地方性法规的质量不尽如人意。因此,《立法法》赋予设区的市立法权,是对我国地方立法规律的科学把握,但在设区的市有能力承接该项权力之前,无论是设区的市人大还是受托起草法规的

〔11〕 参见尹伟琴:《论专家参与地方立法的必要性及动因》,载《杭州师范学院学报》(自然科学版)2006 年第 3 期。

第三方，都需要一定的时间来发展和健全自身的立法基础。

三、设区的市委托第三方起草法规的完善措施

设区的市委托第三方起草法规符合现代立法的发展趋势，并且有利于提升立法的科学性和民主性。受上述难题的限制，设区的市委托第三方起草法规的优势尚未体现出来。因此，我国应当从以下三个方面着手，以提升设区的市委托第三方起草法规的质量，规范委托立法的程序。

（一）确立设区的市人大的立法主导地位

立法是地方人大的首要工作。立法工作中发挥主导作用的是地方人大，其核心是强化地方立法的主导意识，加强在立法工作中的组织、引导、推动和协调作用。虽然在地方性法规的起草上，地方人大总是委托某一专门委员会、政府部门或者第三方开展起草活动。但从法理角度讲，既然人大享有法定的立法权，其主导立法过程自然包括对法规起草活动的主导。这也是立法实践中相沿成习的惯例。设区的市对地方立法的主导主要包括对立法规划的主导，对法规草案制度设计的主导，对法规重要条款的主导等。尽管当前受托第三方起草法规尚处于设区的市人大的主导之下，但在立法数量飞速增长的将来，人大对第三方法规起草工作的监督与主导可能会力不从心。〔12〕 因此，我国在设区的市委托第三方起草法规问题上，应该尽快采取制度化措施以完善人大主导立法机制。从目前设区的市立法实践来看，设区的市人大需要从以下两个方面提升自己的主导性：一方面，设区的市人大应尽快促进委托第三方起草法规模式的变革，以便于能够全程主导立法活动；另一方面，设区的市人大要克服自身立法能力孱弱的问题，建立健全立法前期评估制度，加大对受托方的立法调研和论证工作的支持力度，密切跟踪

〔12〕 参见王春业：《设区的市地方立法权运行现状之考察》，载《北京行政学院学报》2016年第6期。

立法进度，充分发挥在各立法阶段的主导作用。不论是立法前期的调研评估，还是立法过程中的起草方案选择，抑或是立法后的实施性评估、法规清理，地方人大都应当发挥其主导、约束和监督作用。这在无形中提升了第三方起草法规的质量，克服了立法过程中的部门利益化倾向，使设区的市人大立法工作真正做到民主、科学。

（二）加强受托第三方与行政主管部门的立法协作

在现代立法上，地方人大委托行政主管部门起草法规能够得益于后者对专业领域和行业信息的全面把握，却难逃“部门利益法制化”的缺陷；而地方人大委托第三方起草法规则能够规避行政机关的部门利益法制化倾向，却又陷入立法资源掌握不足的困境。可以说，上述两种委托立法模式各有利弊，又无法彻底割舍。有鉴于此，第三方起草与行政主管部门的立法协作，既发挥出第三方中立性立法的优势，又充分发挥出行政主管部门的信息优势，而不是一味让行政主管部门回避。这将为设区的市行使立法权提供一种全新的模式，其优点如下：首先，第三方起草法规能够避免部门利益法律化倾向，提升法规草案的客观性、中立性。而设区的市人大以主导立法的姿态，合理地平衡协调各方利益。地方人大要充分发挥第三方中立优势，同时制定客观、公正的立法评估制度，增强第三方法规起草工作的责任心，提升人大立法的质量。其次，发挥第三方和行政主管部门的职业优势。人大作为立法机关，不可能对社会各层面问题了如指掌，特别是在一些专业领域方面缺少精准把握。因此，委托第三方起草法规不仅能弥补立法机关专业领域方面的缺陷，还能很好的发挥第三方的专业化优势，如立法专家能够言简意赅地表达法规语言，并保证法规的篇章布局合理、条款逻辑严密。而行政主管部门利用其信息优势，能迅速洞察立法缺陷，发现执法漏洞。最后，协调二者机能，提升立法质量。优秀的地方性法规，既需要了解相关行业的现状及地方政策，又要尽可能充分地完成立法调研。但是在缺少相应主管部门帮助的情况下，第三方在动用社会资源立法调研征集民意时是很难实施的——委托经费的欠缺也是重要原因之一——

甚至陷入“闭门造车”的困境。因此,只有充分吸纳各方的优势,才能令地方性法规起草更为科学,更具有操作性,从而制定出高质量的地方性法规。

(三)建立立法责任追究机制

设区的市委托第三方起草法规需要健全有效的保障机制和制裁机制相配合。尤其是在第三方的选择上,不仅需要考虑受托主体的技能资质和职业道德操守,还要建立完善的立法责任追究机制,以便降低这一模式的立法风险。首先,立法责任追究机制自委托协议签订之日开始,责任追究期限包括整个法规起草期间直至获得省人大批准。在设区的市人大与第三方签订委托起草协议之后,设区的市人大应当在起草过程采取指导与监督相结合的方式,加大对委托起草的地方性法规的监督检查力度。在起草法规过程中发现第三方越权、懈怠渎职、失误及收受贿赂等腐败行为的,要按照协议规定或依法依约处理,追究第三方起草者的责任。同时,由于委托协议往往涉及国家安全、公共事务及社会公众的利益,意义重大,因此,责任追究机制应当更为严格。其次,要开展立法质量诚信体系建设,建立受托第三方的“黑名单”制度。在地方人大委托第三方起草法规过程中,应当建立受托第三方违约、违纪和违法行为信息库,记录第三方违约、违纪和违法行为的相关信息。对受托第三方违反了理性、良知、诚信、廉洁等职业道德操守,丧失客观中立品格的,应当取消其继续参与法规起草工作的资格。最后,做到事前警示与事后惩罚相结合,确保受托第三方谨言慎行,认真履行法规起草工作。这样有利于培育健康的立法文化和立法职业道德,降低立法腐败风险,形成人大主导、行业自律、社会监督和主体自治相结合的法规起草格局。

结语

自2015年《立法法》修订以来,设区的市委托第三方起草法规的立法模式有效地缓解地方立法需求扩大与立法主体能力不足之间的矛盾,并显著推动了我国地方立法科学化、民主化的发展。但是,受托第三方的选择标准、起草能力以及立法质量等关键性因素,影响了设区的市人大委托立法的初衷。如若委托不当,有可能造成立法资源的浪费,甚至其立法成果会影响当地经济社会文化的良性发展。[13] 为此,设区的市人大以及法学界都应当密切关注委托立法的现实问题并适时地总结、反思,以推动设区的市立法制度的发展和成熟。

(责任编辑:王怡)

〔13〕 立法发展水平的差异,导致不同设区的市对立法的需求不同。《立法法》对设区的市立法事项的限定,在一定程度上有碍于某些设区的市的法治发展。参见程庆栋:《论设区的市的立法权:权限范围与权力行使》,载《政治与法律》2015 年第 8 期。

微信立法听证

——深圳的创新实践与思考

钟振强*

目　次

摘要：科技的发展使得官民互动的时空由现场转向了电脑、移动手机。深圳市法制办于 2016 年 5 月开始进行了全国首场微信立法听证会。微信立法听证会同现场立法听证会最大的不同在于形式

* ［作者简介］钟振强，北京大学国际法学院 2015 级硕士研究生。

的差异,对此文章探讨了立法听证是否需要仪式感的问题。作为新颖的听证模式,文章从合法与合理两方面为微信立法听证模式提供支持。在合法方面,本文分析了微信立法听证会实行的法律依据;在合理方面,本文在六次微信立法听证会原始历史听证内容的基础上对微信立法听证模式进行利弊分析,并采用公众参与程度等级分类方法对立法听证的效果进行了评价。本文提出了尽管微信立法听证存在不少弊端,但是在我国目前听证制度尚未成熟的背景下,我们应该用包容的态度看待和接纳它,微信听证模式可为我国的公众参与方式提供多一种富有创造力的可能。

关键词:深圳;微信;现场;立法;听证会

一、问题的提出

深圳市作为我国的经济特区之一,在立法方面创造了中国许多个“第一”,制定出了许多创新性的法律文件。[1] 在立法程序上,深圳也是我国立法上的“试验田”。深圳市政府于 1993 年率先实行的价格审价制度,一般被认为是我国听证制度的雏形。我国首次正式的立法听证会是 1997 年深圳市政府法制局(深圳市政府法制办公室前身)就《深圳市建筑材料使用管理规定(草案)》中有关审批制度改革的内容召开的立法听证会,[2] 它开创了我国立法听证制度的先河。2001 年 12 月 3 日,深圳出台了全国首部听证条例《深圳市人民代表大会常务委员会听证条例》,条例内容对深圳市人大常委会的立法听证程序作出了细节性的规定,提高了深圳市人大常委立法的质量。

在 2016 年 5 月 5 日,深圳市举行了全国首例微信立法听证会。这

---

〔1〕 例如,在立法内容上,深圳市根据特区内的实际情况多次修改了与上位相冲突的法规,如《深圳经济特区无偿献血条例》对献血年龄放宽至 60 周岁,提倡年满 18 周岁至 60 周岁的健康公民献血。还有《深圳经济特区道路交通安全违法行为处罚条例》对交通违法行为的处罚金额超出了《中华人民共和国道路交通安全法》的规定,突破了上位法的规定。

〔2〕 参见方世荣、邓佑文、谭冰霖:《“参与式行政”的政府与公众关系》,北京大学出版社 2013 年版,第 35 页。

次的听证会采取了现场听证和微信听证双重结合的方式,听证的内容是《深圳市公共信用信息管理办法(征求意见稿)》。参加现场听证的代表有17名,包括人大代表、政协委员、市民、企业和政府部门代表。报名微信立法听证的有90名市民,经深圳法制办筛选后选出了50名。这50名市民无须到现场进行听证,只需通过手机微信参与听证,在微信平台上发言。从那场听证会之后截至2017年8月31日,深圳市政府针对地方立法举行的五次立法听证会,均采用了微信立法听证的模式。笔者经过整理将具体情况自制表格呈现如下(表1):[3]

表1 《深圳市公共信用信息管理办法(征求意见稿)》微信听证会一览

时间顺序	听证内容	听证时间	听证模式	在本文中听证会的简称
1	《深圳市公共信用信息管理办法(征求意见稿)》	2016年5月5日下午	现场听证和微信听证并用	"公共信用信息现场听证会"/"公共信用信息微信立法听证会"
2	《深圳经济特区医疗急救条例(征求意见稿)》	2016年8月30日下午	微信听证会	"医疗急救微信立法听证会"
3	《深圳经济特区环境保护条例(修订)》	2016年9月21日下午	微信听证会	"环境保护微信立法听证会"
4	《深圳市机动车道路临时停放管理办法(修订征求意见稿)》	2016年10月28日下午	微信听证会	"机动车道路停放微信立法听证会"
5	《深圳市网络预约出租汽车经营服务管理暂行办法(征求意见稿)》	2016年11月4日下午	微信听证会	"网约出租汽车微信立法听证会"
6	《深圳经济特区知识产权保护若干规定(修订)》	2016年12月22日下午	微信听证会	"知识产权保护微信立法听证会"

〔3〕 参见深圳政府法制信息网,载 http://www.fzb.sz.gov.cn/ztzl/xzlf/lftzh/zscq/,访问时间:2017年8月27日。

深圳作为科技创新之都，政府的开明和高效率也闻名于外。微信立法听证最初源自2015年6月17日深圳市政府与腾讯公司签署的战略合作协议，[4]协议内容表明双方将在推进"互联网+"应用、建设智慧城市等方面展开合作。腾讯集团将依托深圳成熟的互联网产业基础和政策环境，深圳市政府则依托腾讯在移动互联、大数据、云计算、微信、QQ等领域和平台的技术领先优势。深圳市法制办采取了创新的模式，利用微信举行了地方立法听证，是深圳市政府和腾讯集团共同探索运用微信信息平台，推进民生领域的"互联网+"应用，[5]为市民提供更丰富便捷的公共服务的例子之一。

《深圳市制定法规条例》第50条涉及行政许可、价格、收费等关系人民群众切身利益的事项。即使听证模式可以创新，采用的听证模式也都应在符合听证制度的大前提之下。微信立法听证作为从未出现的听证形式，它是否具有法律上的依据？王锡锌认为各种立法条例都在规则起草阶段规定了公民的参与权，"但立法语言的模糊性和任意性可能使参与陷入'符号化'的尴尬处境"，[6]那微信立法听证会不会成为立法机构满足其形式化程序的手段？微信听证模式从实践至今呈现出来的利弊各是哪些？如何对这种听证模式的效果进行评价？本文将尝试探讨这些问题。

二、微信立法听证的法律依据

听证制度最早可追溯于英国的"自然公正"(Natural Justice)原则，"自然公正"原则的基本内容之一是"当权力行使对他人产生不利影响

---

〔4〕 参见《深圳市与腾讯签署"互联网+"战略协议》，载 http://news.xinhuanet.com/2015-06/18/c_127927746.htm，访问时间：2017年8月27日。

〔5〕 参见《深圳与腾讯共探"互联网+城市服务"》，载 http://paper.people.com.cn/rmrb/html/2016-04/24/nw.D110000renmrb_20160424_6-03.htm，访问时间：2017年8月27日。

〔6〕 王锡锌、章永乐：《专家、大众与知识的运用——行政规则制定过程的一个分析框架》，载《中国社会科学》2003年第3期。

时,应当听取他人的意见,每个人都有为自己辩护和防卫的权利”。[7] 根据这一基本内容,当立法机关进行立法时,应当听取相关利益人的意见并依照正当程序行使。这一原则被视为现代听证制度的法理基础。

正如约翰·洛克在《政府论》中所言“除非基于他们的同意和基于他们所授予的权威,没有人能享有对社会制定法律的权力”。[8] 在地方立法过程中,通过听证来收集听证代表的意见是地方立法过程中重要的一道环节。立法听证是指立法主体在立法过程中为了进一步收集、获取与立法有关的信息和建议,邀请有利害关系的公民、法人或其他组织在听证会上陈述意见,从而能够为立法机关审议法律法规提供依据与参考的程序、规则和方式。[9] 传统的听证模式是地方政府召集听证代表,听证代表们在约定的时间来到约定的场所(通常为政府办公室),政府以公开举行会议的形式,听取、收集代表对地方性法规案的意见和建议,听证代表陈述意见并对立法条文交流想法。

找寻微信立法听证的法律依据,首先应当想到的是《立法法》、《行政法规制定程序条例》和《规章制定程序条例》。《立法法》是在上位法的层面对我国的立法活动作出的规定,是立法活动首先应当满足的、具有最高效力的法律依据。《行政法规制定程序条例》和《规章制定程序条例》则是国务院对行政法规和行政规章立法活动所做出的要求。笔者对上述法律、行政法规进行分析,将重要的法条做了记录呈现于表2中。

---

〔7〕 王名扬:《英国行政法》,中国政法大学出版社1987年版,第151页。

〔8〕 参见[英]洛克:《政府论》,叶启芳、瞿菊农译,商务印书馆1964年版,第82页。

〔9〕 参见袁俊锋:《当代中国地方立法公众参与机制研究》,上海师范大学2010年硕士学位论文,第47页。

表 2　微信立法听证法律法规依据分析表

法律/行政法规名称	本文分析听证内容相关的法条
《立法法》(2000 年版)	第 5、34、35、58、74、77、79 条
《行政法规制定程序条例》(2001 年版)	第 12、21、22 条
《规章制定程序条例》(2001 年版)	第 14、15、20、21、22、23 条

2000 年颁布的《立法法》的第 5 条对公众参与立法提出了基础性的规定:“立法应当体现人民的意志,发扬社会主义民主,保障人民通过多种途径参与立法活动”,并在第 34 条[10]、第 35 条[11]、第 58 条[12]规定了法律草案、行政法规要听取有关机关、组织和公民的意见,并且听取意见的方式都列举出了座谈会、论证会、听证会等形式。随后于 2001 年颁布的《行政法规制定程序条例》和《规章制定程序条例》均提出了要求广泛听取各方意见和扩大公众参与行政立法。前者是关于行政法规的起草和审查阶段,具体体现在第 12 条[13]、第 21 条[14]、第 22 条[15];后

〔10〕 参见 2000 年版《立法法》第 34 条第 1 款:“列入常务委员会会议议程的法律案,法律委员会、有关的专门委员会和常务委员会工作机构应当听取各方面的意见。听取意见可以采取座谈会、论证会、听证会等多种形式。”2000 年版《立法法》第 34 条第 2 款:“常务委员会工作机构应当将法律草案发送有关机关、组织和专家征求意见,将意见整理后送法律委员会和有关的专门委员会,并根据需要,印发常务委员会会议。”

〔11〕 参见 2000 年版《立法法》第 35 条:“列入常务委员会会议议程的重要的法律案,经委员长会议决定,可以将法律草案公布,征求意见。各机关、组织和公民提出的意见送常务委员会工作机构。”

〔12〕 参见 2000 年版《立法法》第 58 条:“行政法规在起草过程中,应当广泛听取有关机关、组织和公民的意见。听取意见可以采取座谈会、论证会、听证会等多种形式。”

〔13〕 参见 2001 年版《行政法规制定程序条例》第 12 条:“起草行政法规,应当深入调查研究,总结实践经验,广泛听取有关机关、组织和公民的意见。听取意见可以采取召开座谈会、论证会、听证会等多种形式。”

〔14〕 参见 2001 年版《行政法规制定程序条例》第 21 条:“行政法规送审稿涉及重大、疑难问题的,国务院法制机构应当召开由有关单位、专家参加的座谈会、论证会,听取意见,研究论证。”

〔15〕 参见 2001 年版《行政法规制定程序条例》第 22 条:“行政法规送审稿直接涉及公民、法人或者其他组织的切身利益的,国务院法制机构可以举行听证会,听取有关机关、组织和公民的意见。”

者规定的是规章的起草和审查阶段，具体体现在第14条[16]、第15条、第20条[17]、第21条[18]、第22条[19]、第23条[20]。其中第15条则对规章起草过程中如何举行听证会作出了具体的规定。[21] 本文探讨的微信立法听证的听证内容是深圳市所制定的地方性法规的草案或修订稿，《立法法》的第四章在上位法的层面对地方性法规、自治条例和单行条例的制定、修改和废止作出了规定。[22] 深圳市作为我国的经济特区，拥有特殊的立法权，[23]在地方立法的内容上，《立法法》第四章第74条赋予了经济特区制定地方性法规并在经济特区范围内施行的权利。[24] 在

---

〔16〕 参见《规章制定程序条例》第14条："起草规章，应当深入调查研究，总结实践经验，广泛听取有关机关、组织和公民的意见。听取意见可以采取书面征求意见、座谈会、论证会、听证会等多种形式。"

〔17〕 参见《规章制定程序条例》第20条："法制机构应当将规章送审稿或者规章送审稿涉及的主要问题发送有关机关、组织和专家征求意见。"

〔18〕 参见《规章制定程序条例》第21条："法制机构应当就规章送审稿涉及的主要问题，深入基层进行实地调查研究，听取基层有关机关、组织和公民的意见。"

〔19〕 参见《规章制定程序条例》第22条："规章送审稿涉及重大问题的，法制机构应当召开由有关单位、专家参加的座谈会、论证会，听取意见，研究论证。"

〔20〕 参见《规章制定程序条例》第23条第1款："规章送审稿直接涉及公民、法人或者其他组织切身利益，有关机关、组织或者公民对其有重大意见分歧，起草单位在起草过程中未向社会公布，也未举行听证会的，法制机构经本部门或者本级人民政府批准，可以向社会公布，也可以举行听证会。"

〔21〕 参见《规章制定程序条例》第15条："起草的规章直接涉及公民、法人或者其他组织切身利益，有关机关、组织或者公民对其有重大意见分歧的，应当向社会公布，征求社会各界的意见；起草单位也可以举行听证会。听证会依照下列程序组织：（一）听证会公开举行，起草单位应当在举行听证会的30日前公布听证会的时间、地点和内容；（二）参加听证会的有关机关、组织和公民对起草的规章，有权提问和发表意见；（三）听证会应当制作笔录，如实记录发言人的主要观点和理由；（四）起草单位应当认真研究听证会反映的各种意见，起草的规章在报送审查时，应当说明对听证会意见的处理情况及其理由。"

〔22〕 参见2000年版《立法法》第2条第1款："法律、行政法规、地方性法规、自治条例和单行条例的制定、修改和废止，适用本法。"

〔23〕 参见《全国人民代表大会常务委员会关于授权深圳市人民代表大会及其常务委员会和深圳市人民政府分别制定法规和规章在深圳经济特区实施的决定》。

〔24〕 参见2015年版《立法法》第74条："经济特区所在地的省、市的人民代表大会及其常务委员会根据全国人民代表大会的授权决定，制定法规，在经济特区范围内实施。"

地方立法的程序上，《立法法》第四章第77条规定，[25]地方性法规案、自治条例和单行条例案的提出、审议和表决程序由本级人民代表大会规定。

深圳市作为我国经济特区，也是广东省内较大的市，因此深圳具有双重立法权：特区立法权和较大的市立法权。[26] 另外，立法听证既是一项独立的听取意见程序，也从属于整个立法程序。因此，笔者通过在“北大法宝”专业法律数据库里对“深圳”“广东”“立法”“制定法”“听证”的关键词进行组合交叉检索，找出直接或者间接为微信立法听证提供合法基础的法律条文，统计如表3所示。

表3　广东、深圳微信立法听证法律依据统计

关键词X / 法律文件 / 关键词Y	X_1：“立法”“制定法”	X_2：“听证”
Y_1：“广东”	《广东省地方立法条例》（2016年修正）第16条、第53条	《广东省人民代表大会常务委员会立法听证规则》
		《广东省重大行政决策听证规定》
Y_2：“深圳”	《深圳市制定法规条例》（2016年修订）第49条、第52条	《深圳市人民代表大会常务委员会听证条例》
	《中共深圳市委关于进一步发挥市人大及其常委会在立法工作中主导作用的意见》	《深圳市行政听证办法》第2条、第3条、第4条

在上述的法条里，《广东省地方立法条例》第16条规定行政收费等

〔25〕 参见2015年版《立法法》第77条第1款：“地方性法规案、自治条例和单行条例案的提出、审议和表决程序，根据中华人民共和国地方各级人民代表大会和地方各级人民政府组织法，参照本法第二章第二节、第三节、第五节的规定，由本级人民代表大会规定。”

〔26〕 参见《中共深圳市委关于进一步发挥市人大及其常委会在立法工作中主导作用的意见》。

涉及社会公众切身利益的地方性法规草案应当举行听证会征求意见。[27] 第53条规定存在重大意见分歧或者涉及利益关系重大调整的地方性法规案应当召开听证会。[28] 另外,《广东省人民代表大会常务委员会立法听证规则》对如何提起听证,听证过程如何进行做了具体规定。《广东省重大行政决策听证规定》则对本省行政机关重大行政决策听证活动作出了具体规定。除了在省级层面,对于涉及群众切身利益的地方性法规草案,深圳市政府也要求有关机关进行听证。深圳市人大出台了关于制定法规程序的《深圳市制定法规条例》,其中第49条规定了存在重大意见分歧或者涉及利益关系重大调整的法规案应当举行听证。《深圳市制定法规条例》的第52条规定了法规草案、法规草案修改稿须征求人大代表、基层市民的意见。[29] 2014年发布的《中共深圳市委关于进一步发挥市人大及其常委会在立法工作中主导作用的意见》提出要求,"拓宽立法建议征集渠道,通过媒体、网络设立征集平台,向社会广泛征求立法建议"。[30] 在"北大法宝"数据库中对"深圳""听证"进行组合搜寻,可以找到专门针对行政听证的《深圳市人民代表大会常务委员会听证条例》和《深圳市行政听证办法》。前者针对的是深圳市人大常委会的听证事项,后者针对的则是关于一般行政立法听证中听证主体、听证会程序和听证报告等方面的规定。《深圳市行政听证

〔27〕 参见《广东省地方立法条例》第16条第2款:"起草地方性法规草案应当注重调查研究,广泛征询社会各界意见。设定行政许可、行政收费以及涉及社会公众切身利益等内容的,应当依法举行论证会、听证会或者以其他方式公开听取意见。"

〔28〕 参见《广东省地方立法条例》第53条:"地方性法规案有关问题存在重大意见分歧或者涉及利益关系重大调整,应当召开听证会,听取有关基层和群体代表、部门、人民团体、专家、省人民代表大会代表、本省选出的全国人民代表大会代表和社会有关方面的意见。听证情况应当向常务委员会报告。"

〔29〕 参见《深圳市制定法规条例》第52条第1款:"法规草案、法规草案修改稿应当征求市人民代表大会代表、各区人民代表大会常务委员会的意见。各区人民代表大会常务委员会应当听取市、区人民代表大会代表和基层市民以及有关方面的意见,并将意见反馈有关专门委员会、常务委员会工作委员会。"《深圳市制定法规条例》第52条第2款:"法规草案修改稿对法规草案作出重大修改的,应当听取提案人和有关方面的意见。"

〔30〕 参见《中共深圳市委关于进一步发挥市人大及其常委会在立法工作中主导作用的意见》中"进一步创新完善市人大及其常委会立法工作机制"的部分。

办法》并没有规定可以利用微信平台进行听证，而且《深圳市行政听证办法》的规定内容都是围绕现场听证会而展开的，例如第 15 条第 1 项规定了书记员在现场听证会的首要工作是“查明听证参加人的身份和到场情况，宣布听证纪律和听证会场有关注意事项”。

笔者认为在结合其他法律规定的基础上，微信听证合法性的分析重点应放在《深圳市行政听证办法》上。因为《深圳市行政听证办法》的适用对象是深圳市内“制定地方性法规草案、规章及规范性文件等抽象行政行为”而需要组织听证的行政机关、法律法规授权的组织和行政机关依法委托的组织。〔31〕 而且，在医疗急救、机动车道路停放、网约出租汽车和知识产权保护这四场微信立法听证会上，主持人均说明了微信立法听证的听证范围、建议和意见的采纳情况，反馈要求是以《深圳市行政听证办法》为依据的。〔32〕

虽然《深圳市行政听证办法》并没有明文规定微信立法听证会，但是也没有规定禁止实行微信立法听证会。既然《深圳市行政听证办法》中规定的事项都是关于现场听证会的，那么深圳法制办实施微信听证的权利从何而来？正如在网约出租汽车立法听证会上，一位岳姓市民对微信听证提出了质疑：“为什么没有听到北上广其他城市的网络听证？”〔33〕通过对法条的分析，笔者认为微信立法听证可以找到三方面的法律依据：

首先，根据《深圳市制定法规条例》第 73 条第 3 款规定，起草法规草案应当采取多种形式听取有关机关、组织、人民代表大会代表和社会公众的意见。从现代中国法律系统的宏观角度看，《深圳市制定法规条例》第 73 条第 3 款系源于我国《宪法》第 2 条第 3 款中规定的“人民依

〔31〕 参见《深圳市行政听证办法》第 2 条：本市行政机关、法律法规授权的组织和行政机关依法委托的组织（以下简称行政机关）拟作出下列行政行为而需要组织听证的，适用本办法：……（三）制定地方性法规草案、规章及规范性文件等抽象行政行为。

〔32〕 参见微信公众号“深圳法制”中医疗急救、机动车道路停放、网约出租汽车和知识产权保护这四场微信立法听证会的“历史听证内容”。

〔33〕 参见可在“深圳法制办”公众号内查看“历史听证内容”。

照法律规定，通过各种途径和形式，管理国家事务，管理经济和文化事业，管理社会事务”。另外，《宪法》的第27条第2款规定“一切国家机关和国家工作人员必须依靠人民的支持，经常保持同人民的密切联系，倾听人民的意见和建议，接受人民的监督，努力为人民服务”。上述的宪法条文可视为《深圳市制定法规条例》、《深圳市人民代表大会常务委员会听证条例》和《深圳市行政听证办法》中规定的立法听证制度最根本的法律依据。

现代听证制度虽然起源于西方，但其在实行人民民主原则的我国有很好的成长土壤。听证制度的确立为我国公民参与国家的法治建设和管理国家事业、向国家反映个人意见、行使自己的民主权利提供了新的法律途径。虽然，深圳市的地方性法规并没有关于微信立法听证会的内容，但是有明文规定听证制度。立法是对国家和社会利益的分配，立法听证制度不应该拘泥于现场听证会的模式，凡是能够通过参与立法来达到管理社会事务目的的行为或者在立法过程中向有权机关表达自身或者所属团体的利益的行为都应该被认可。因此，“多种形式”和“通过各种途径和形式”也理应包括公民通过微信平台参与立法听证。

其次，《深圳市行政听证办法》第3条规定了行政听证原则，表述为“行政听证应当遵循公开、公正、便民、独立听证的原则”。微信平台作为一种新型听证手段，符合“公开”、“公正”、“便民”和“独立”的特点。在公开方面，与现场立法听证会相比，微信立法听证会的历史听证内容都可以在“深圳法制办”微信公众号上反复查阅，[34]这是现场立法听证会不具备的优点。在便民方面微信立法听证会的优势更加突出，市民可以不必前往政府办公室参加，不受地点、天气、交通等情况的约束。

最后，《深圳市行政听证办法》赋予了深圳市法制办举行微信立法听证会的权利。深圳市法制办作为深圳市人民政府的内设机构，它的

〔34〕 查阅路径：公众号菜单“互动交流”→“微信立法听证”→“查看历史听证内容”。

主要职能包括“负责对相关法规、规章草案向社会公开征求意见”。[35]《深圳市行政听证办法》第4条规定了听证工作中法制办的职能，即“市政府法制工作机构负责全市行政听证工作的指导、协调和监督。”以往的现场听证会都要提前准备一个月之久，而且还要协调好各个听证代表的出席听证时间，如受台风、暴雨天气的影响还须推迟举行。深圳市民孙维在网约出租汽车微信立法听证会上表达了对微信立法听证会的赞许：“深圳又采取这种开明的态度，以‘微信在线听证’的方式让大家充分畅所欲言，展现了政府开明包容的态度，和坚决要做好市场把握好方向的决心。”因此深圳市法制办在听证工作上进行创新、简化听证手续，是深圳市法制办履行《深圳市行政听证办法》赋予的职能表现。

综上，微信立法听证具备合法依据，但是微信立法听证仍被民众质疑。最重要的一个原因在于它缺乏了原来的现场听证所固有的司法仪式感，这也是微信听证和现场听证两种模式最大的区别。司法仪式感能够给予民众对一场听证会的尊重感、信任感。这份尊重感和信任感使得制定出来的法律能够赢得民众的信赖，为法律的贯彻施行铺平道路。因此在下一部分，笔者将专门探讨立法听证是否需要仪式感的问题。

三、立法听证是否需要仪式感

“仪式”通常被视为象征性的、表演性的，由文化传统所规定的一套行为方式。它们经常被功能性的解释为在特定群体或文化中沟通、过渡、强化秩序及整合社会的方式。[36] 而司法仪式则是以司法权为基础，由一系列物质符号和行为、言语符号所构成的表达象征法律精神和价

〔35〕 参见《深圳市法制办公室主要职能》，载 http://www.fzb.sz.gov.cn/xxgk/jgzn/jggk/，访问时间：2017年8月27日。

〔36〕 参见郭于华：《仪式与社会变迁》，社会科学文献出版社2000年版。

值的一个有机系统。[37] 贺卫方教授认为仪式对司法重要性的原因之一是在处理案件解决纠纷过程中人的局限性。[38] 早期人们认为神才能胜任司法工作,后来把司法工作交给了"肉眼凡胎"的人,让这个人决定着司法、伦理的重大事项,如何让这个人变得与常人不一样就显得尤为重要。[39] 例如,在英国法官须戴披肩发,律师和检察官须戴小假发。又例如在法庭里面,"庄严的法庭布局,法官的法袍、法槌以及法庭上所使用的语言和程式化的行为,构筑了一个完全不同于日常生活的'司法领域'"。[40] 在这个领域内,当事人金钱、地位、能力和声誉上的差异被司法仪式所淡化,当事人之间显得相对平等。[41] 立法听证会的现场也构成了一个特别的"司法领域":在这个提供角力的场所时空里,听证代表们相互博弈。听证代表们代表的是其所属社团或群体的利益,能否正确行使听证权利取决于听证代表能否真实反映其所代表的社团或群体的立法意愿和相关利益诉求。

与"仪式"紧密相连的一个概念是"仪式感"。"仪式感"是美学上的概念,它是指在"仪式"活动中形成的感官体验,以及在其中蕴含的"恐惧感""愉悦感""神圣感""优美感"等对人的心性结构、情感气质的影响。[42] 例如以儒家文化为传统的道德文明礼仪形成了中华民族"儒雅""谦和""彬彬有礼"的气质特征和中国人温和、节制、清高地表达内在精神之美的独特方式。[43]

---

〔37〕 参见何航通:《论司法仪式对法律权威的影响》,西南政法大学2014年硕士学位论文,第6页。

〔38〕 2006年北大教授、法学家贺卫方在与检察官交流中的发言,载《检察日报》,http://www.jcrb.com/n1/jcrb1084/ca554968.htm,访问时间:2017年8月27日。

〔39〕 2006年北大教授、法学家贺卫方在与检察官交流中的发言,载《检察日报》,http://www.jcrb.com/n1/jcrb1084/ca554968.htm,访问时间:2017年8月27日。

〔40〕 参见何航通:《论司法仪式对法律权威的影响》,西南政法大学2014年硕士学位论文,第18页。

〔41〕 参见何航通:《论司法仪式对法律权威的影响》,西南政法大学2014年硕士学位论文,第18页。

〔42〕 参见崔露什:《仪式感的现代性阐释》,陕西师范大学2012年硕士学位论文,第3页。

〔43〕 参见崔露什:《仪式感的现代性阐释》,陕西师范大学2012年硕士学位论文,第4页。

立法听证会是否属于一项仪式呢？笔者认为当然属于。正如哈里森(Harrison)所说，“仪式的一个重要因素在于它的集体性，是由若干有着相同情绪体验的人们共同做出的行为。一个人独自享受他的晚餐当然算不上仪式，但是，一群人在同一种情绪的影响下共进晚餐，却常常演变为一场仪式”。[44] 参加深圳市举办的现场听证立法会，市民或代表须提前提交一份听证代表(市民)报名表。在现场立法听证会上，人们位置布局的有意设置、会议座次牌的整齐摆放、时刻维持着纪律的书记员、听证代表们的有序发言、代表们提前经过逻辑整理的意见表达以及听证会上人们肃穆的表情，都构成立法听证的仪式。基于这种仪式，无论是听证代表们还是旁观的基层市民，都会产生对这场听证会的“庄严感”“神圣感”的仪式感。仪式感使公众产生对立法的信任观念。尽管立法听证是一项程序性要求，但因其独立的价值而具有正当性。公民在一项决定做出的过程中通过参与，可以有机会表达自己的观点，这本身意味着公民不但享有自由，并且拥有可以决定个人命运的可能性。

与现场立法听证会体现的“仪式感”不同，目前微信立法听证会体现的更多的是“形式感”。一是微信听证会没有采取实名制，参与者在群里用的是网名。例如在医疗急救微信立法听证会上，听证代表用的名字有“海洋微风 Lisa”“长城哥”“魔女”等，网络语言也不时出现，[45] 这难以让参与的民众在感官上联系到这是一场正式、需要投入认真态度的听证会。二是与微信群相似的微信听证平台可能让听证代表以为是在微信群里面聊天，听证代表们发言无所顾忌，发言内容没有进行深入思考就在微信听证会里说出，例如在环境保护微信立法听证会上针对是否要建立环保信用的问题，一名金姓市民说了些破坏协商

[44] [英]简·艾伦·哈里森：《古代艺术与仪式》，刘宗迪译，生活·读书·新知三联书店2008年版，第19页。

[45] 参见微信公众号“深圳法制”的“历史听证内容”中市场和质量监督管理委员会在知识产权保护微信立法听证会上的发言：“给你们的专业意见320个赞。”

氛围的话。[46] 更有市民在听证平台上发表与听证内容无关的政治言论,[47]引起了不少听证市民的反感。原本严肃的听证变成了用口语化语气[48]进行的一场市井日常聊天[49],甚至有代表瞎聊一些无关的内容,[50]让人难以理解。一些民众通过标点符号或者把句子重复说三遍这些在网络聊天使用的手段来加强自己说话的语气和强调自己观点的重要性。[51] 另外,现场听证会的人员一般在20人左右,而微信立法听证会的人员较多(六场微信立法听证会的听证人员均在50人以上),这就会造成同样在微信群里的政府部门代表不易互动,很难及时全面地回应大家的问题。

与以往的电视、报纸等获取信息方式相比,网络应用越来越普及,同时愈显示其后发优势。微信立法听证会也是在网络作为更加便捷、迅速、全面地获取信息的媒介的基础发展而来的。网络科技的发展改变了政治信息的传播方式,它一方面改变了政府和民众的交流方式,另一方面也改变了政府和民众的政治关系。[52] 乐观地看,以微信立法听

---

〔46〕 参见微信公众号“深圳法制”的“历史听证内容”中环境保护微信立法听证会上金姓市民的发言:“深圳作为世界级城市规划,只能有一个标准,两个层次,发展中和完善中,解决环卫首先解决教育和医疗问题,让文明人不愿意离开,让不够城市文明人群自觉遵守完善自己的言行从而达到留在这个美丽城市的标准!”

〔47〕 参见微信公众号“深圳法制”的“历史听证内容”中一位卞姓市民在网约出租汽车微信立法听证会上的发言。

〔48〕 参见微信公众号“深圳法制”的“历史听证内容”中一位黄姓市民在网约出租汽车微信立法听证会上的发言:“这就是胡说,出租车司机坑蒙拐骗的少么?? 不打表,加价,绕路,装跳表工具……”

〔49〕 参见微信公众号“深圳法制”的“历史听证内容”中黄幸达听证市民在环境保护微信立法听证会上的发言:“我自己有车,但我是2公里步行,5公里公交,5公里以上开车。”

〔50〕 参见微信公众号“深圳法制”的“历史听证内容”中丘姓市民在环境保护微信立法听证会上的发言:“深圳市区的光污染对福田红树林湿地保护区的萤火虫影响很大! 一到晚上,整个红树林基围塘灯火通明,岸边的萤火虫再怎么发光都无法找到它们的伴侣。”

〔51〕 例如,名称为“Abel. Zheng”的听证市民在医疗急救微信立法听证会上的发言“在建议普及全民急救技能!!!”和“持初级救护证以上的人,在施救的过程中出现其他意外要给予法律保护+免责!!!”

〔52〕 参见方世荣、邓佑文、谭冰霖:《“参与式行政”的政府与公众关系》,北京大学出版社2013年版,第60页。

证为例的移动网络科技“为二者进行直接的利益博弈和政治协商提供了物质手段和技术条件,使参与式民主成为可能”。[53] 微信立法听证会是深圳市政府在立法听证形式上的一种新尝试,虽然它还存在固有的缺陷与不足,但毕竟是在我国听证制度尚不完善的背景下探索的一条新的道路。因此一方面我们应该用包容的态度看待这一问题,毕竟听证制度在我国的发展历史还不长,应当允许其存有不完善的地方。美国学者哈罗德·J. 伯尔曼鼓励地方政府和中央政府创设新的程序形式来解决公共教育、污染、福利、廉价租房、公平就业以及其他诸如此类的法律问题。[54] 在对待公众参与上,伯尔曼认为“需要有新的形式、仪式来引导公众以创造性而非破坏性的方式实行参与”。[55] 如果微信立法听证能够激发群众参与的活力,不妨是一个不错的选择。然而另一方面,公众应当认识到司法有着固有的、稳定的原则和方法,它对于案件事实的认定、证据的判断和法律的解释都有其严格的标准和固有的逻辑;[56] 立法工作者应当认识到立法是一项庄重严肃的工作,应当对实行网上听证进行严格的要求和规定。这样,让微信立法听证会也产生“仪式感”,让良性互动的协商型司法精神注入立法过程中,使得社会舆论与司法权威在相互影响中达成合作与妥协。[57]

四、微信立法听证的利弊分析

(一)微信立法听证会的劣势

上文所探讨的微信立法仪式感的缺失是微信立法听证会最大的劣势,但是除了该弊端外,微信立法听证会还有三个明显不足的地方。

---

〔53〕 参见方世荣、邓佑文、谭冰霖:《“参与式行政”的政府与公众关系》,北京大学出版社2013年版,第60页。

〔54〕 参见崔浩:《行政立法公众参与制度研究》,光明日报出版社2015年版,第78页。

〔55〕 [美]哈罗德·J. 伯尔曼:《法律与宗教》,梁治平译,中国政法大学出版社2002年版,第35页。转引自崔浩:《行政立法公众参与制度研究》,光明日报出版社2015年版,第78页。

〔56〕 参见巢志雄:《司法仪式的结构与功能》,载《司法》2008年第3辑,第101页。

〔57〕 参见巢志雄:《司法仪式的结构与功能》,载《司法》2008年第3辑,第101页。

首先,应当提及的是发言的预审制度。在第一场公共信用信息微信听证会就建立了预审制度。[58] 市民的发言要经过后台人员的审核、整理,才能在微信平台上以听证市民的名义发出来。发言的预审制度在接下来的五场微信听证会里持续实施。主持人对该制度的解释是希望听证市民就议题展开讨论。立法听证是一个收集信息、讨论信息的过程,而听证会作为交流与沟通的平台,本来就是两个不同的群体就立法内容进行对话与沟通的媒介:一方是享受公共服务的大众、普通市民;另一方是制定政策的政府立法工作者、政府部门领域的专家。立法听证的设置初衷就是为了地方立法机构了解各方群众的真实意愿,因为公众往往会认为"专家因专业偏见容易忽略常人的切身感受及相关的合理见解",[59]公众自身又"无法理解那些用晦涩术语、复杂的图表和抽象数字表达出的专业意见",[60]因此才出现座谈会、论证会、听证会等各种让公众和政府人员或者专家进行沟通交流的方式和平台。如果在听取意见阶段表达自己真实的立法意愿和利益诉求也要经过审查才能公开,那怎么期望政府制定出更为公正合理的法律规范呢?在规则不透明的情况下,如何避免那些对法制办或政府部门不利的信息被屏蔽呢?在机动车道路停放微信立法听证会里,一位葛姓的市民表达了对微信听证预审的不满:"既然搞听证会,只要不是违法的话应当都可以发表,而不是过滤掉那些自己不想听的。"又如,在环境保护微信立法听证会上多位听证市民的发言没有在屏幕上显示,主持人解释说:"我们希望按照主题的方式开展讨论,所以有些听证参加人的意见暂时未推送。请理解,谢谢!"这种模糊的解释会让听证市民产生误解,听证市民会担心预审制度成为立法机构隐瞒公众真相的手段。

---

〔58〕 参见微信公众号"深圳法制"的"历史听证内容"中主持人在听证一开始就说:"对于您的发言,我们将进行审核。"

〔59〕 金自宁:《跨越专业门槛的风险交流与公众参与透视深圳西部通道环评事件》,载《中外法学》2014 年第 1 期。

〔60〕 金自宁:《跨越专业门槛的风险交流与公众参与透视深圳西部通道环评事件》,载《中外法学》2014 年第 1 期。

其次，微信立法听证会缺乏足够具有代表性的听证市民。一场良好的听证会与听证市民是否具有代表性、听证市民的自身素质密切相关。在以往深圳法制办举行的现场立法听证会里，由于须提前报名筛选，进入立法听证会里面的听证代表普遍具有典型的代表意义。例如，针对《深圳市生活垃圾减量和分类管理办法》的现场立法听证会上，〔61〕听证代表包括市人大代表、市政协委员、市民代表、生活垃圾收运单位代表、物业服务企业代表、城管局、市场监管委等30人，另外还有8家新闻媒体参与。众参会代表们积极建言献策，提供了许多翔实且具有操作性的意见和建议。〔62〕然而，微信立法听证会上，对听证人员几乎没有门槛限制，只要年满18岁有微信账号即可。尽管门槛降低使参与者增多，但是代表性不强的市民在微信平台上发言，其代表的利益一方面不足以覆盖所有相关利益人的利益，另外一方面其在自身所属的群体可能也没那么具有代表性。例如，环境保护微信立法听证会上，吸引了与深圳本土利益无关的来自浙江、北京等地的环保人士参加。相同情况也出现在机动车道路停放微信立法听证会上，一位马姓的听证代表不是深圳居民也来发表道路停车设置的问题。立法听证的参加者应当均为法案所影响到的利益主体，在机动车道路停放微信立法听证会上，听证市民龚代彬提出了应该吸纳有代表性的人员参与进听证会里。〔63〕因为均衡化的听证参与才能够保证立法利益得到较为公平合理地分配。

最后，微信立法听证会缺乏严格规范听证程序。缺乏严格规范听证程序一方面表现为缺乏严格发言顺序的设置。如果没有规范发言顺

〔61〕 参见《深圳市生活垃圾减量和分类管理办法》立法听证报告，载 http://www.fzb.sz.gov.cn/ztzl/xzlf/lftzh/ljjl/201505/t20150507_2871285.htm，访问时间：2017年8月27日。

〔62〕 参见《深圳市生活垃圾减量和分类管理办法》立法听证报告，载 http://www.fzb.sz.gov.cn/ztzl/xzlf/lftzh/ljjl/201505/t20150507_2871285.htm，访问时间：2017年8月27日。

〔63〕 参见微信公众号“深圳法制”的“历史听证内容”中市民龚代彬的发言：“微信听证方法可取，但可能出现参与人员不足的情况。因为这个是自愿参与，有的人未必有时间。所以，使用微信征集意见，建议联系部分单位组织人员参与听证。”

序，那么屏幕上的发言前后显得不连贯，听证代表和事后查看听证历史发言记录的市民阅读逻辑不清晰。如在公共信用信息微信立法听证会上，主持人在平台上推送深圳市市场和质量监督管理委员会对《深圳市公共信用信息管理办法》的若干条陈述时，推送还没结束邵姓市民就在中间对信息披露发表了自己的看法，打断了原本深圳市市场和质量监督管理委员会的陈述。这种情况在医疗急救微信立法听证会也有，尽管在听证会一开始就有主持人宣告规则。〔64〕类似情形同样在机动车道路停放微信立法听证会上出现，听证会还没开始，一位纪姓市民就在微信平台上匆忙表达了意见。在微信立法听证会上，主持人一般是按议题顺序主持听证，尽管主持人在听证会的开头就宣布了这条规则，在听证过程中也不断提醒，〔65〕但是跨议题讨论经常出现，有时候话题会被带偏，讨论一些不相干的东西，主持人想掌控秩序显得有心无力。〔66〕

缺乏严格规范听证程序另一方面表现为缺乏听证的质辩环节。现场立法听证会根据听证的内容合理设置质辩环节，增强听证的抗辩性，从而形成会议上的辩论机制，让各种不同的意见相互争辩、相互讨论、充分表达。而在微信立法听证会里，听证代表随意进出和采取聊天口吻的发言让听证会的内容显得杂乱并没有条理，〔67〕欠缺了立法听证本应有的质辩和抗辩。例如在环境保护微信立法听证会上，有听证市民

〔64〕 参见微信公众号“深圳法制”的“历史听证内容”中主持人在听证会开始前就宣告了规则：“按照听证会的要求，先由部门陈述人发表部门陈述意见，然后请各位听证参加人发表意见。”

〔65〕 参见微信公众号“深圳法制”的“历史听证内容”中主持人在机动车道路停放微信立法听证会上的发言：“请大家就第一个议题发表意见，其他议题的意见请等到下个议题时再发表，谢谢！”，过了一小段时间之后主持人再次提醒：“请大家先就第一个议题发表意见，后续议题的意见在讨论到相关议题时再发表，谢谢！”

〔66〕 参见微信公众号“深圳法制”的“历史听证内容”中主持人在机动车道路停放微信立法听证会上的发言：“请大家就第二个议题发表意见，部分听证代表对本次7个议题以外的事项提出的意见，我们将在议题讨论结束后予以讨论。”

〔67〕 参见微信公众号“深圳法制”的“历史听证内容”中一位谢姓市民在机动车道路停放微信立法听证会上用粤西方言表达了对停车费贵的意见：“这个固定停车位很贵噶。”

只是投诉其所在地的生活噪音问题,〔68〕发言内容与法规并无关系,主持人不得不多次提醒。〔69〕另外,有市民把微信平台当成了投诉、发泄的平台,〔70〕有一些听证代表以滑稽语调说出一些让人哭笑不得的话。〔71〕“公开、辩论是听证会的灵魂,也是立法听证会与立法座谈会、论证会的重要区别之一。”〔72〕因此,立法机构应当严格规范听证程序,对法案所涉及的相关利益主体,给予他们平等并且充分发表意见的机会,同时让他们对法案所涉及特定事项进行质证与辩驳。

(二)微信立法听证会的优势

微信立法听证会的优势是和移动网络技术的发展紧密相连的。第一,微信立法听证会丰富了公众参与地方立法的方式。如前面所言,立法听证会作为一种征求民意的手段,能发挥的影响力有限,市民的参与热情不高。例如,珠海市政府曾准备对《珠海市服务业环境管理条例(草案修改稿)》举行立法听证会,但因听证陈述人的报名人数不够,最终被迫宣布取消。〔73〕因此在市民参与立法听证热情不高的情况下,如果参与方式越丰富,市民在参与时选择性就越强,那么每个人都尽可能选择适合自己的方式参与地方立法,从而有效地提高公众参与地方立

〔68〕参见微信公众号“深圳法制”的“历史听证内容”中徐姓市民对自己小区楼下的卖肉摊铺六点就开始剁排骨发生声音影响睡眠不满,自己去投诉后,街道办和环保局互相推脱。还有丁姓市民投诉自己小区楼下地铁施工的问题。

〔69〕参见微信公众号“深圳法制”的“历史听证内容”中主持人在环境保护微信立法听证会上提醒市民的发言“刚才有听证参加人提出了具体投诉,基于时间关系,我们希望集中精力讨论与立法有关的内容。我们会将大家有关投诉的内容记录下来,之后再集中回复。谢谢大家支持!”

〔70〕参见微信公众号“深圳法制”的“历史听证内容”中机动车道路停放微信立法听证会上,一位尹姓市民表达了自己对协警的不满:“是否取消不具正式编制靠罚款发工资福利的协警单独执法,杜绝协警胡乱执法与罚款不开票据为己有。”

〔71〕参见微信公众号“深圳法制”的“历史听证内容”中在网约出租汽车微信立法听证会上,一位钟姓市民发言:“起步50元,你喜欢高大上吗”;一位范姓市民接着说:“差异化,难道便宜的不叫差异化吗?”

〔72〕冯卫:《地方立法听证研究》,北京工业大学2007年硕士学位论文,第32页。

〔73〕参见《听证“热脸”为何贴了“冷屁股”?》,载http://news.sina.com.cn/c/2005-09-11/09196913939s.shtml,访问时间:2017年8月27日。

法的积极性,降低公众参与立法活动的难度。值得一提的是,在微信立法听证会上有些市民的确提出了很好的建议。[74] 第二,它提高参与方式的可操作性和便民化程度。在微信高度普及的时代,微信立法听证会顺势而生。市民只要拥有一个微信账号便可以参加到立法活动中去,不受空间、地点、天气的约束,极大地提高便民化的程度和市民参与的可操作性。在知识产权微信立法听证会上,市民李某认为微信听证模式"形式新颖""效果很好"。第三,微信立法听证减少了立法听证的成本。与以往举行现场听证会需要提前一个月准备、协调好每个代表的参与时间、提前打印资料和会议室布置相比,微信立法听证无疑大幅度减少了政府的支出和劳力成本。第四,微信立法听证提高了立法机构的立法效率。公众参与地方立法的方式变得多样化,那么立法机构可以根据自身情况和社会公众的具体情况合理选择最有效的公众参与方式。例如制定一些争议不大或者和公众利益无太大关联的地方性法规时,微信立法听证会是一种不错的选择的方式。一方面它在正当程序(Due Process of Law)上保障了公众的立法参与权,满足了现代法治国家共同的价值取向"当事人有陈述和被倾听的权利";[75] 另一方面也提高了地方政府的立法效率。

(三)小结

听证并非立法中的法定必经程序,在立法机构占有主导权的情形下,带有明显的临时性和随意性。现场立法听证会劳力投入大、成本费用高、事前程序烦琐、本身效力模糊等特点,在一定程度上直接影响和制约了地方立法听证制度的往前发展。目前我国的立法听证实践尚处于尝试和探索阶段,与该阶段相适应的微信立法听证作为一种新型听证模式有着很大的潜力。尽管微信立法听证会有着一些弊端,但并不

〔74〕 例如,来自深圳市某信息咨询管理公司王纯红市民在公用信息微信立法听证会上的发言。

〔75〕 参见方世荣、邓佑文、谭冰霖:《"参与式行政"的政府与公众关系》,北京大学出版社2013年版,第52页。

是不可改进，例如在第六场关于知识产权保护微信立法听证会上开始对议题的讨论控制时间，每个议题根据情况讨论5～20分钟。因此，通过对微信立法听证程序进行规制，加强力度宣传，[76]相信微信立法听证作为一种高效廉价的听证形式，能够以最少的人力、物力和财力解决群众最关心的事情，从而能够使民主得到很大程度的发扬，使民声更快速直接地反应给立法主体。

五、微信立法听证会的效果评价

如果把立法听证当作一项具体独立的程序进行研究，那么听证的效果是和立法听证的目标紧密相连的。立法听证最根本的目标应当是实现立法民主化、科学化。[77] 曾有人对听证的效果评估做过研究，认为听证的评估指标体系应当包括听证范围是否选择慎重、听证工作方案是否具体、听证议题是否少而精、听证报告是否全面及时、听证主持人是否选择适当、听证过程是否听证相结合和听证报告是否全面客观。[78]

笔者认为这些指标较为抽象，不宜或难以将其应用到实际评价之中。微信立法听证会作为一种新型听证模式，同时也是公众参与政府事务的一种手段，可以放在公众参与的框架内来评价。如何衡量微信立法听证会里公众参与的程度呢？美国规划师谢里·安斯坦（Sherry R. Arnstein）在其著名的论文《市民参与的阶梯》中对公众参与程度进行等级分类，[79]详见表4。

---

〔76〕 参见例如在微信公众号“深圳法制”的“历史听证内容”中的环境保护微信立法听证会上冯韬市民对自己的参与身份不明，在听证会一开始就提出疑问“我算旁听吗？可以提问不？”

〔77〕 参见微信公众号“深圳法制”的“历史听证内容”中主持人在网约出租汽车微信立法听证会一开始的发言：“为了进一步提高本次立法的科学性、民主性，我办今天下午就该《若干规定》通过微信平台召开立法听证会，再次听取企业代表、专业人士及市民代表等各界的意见。”

〔78〕 参见郝燕：《立法听证效果评估》，山东大学2009年硕士学位论文。

〔79〕 See Arnstein, Sherry R. “A Ladder of Citizen Participation”, *JAIP*, Vol. 35, No. 4, July 1969, pp. 216－224.

表4　公众参与程度分析

参与程度	参与程度级别	政府与民众互动的模式	参与程度级别评价
高 ↓ 低	8	公民控制	完全参与程度
	7	权力转移	
	6	合作	
	5	展示	象征性参与程度
	4	咨询	
	3	告知	
	2	治疗	无参与程度
	1	操纵	

按照表4中所示,公众参与程度从低到高的政府与民众互动的模式分别为:操纵、治疗、告知、咨询、展示、合作、权力转移和公民控制。这八种互动模式的参与程度可归纳为三个层次类别,操纵和治疗停留在无参与程度,属于政府主导型的参与。而告知、咨询和展示一起处于象征性参与程度,合作、权力转移和公民控制则一起处于完全参与程度。尽管我国的立法听证并不是立法的必经手段,而且微信立法听证会的规则、时间都由立法机关决定,但是笔者认为不宜将微信立法听证会评价为无参与程度。为了微信立法听证会的举行,立法机构做了大量的工作,包括提前公开了听证会主要议题及相关条文等信息,在听证过程主持人也尽量让听证市民畅所欲言。另外,在微信听证会里公众的参与热情较高,公民表现出较高的参政议政意识。例如,在对《深圳经济特区环境保护条例(修订征求意见稿)》举行的微信立法听证会上,听证会报名的有95人,高峰期发言69人,深圳市法制办一共收集意见321条。[80] 相比于一般现场听证会,还是取得了良好的效果。另外在

〔80〕 参见《深圳环境立法举行微信听证,市民线上建言》,载 http://news.ycwb.com/2016-09/21/content_23084706.htm,访问时间:2017年8月27日。

对《深圳经济特区医疗急救条例(征求意见稿)》的微信立法听证会里,平均40人左右的在线人数,深圳法制办共收到意见和建议212条,[81]平均每人提出建议5条,这说明微信听证会取得了不错的成绩。这两次微信立法听证会所收集到的意见将会提高相关立法的科学性。上述方面表现了政府在决策时与民众"展示"、"咨询"和"告知"的互动模式。政府对听证事项进行了告知并提前公开了相关信息,并在微信平台对公众进行了咨询,充分给予市民表达意见和观点的机会。

因此笔者认为微信立法听证会中公众参与的程度应当评定为象征性参与程度。这一方面肯定了微信立法听证制度有值得鼓励的地方;另一方面表明其离成熟、民主的完全参与程度还有距离,侧面说明微信立法听证还有很大的改进空间,参与的民主性仍有大幅度的提高空间,例如可以在立法事项上面充分运用民间智慧、与市民进行"合作"、分享一部分立法权力等。相信随着对微信立法听证会的进一步规范,公民参与逐步组织化、制度化,微信听证的公众参与程度一定会得到提高。

公众参与不是越多越好,如果立法机关对公众提出的意见或者建议没有有效的反馈机制,会造成听证会"听也白听",架空了公众参与的现实效果和实际意义。如上海市人大网站上的市民意见征集专栏,部分意见下面没有答复,而答复了的内容是完全一样的,均为表示感谢并转请某部门处理,而没有后续的反馈信息。[82] 类似情况也出现在知识产权保护微信立法听证会上,市民周雷发出了六段文字,但是微信平台只推送了三条,他对此提出了疑问,[83] 主持人以"没关系,我们都理解您的意思"搪塞过去。在医疗急救微信立法听证会临近尾声的时候,听

[81] 参见《深圳经济特区医疗急救条例(征求意见稿)》微信立法听证会情况通报,载 http://www.fzb.sz.gov.cn/ztzl/xzlf/lftzh/jjtl/201612/t20161221_5755139.htm,访问时间:2017年8月27日。

[82] 参见侯孟君、马子云:《地方立法公众参与的若干问题及其应对》,载《湖北警官学院学报》2014年第10期。

[83] 参见微信公众号"深圳法制"的"历史听证内容"中周雷在知识产权保护微信立法听证会上的发言:"刚发布了6段文字的意见,但只显示了3条。"

证代表“春天”才进入微信平台参与听证,他的发言没有得到主持人或者有关部门的回应,听证会就结束了。[84] 在机动车道路停放的微信立法听证会上很多听证市民针对市交通运输委员会表达了自己的利益诉求,可能由于发言踊跃,市交通运输委员会并没有一一回应。

在听证代表看来,若没有得到及时的反馈信息,自己提出的意见犹如石沉大海,其效果无法评价。加上目前没有具体的法律制度强制要求立法机关必须对立法听证建议作出回应的规定,公众的知情权和参与权得不到有效的保障。现场立法听证会的反馈方式系通过公布立法听证报告进行,如“《深圳经济特区食品安全条例》立法听证报告”。[85] 深圳市法制办采取微信听证的方式,反馈形式则变为在听证结束后在网上公布微信立法听证会情况通报,如“《深圳经济特区医疗急救条例(征求意见稿)》微信立法听证会情况通报”。[86] 通报内容有微信立法听证会的参与人数、收集到的意见和建议数量、建议或者意见的内容等。进一步完善公众意见的评价和反馈制度,对公众提出的立法意见和建议的采纳情况,要及时反馈,提高公众意见采纳的公正性和公开性,可以在一定程度上弥补立法机关参与微信立法听证而导致的不足。

六、结语

一般地方立法的立法权是由《宪法》和地方组织法所确定的地方人大及其常委会行使。从现行的法律规定和立法实践来看,深圳的地方立法也是由地方人大常委会和政府主导的体制,公众常常处于这个体

---

〔84〕 参见微信公众号“深圳法制”的“历史听证内容”中春天的发言:“深圳110、119、120三个关键部门中,为何120的急救人员存在大部分临时工现象?这样如何确保急救队伍的稳定性?”

〔85〕 参见《〈深圳经济特区食品安全条例〉立法听证报告》,载 http://www.fzb.sz.gov.cn/ztzl/xzlf/lftzh/spaq/201505/t20150507_2871176.htm,访问时间:2017年8月27日。

〔86〕 参见《深圳经济特区医疗急救条例(征求意见稿)》微信立法听证会情况通报,载 http://www.fzb.sz.gov.cn/ztzl/xzlf/lftzh/jjtl/201612/t20161221_5755139.htm,访问时间:2017年8月27日。

制的边缘位置。立法听证被视为公众参与立法少有的也是最为重要的形式之一。立法听证的目的是“克服立法恣意,消除立法后的诸种隐患,进而促进和维护立法公正”。[87] 在市场经济高度发达、利益分化的深圳市,立法机构在有法律依据的基础上运用科技手段使得听证在微信平台上举行,我们应当重视该种听证模式对官民互动关系、公民立法建议权的影响。[88] 微信立法听证有着与现场听证不一样的特点,我们应当学会扬长避短:一方面要享受高科技给市民参与政府事务带来的便利;另一方面尽管目前微信听证存在仪式感的缺失、缺乏严格规范听证程序等问题,但是立法机关应当在微信听证中发挥其组织功能,让听证市民在听证中发挥讨论的热情。相较于现场立法听证,改变的仅是政府对公众参与立法活动的服务形式,政府对公众参与立法活动的引导、责任和保障不会改变。微信听证不能仅仅停留在手机屏幕冰冷的文字上,要让听证的内容在实践中取得所期望的效果,防止形式听证。

(责任编辑:黄泽萱)

〔87〕 宋方青:《地方立法中公众参与的困境与出路》,载《法学》2009年第12期。

〔88〕 《宪法》第41条规定,“中华人民共和国公民对于任何国家机关和国家工作人员,有提出批评和建议的权利”,确认了公民的建议权。

法治语境下地方人大行使立法权与监督权探析

何峻卉*

目　次

* [作者简介]何峻卉,重庆市人大常委会法工委法规一处副处长。

摘要:本文旨在从正确行使地方人大职权的角度出发,重点对地方人大行使立法权、监督权的现有方式、方法以及存在的问题进行比较分析,提出整合资源,科学行使地方立法权和监督权、形成合力最大化提高综合实效的解决对策,希冀对进一步提高地方立法质量,确保法律法规实施,实现良法善治有所助益。

关键词:法治语境;立法权;监督权

前言:一起行政诉讼引发的思考

2016年8月,重庆某区A局被一起行政诉讼震得晕头转向。[1] B公司起诉该局不按时下达行政许可,并下达错误行政许可。庭审中,关于该局是否在规定时限内完成行政审批问题成为了本案的焦点。据了解,上位法对该行政审批的规定时限为30日,而现行重庆市相关地方性法规C法规将其缩短为10个工作日。2013年11月,国家某部委下发通知,要求在受理行政许可申请后和审批前进行两次公示,且公示期均不得少于5个工作日。也就是说,不算其他审核工作时间,光两个公示期就占了10个工作日。据悉,A局花了12个工作日完成了该项行政审批,虽然符合上位法要求,但确实超过了C法规10个工作日的规定,多了2个工作日。法院该如何判决暂且不论,人们不禁疑惑,引发这起行政诉讼究竟该是谁的错?是地方立法问题?《中华人民共和国行政许可法》第16条第2款规定:"地方性法规可以在法律、行政法规设定的行政许可事项范围内,对实施该行政许可作出具体规定。"C法规在上位法所规定的30日范围内,基于当时提高行政效率和执法实际考虑,将审批时限缩短至10个工作日的规定是合法有效的。那B公司起诉错了吗?也没错!那么,是A局做错了吗?他们按照国家的要求严格行政审批程序,除公示期外,仅花了2个工作日,已经是高效了,也没错呀。

[1] 特别说明:基于该案正在审理中,为了不影响司法独立,特对相关法规、单位不作具体指向。

人们不禁反思：那么为什么不能通过及时修改地方性法规，来避免这些情况发生呢？地方性法规颁布实施多年，时移世易，即使当年的法规是如何的好，但国家的规定和执法实际不可避免会发生变化，如果执法部门能早点发现这些隐患，及时处理或者如果地方人大能够通过主动行使监督权，尽早掌握这些情况，及时行使立法权，启动相关修法程序，是否这起诉讼就可以避免？那么地方人民代表大会（以下简称人大）该如何做，才能确保地方性法规与时俱进，实现良法善治，真正做到管用、有效？笔者就此作了一些探索，奉于诸君共论。

一、地方人大行使立法权与监督权概况

（一）地方人大立法权简介

根据《中华人民共和国立法法》（以下简称《立法法》）第72条的规定，地方人大立法权，是指地方人大及其常委会根据本行政区域的具体情况和实际需要在不同宪法、法律、行政法规相抵触的前提下可以制定地方性法规的权利。

我国实行统一而又分层次的立法体制，国家立法权与地方立法权是在国家法制统一前提下不同立法层次的划分。立法是法治的基本前提。全面推进依法治国，建设中国特色社会主义法治体系，必须坚持立法先行。中央要求，凡属重大改革都要于法有据。需要修改法律的可以先修改法律，先立后破、有序进行；有的重要改革措施，需要得到法律授权的，要按法律程序进行。对地方立法权而言，维护国家法制统一是根本要求。我国《立法法》所规定的地方性法规不得与上位法相抵触原则、备案审查制度以及对地方性法规立法权限范围严格限定等方面，都体现了地方立法权中维护国家法制统一的根本要求。地方立法的主要表现形式为：地方性法规和民族地方人大制定的自治条例和单行条例。

（二）地方人大监督权概述

地方人大监督权，是指地方各级人民代表大会及其常委会为全面保证国家法律的实施和维护人民的根本利益，防止行政、司法机关滥用

权力,通过法定的方式和程序,对由它产生的国家机关实施的检查、调查、督促、纠正、处理的强制性权力。地方国家权力机关依法行使监督权,就是要监督宪法、法律、法规以及上级国家权力机关的决议在本行政区域内的执行情况和监督同级"一府一委两院"(人民政府、监察委员会、人民法院、人民检察院)的工作。

地方人大监督工作可以分为法律监督和工作监督两个部分,法律监督是指地方国家权力机关监督宪法、法律、法规在本行政区域内的实施情况,工作监督则是对"一府一委两院"的工作情况实施监督。二者既有区别又有联系,在特定情况下则表现为同一事物的两个方面。监督工作主要有以下七种形式:听取和审议"一府一委两院"的工作报告,对"一府一委两院"贯彻、执行党和国家路线、方针、政策的全面工作或专项工作进行监督;审查和批准预决算,听取和审议国民经济和社会发展计划、预决算的执行情况报告,听取和审议审计工作报告和整改情况报告等;法律法规实施情况的检查;规范性文件的备案审查;询问和质询;特定问题调查;撤职案的审议和决定。

二、良法善治对行使地方人大立法权和监督权的要求

《中共中央关于全面推进依法治国若干重大问题的决定》指出:法律是治国之重器,良法是善治之前提。建设中国特色社会主义法治体系,必须坚持立法先行,发挥立法的引领和推动作小用,抓住提高立法质量这个关键。这一规定,鲜明提出了良法善治的要求,明确了立法在社会主义法治体系建设的先行地位,也强调了法律创制与法律实施的内在关联。〔2〕 就地方人大而言,要实现良法善治,必须正确行使地方立法权,奠定法治的基础,立良法;同时必须正确行使地方监督权,捍卫法治的实践,促善治,确保宪法、法律、法规的实施。

〔2〕 参见丁国强:《全面依法治国,实现良法善治》,载中国法院网:http://www.chinacourt.org/article/detail/2015/04/id/1578008.shtml,访问时间:2018年3月20日。

(一)正确行使地方人大立法权,立良法

1. 为何要立良法

古希腊著名思想家亚里士多德指出,"法治"一词的基本含义应包含两重意义:已成立的法律获得普遍的服从,而大家所服从的法律应该是制定得良好的法律。[3] 法治应当是良法(good law)之治。那么,什么样的法律才算是良法呢?霍布斯说:"良法就是为人民的利益所需而又清晰明确的法律"。[4] 也就是说,良法在内容上应当以追求公平、正义为目标,以保障公民人权和自由为核心,以利益和幸福为归属;在形式上,良法应当是明确、清楚、严谨、完备、体系统一的法律。就地方而言,笔者认为,地方人大所立良法应当是在宪法、法律、行政法规的框架下,坚持中国共产党的领导,反映最广大人民群众的意志和利益,符合公平正义要求,维护公民、法人和其他组织的合法权利,反映社会发展规律,积极服务地方中心工作,体现地方特色,促进民主法治建设,具备科学、合理的体系的法规。

举一实例以为佐证:环保立法中,国家对企业事业单位和其他生产经营者违法超标排放污染物的处罚问题,很长一段时间是根据查处时的违法行为来进行处罚的,因此处罚金额很少,超标排污单位往往宁愿缴纳罚金,也不愿安装或安装后不按规定使用污染防治设施,这就导致"守法成本高、违法成本低"的问题。实践中,超标超总量排污、偷排污水、排放有毒物质等违法行为,都具有持续性。如果只认定一个违法行为予以处罚,有违过罚相当的原则;如果认定为多个违法行为予以处罚,又缺乏法律依据。

为解决这一现实问题,2007年《重庆市环境保护条例》首创了"按日计罚"制度,即对于违法排污单位,受罚后被责令改正而拒不改正的,依法作出处罚决定的行政机关可以自责令改正之日的次日起,按照原处罚数额按日连续处罚。据悉,2007~2014年,重庆共在69起案件中对违法企

[3] 参见[古希腊]亚里士多德:《政治学》,吴寿彭译,商务印书馆1981年版,第199页。
[4] [英]霍布斯:《利维坦》,黎思复、黎廷弼译,商务印书馆1985年版,第113页。

业进行了按日处罚，主要集中在无证排污或者超证排污领域，个案罚款额最高可达3000多万元，违法行为改正率大幅提高，有效遏制了环境违法高发态势，对排污企业起到了很好的震慑作用，重庆大气环境日益改善。[5] 2014年，全国人大在修订《中华人民共和国环境保护法》时，充分肯定了这一做法，将按日计罚原则纳入第59条进行规范，[6]并明确地方性法规可以根据环境保护的需要，增加按日连续处罚的违法行为的种类。

据此，笔者以为，在地方立法中，可以将通过人大调研论证，且当地已经试行一段时间后总结归纳好的经验和做法（一般是在当地以规章或者规范性文件的形式已经践行过、具有推广价值的管理性规定）上升为地方性法规予以巩固落实，既体现地方特色，又能真正解决问题，进而为国家立法提供实践基础，造福全社会，这样的法即为良法。

2. 如何可立良法

良法不是法律的天然本性，而是立法者秉持正义精神与恰到好处地运用法律智慧的结晶。[7] 实现良法善治，提高立法质量是关键。总结地方人大多年立法实践，笔者以为：立良法，首先要坚持中国共产党的领导，善于使党的主张通过法定程序成为国家意志。其次要恪守以民为本、立法为民理念，贯彻社会主义核心价值观，使每一项立法都符合宪法精神、反映人民意志、得到人民拥护。[8] 再次必须遵循和把握立

---

[5] 参见袁杰主编：《中华人民共和国环境保护法解读》，中国法制出版社2014年版，第210页。

[6] 《中华人民共和国环境保护法》第59条规定：企业事业单位和其他生产经营者违法排放污染物，受到罚款处罚，被责令改正，拒不改正的，依法作出处罚决定的行政机关可以自责令改正之日的次日起，按照原处罚数额按日连续处罚。

前款规定的罚款处罚，依照有关法律法规按照防治污染设施的运行成本、违法行为造成的直接损失或者违法所得等因素确定的规定执行。

地方性法规可以根据环境保护的实际需要，增加第一款规定的按日连续处罚的违法行为的种类。

[7] 参见王淑芹：《良法善治：现代法治的本质与目的》，载新华网：http://news.xinhuanet.com/politics/2015-07/17/c_128030625.htm，访问时间：2017年10月30日。

[8] 摘自《中共中央关于全面推进依法治国若干重大问题的决定》："二、完善以宪法为核心的中国特色社会主义法律体系，加强宪法实施"。

法规律，自觉遵循经济规律、自然规律、社会发展规律以及立法活动规律，使制定出来的法规能够反映和体现规律的要求，符合客观实际。[9]最后，要健全完善立法体制机制建设，以制度保障地方立法质量，将推进科学立法、民主立法，发挥人大及其常委会在立法工作中的主导作用落到实处，切实增强法规的及时性、系统性、针对性、有效性，真正立出高质量的法，立出管用的法。

规范立法活动，完善立法程序规则，将地方立法步入法制化、规范化的轨道，是确保立良法的先决条件。综观全国各地人大的立良法之路，也印证了这一点。据统计，全国拥有立法权的省、自治区、直辖市、较大的市和新增的设区的市，以及不设区的广东省东莞市和中山市、甘肃省嘉峪关市、海南省三沙市共284个，目前已经有近百家省市人大，已制定或正在制定修改关于立法程序的法规。如《天津市地方性法规制定条例》《宁夏回族自治区人民代表大会及其常务委员会立法程序规定》《广东省地方立法条例》等。从各地制定立法程序规则的内容来看，都包含了立项、法规起草、审议、表决、公布、备案等阶段，但在个别程序中既有相同之处，又各有特色。比如，天津市等地人大在原则中增加了有关立法决策与改革决策相适应、科学合理划分权责的内容，在具体立法程序中明确了表决前评估、第三方起草、法规配套规定等规定。上海市人大完善了立法论证会、听证会以及第三方评估制度，提出了建立基层立法联系点、多层次征求代表意见等推进民主立法的方式。宁夏人大改进了常委会审议法规的形式，增加了联组会议、全体会议讨论法规重要问题的规定，同时引入了主任会议解决委员会之间对法规重要问题分歧的机制，增加了批准设区的市地方性法规的程序规定。广东省人大提出了地方立法应为经济、政治、文化、社会、生态文明建设服务的理念和起草法规应当注重调查研究、广泛征求意见的要求，明确了代表

〔9〕 参见李建国：《努力将地方立法工作提高到一个新水平》，载人民网：http://npc.people.com.cn/n1/2016/0914/c14576-28716437-2.html，访问时间：2017年10月30日。

大会和常委会的立法权限，并特别对设区的市立法提出了可以在立法信息和资源共享方面加强沟通与联系的规定。详细内容见表1。

表1　部分省市人大制定相关地方立法程序规定一览表

制定机关	法规名称	主要内容	部分特色条款
天津市人大	《天津市地方性法规制定条例》(2016年9月28日天津市第十六届人民代表大会常务委员会第二十九次会议第二次修正)	共六章，分为总则、市人民代表大会制定地方性法规程序、市人民代表大会常务委员会制定地方性法规程序、地方性法规解释、其他规定、附则	1. 第5条：制定地方性法规应当适应经济社会发展和全面深化改革的要求，科学合理地规定公民、法人和其他组织的权利与义务、国家机关的权力与责任。 2. 第6条第3款：市人民代表大会及其常务委员会可以根据改革发展的需要，决定就行政管理等领域的特定事项授权在一定期限内在本市部分区域暂时调整或者暂时停止适用地方性法规的部分规定。 3. 第33条(前半段)：拟提请常务委员会会议审议通过的地方性法规案，在法制委员会提出审议结果报告前，根据需要，常务委员会法制工作委员会可以会同常务委员会有关工作机构，对地方性法规草案中主要制度规范的可行性、法规出台时机、法规实施的社会效果和可能出现的问题等进行评估。 4. 第48条第2款：专业性较强的地方性法规草案，可以吸收相关领域的专家参与起草工作，或者委托有关专家、教学科研单位、社会组织起草。 5. 第56条：地方性法规明确要求市人民政府等有关国家机关对专门事项作出配套的具体规定的，有关国家机关应当自地方性法规施行之日起一年内作出规定，地方性法规对配套的具体规定制定期限另有规定的，从其规定。有关国家机关未能在期限内作出配套的具体规定的，应当向市人民代表大会常务委员会说明情况

续表

制定机关	法规名称	主要内容	部分特色条款
上海市人大	《上海市制定地方性法规条例》(2015 年 11 月 19 日上海市第十四届人民代表大会常务委员会第二十四次会议第三次修正)	共六章,分为总则、市人民代表大会制定地方性法规程序、市人民代表大会常务委员会制定地方性法规程序、地方性法规解释、其他规定、附则	1. 第 4 条第 2 款:制定地方性法规应当体现人民的意志,发扬社会主义民主,坚持立法公开,健全代表全程参与立法机制,建立基层立法联系点,保障人民通过多种途径参与立法活动。 2. 第 8 条第 2 款:常务委员会依照前款规定审议地方性法规案,应当通过多种形式征求市人民代表大会代表的意见,并将有关情况予以反馈;专门委员会和常务委员会工作机构进行立法调研,可以邀请有关的市人民代表大会代表参加。 3. 第 32 条第 2 ~4 款:地方性法规案有关问题专业性较强,需要进行可行性评价的,应当召开论证会。论证情况应当向常务委员会报告。 地方性法规案有关问题存在重大意见分歧或者涉及利益关系重大调整,需要进行听证的,应当召开听证会。听证情况应当向常务委员会报告。 地方性法规案有关问题部门间争议较大的,可以引入第三方开展评估,充分听取各方意见。评估情况应当向常务委员会报告。 4. 第 61 条:地方性法规明确要求有关国家机关对专门事项作出配套的具体规定的,有关国家机关应当自法规施行之日起一年内作出规定,法规对配套的具体规定制定期限另有规定的,从其规定。有关国家机关未能在期限内作出配套的具体规定的,应当向常务委员会说明情况

续表

制定机关	法规名称	主要内容	部分特色条款
宁夏回族自治区人大	《宁夏回族自治区人民代表大会及其常务委员会立法程序规定》(2015年9月30日宁夏回族自治区第十一届人民代表大会常务委员会第十九次会议修正)	共六章,分为总则、自治区人民代表大会立法程序、自治区人民代表大会常务委员会立法程序、批准设区的市的地方性法规程序、其他规定、附则	1. 第17条第4款:常务委员会审议法规案时,根据需要,可以召开联组会议或者全体会议,对法规草案的主要问题进行讨论。 2. 第21条:委员会之间对法规草案的重要问题意见不一致时,应当向主任会议报告。 3. 第30条:自治区人民代表大会常务委员会应当对报请批准的设区的市的地方性法规的合法性进行审查,经审查与宪法、法律、行政法规和自治区地方性法规不抵触的,应当在四个月内予以批准。 4. 第31条:对报请批准的设区的市的地方性法规,先由法制委员会和法制工作委员会进行审查,由法制委员会向主任会议提出报告,由主任会议决定提请常务委员会会议审查。 5. 第32条:列入常务委员会会议议程审批的设区的市的地方性法规,在批准决定交付表决前,报请机关要求撤回的,经主任会议同意,并向常务委员会会议报告,对该地方性法规的审查即行终止

续表

制定机关	法规名称	主要内容	部分特色条款
广东省人大	《广东省地方立法条例》(2016年1月30日广东省第十二届人民代表大会第四次会议第二次修正)	共六章,分为总则,立法规划、立法计划和法规起草,省人民代表大会立法权限和程序,省人民代表大会常务委员会立法权限和程序,设区的市的地方性法规、自治县自治条例和单行条例批准程序,法规解释	1.第3条第2款:地方立法应当坚持科学发展观,为经济建设、政治建设、文化建设、社会建设、生态文明建设的全面进步服务。 2.第16条第2款:起草地方性法规草案应当注重调查研究,广泛征询社会各界意见。设定行政许可、行政收费以及涉及社会公众切身利益等内容的,应当依法举行论证会、听证会或者以其他方式公开听取意见。 3.第34条:下列事项除应当由省人民代表大会制定地方性法规的以外,省人民代表大会常务委员会可以制定地方性法规: (一)为执行法律、行政法规的规定,需要根据本行政区域的实际情况作具体规定的; (二)属于地方性事务需要作规定的; (三)除立法法第八条规定只能制定法律的事项外,国家尚未制定法律、行政法规的; (四)全国人民代表大会及其常务委员会授权地方作规定的; (五)省人民代表大会授权常务委员会作规定的; (六)法律规定的其他应当由地方作规定的。 在省人民代表大会闭会期间,省人民代表大会常务委员会可以对省人民代表大会制定的地方性法规进行部分修改和补充,但不得同该法规的基本原则相抵触。 4.第71条:设区的市的人民代表大会常务委员会之间可以在立法信息和资源共享方面加强沟通与联系

从以上各地人大制定地方立法程序的规定中可以看出,地方人大

的立法质量以制度的方式得到基本保证,地方有良法可依的基础已基本奠定。

(二)正确行使地方人大监督权,促善治

1.何谓善治

“治民无常,唯法为治。”[10]法治追求的目标并非仅仅是获得良法,关键是通过良法之治实现“善治”(Good Governance)。那么什么是善治?善治即良好的治理,使公共利益最大化的社会管理过程,其本质特征是政府与公民对公共事务的合作管理,是政府与市场、社会的一种新颖关系。[11] 联合国亚太经济社会委员会在其发布的《什么是善治?》中,对于善治提出了八项标准,分别为共同参与、厉行法治、决策透明、及时回应、达成共识、平等和包容、实效和效率、问责。在法治中国理念下,善治既是一种良好的治理方式和模式,即良法之治,也是一种良好秩序、一种状态、一种结果,即全面推进依法治国的战略方针,把法治真正作为治国理政的基本方式,真正实现国家治理的现代化。正如菲尼斯教授所指出的:“法治通常是指法律制度得到合法地、良好运作的一种状态。”所谓“天下大治”,指的就是善治,其最终目的是实现人民生活幸福、社会和谐有序以及国家长治久安。建设一个政治开明、经济发达、人民幸福、国泰民安的法治国家,就是善治所追求的。

2.怎样行使好地方人大监督权促善治

就地方人大而言,实现良法善治,就是实现地方立法和改革决策相衔接,充分发挥立法对改革的引领和推动作用,制定有关全市经济建设、文化建设、社会建设、生态文明建设等方面涉及国计民生的重要地方性法规,让每一处修改都反映经济社会发展规律和人民意愿……然而,天下之难事不在立法而在法之必行。[12] 中国特色社会主义法律体

---

〔10〕 (战国)韩非:《韩非子·心度第五十四》,载国学网:http://www.guoxue.com/book/hanfeizi/0054.htm,访问时间:2017年10月30日。

〔11〕 参见陈广胜:《走向善治》,浙江大学出版社2007年版,第102页。

〔12〕 参见陈晓明:《善治实践助力人大工作创新》,载中国共产党新闻网:http://theory.people.com.cn/GB/49150/17581015.html,访问时间:2017年10月30日。

系如期形成后,解决有法难行的问题就显得更为突出、更加紧迫。

为了促善治,确保宪法、法律、法规的实施,近年来,地方人大通过行使监督权,开展法律监督和工作监督,探索出一些经验和好的做法:

(1)按照《中华人民共和国监督法》的规定,通过采取听取和审议政府相关专项工作报告、执法检查、专题询问和规范性文件备案审查监督等工作方式,推进法律法规实施。笔者对2016年部分省(市)人大确保法律法规实施开展监督工作情况做了调查(详见表2),发现他们在开展监督工作时,主要通过综合使用多种监督方式(如在执法检查中就政府相关工作开展听取和审议专项工作报告、专题询问等),注意开展上下联动和吸收人大代表参与,发挥区县人大和人大代表的主观能动性,形成全省(市)齐抓共管的局面,监督实效明显。

表2　2016年部分省(市)人大确保法律法规实施监督工作情况表

制定机关	监督主题	监督方式	备注
北京市人大	1. 听取和审议关于《北京市第十四届人民代表大会第四次会议对市政府关于〈北京市居家养老服务条例〉实施情况报告的审议意见》落实情况的报告	听取和审议专项工作报告	邀请人大代表参与
	2. 检查《中华人民共和国律师法》《北京市控制吸烟条例》《中华人民共和国安全生产法》《北京市安全生产条例》《北京市居家养老服务条例》实施情况	法律法规实施情况的检查	邀请人大代表参与
	是否制订监督工作计划	是	
上海市人大	检查本市贯彻执行"六五"普法决议的情况,并对"七五"法治宣传教育作出决议;检查本市贯彻实施食品安全法及本市实施食品安全法办法、住宅物业管理规定的情况	法律法规实施情况检查	邀请人大代表参与;其中住宅物业管理规定检查进行上下联动
	是否制订监督工作计划	是	

续表

<table>
<tr><th>制定机关</th><th>监督主题</th><th>监督方式</th><th>备注</th></tr>
<tr><td rowspan="3">四川省人大</td><td>1. 听取和审议关于《四川省内部审计条例》贯彻实施情况的报告；关于开展“六五”普法工作及今后普法工作安排的情况报告；关于《四川省农村扶贫开发条例》审议意见办理情况的专项工作报告</td><td>听取和审议专项工作报告</td><td>邀请人大代表参与</td></tr>
<tr><td>2. 检查《中华人民共和国食品安全法》《四川省农村扶贫开发条例》《中华人民共和国环境保护法》《中华人民共和国大气污染防治法》《四川省城乡环境综合治理条例》执行情况</td><td>法律法规实施情况检查</td><td>邀请人大代表参与</td></tr>
<tr><td>是否制订监督工作计划</td><td colspan="2">是</td></tr>
<tr><td rowspan="3">重庆市人大</td><td>1. 开展食品安全、森林防火、邮政、民族区域自治有关法律法规实施情况的执法检查</td><td rowspan="2">法律法规实施情况检查</td><td rowspan="2">邀请人大代表</td></tr>
<tr><td>2. 主任会议听取关于地方性法规配套规章和规范性文件制定情况的报告，听取关于《重庆市产品质量条例》《重庆市医疗机构管理条例》《重庆市户外广告管理条例》《重庆市道路运输管理条例》《重庆市城市房地产开发经营管理条例》《重庆市实施〈中华人民共和国村民委员会组织法〉办法》等地方性法规实施情况的报告</td></tr>
<tr><td>3. 开展食品安全工作情况的专题询问</td><td>专题询问</td><td>—</td></tr>
</table>

（注：因各省市人大均把规范性文件备案审查工作作为每年常规性工作，故不再列入。）

（2）专门就法规实施情况探索创新了一些新的监督方式，比如法规实施情况报告制度。如 2014 年，重庆市人大常委会主任会议通过了《重庆市人大常委会主任会议听取地方性法规实施情况报告的规定》，该规定要求市人大常委会主任会议每年 4 月和 10 月各听取一次法规实施情况的报告，法规的范围为市人大及其常委会新制定或修改且实施满一年的地方性法规和常委会主任会议认为需要听取实施情况报告的其他地方性法规。法规实施情况报告制度的方式，改变了以往对法规实施情况检查主要途径是市人大常委会组织执法检查的方式，扩大了检查面，对法规进行了及时有效的动态监督。截至2016年，重庆市人大常委会主任会议已对《重庆市实施〈中华人民共和国国家赔偿法〉办法》《重庆市突发事件应对条例》《重庆市村民委员会选举办法》等近20部法规听取了实施情况的汇报。同时根据听取汇报的情况，主任会议对法规实施中的重大问题有针对性地提出下一步工作计划，从而促使法规实施部门在工作中不断发现问题，不断改进工作。如建议市人大常委会下一步听取和审议相关专项工作报告、开展执法检查、立法后评估，建议将法规的制定、修改、废止和解释列入市人大常委会会议议程等。

三、地方人大行使立法权、监督权存在问题比较分析

近年来，地方人大工作围绕国家和当地的中心工作任务，在立良法、强监督上下功夫，有力地推动了当地深化改革、推进依法治省（市）的发展，成绩值得肯定，但是仍然存在一些问题，应当引起我们高度重视。如"部门利益法制化""景观立法"、部分法规个别制度设计或者配套规定形同虚设等立法质量不高问题；表面化、形式化监督突出，刚性监督乏力、监督工作蜻蜓点水、无连续性，监督实效不强等问题。究其原因，从表面上看，是开展立法监督工作时调研论证不够深入、全面，工作不够系统、扎实所致，然而笔者认为，摒弃地方权力运行机制不够健全等外部因素及地方人大法治队伍建设能力有待提高等内部因素，地方立法权、监督权在不同阶段隶属人大内部不同部门，因其部门职权职责所限，各自为政，信息不对称，导致地方立法权和监督权相互配合不力、衔接不顺等因素是造成以上问题的根本所在。

（一）地方立法工作中监督权的缺位，是造成部门利益法制化原因之一

对于专业性较强的法规，由于调研时间紧、对部门工作了解不够、相关专业业务知识不熟悉，地方立法主要以政府及相关部门提供的材

料为依据。而部门在负责起草或者参与起草中，不可避免地要将自己想要强化的部门利益写入或者说服立法机关写入法规案草稿中，达到部门利益法制化目的。因其规定的隐蔽性和伪正义性，往往不能在相关立法调研论证中及时发现。而地方人大内部部门之间的各自为政，使地方立法权与监督权处于阶段性的分离状态，相关立法机构在有限的时间内，没有手段能采取诸如专题询问、听取和审议专项工作报告等方式去行使监督权，也就不能及时掌握相关工作的具体情况、导致法规中的主要制度设计存在缺陷，从而影响地方立法质量。

（二）监督权的应有功能未能正常运行

由于地方立法和监督工作会查阅相当多的文献资料并作比较分析，因此往往会发现部分规章、规范性文件与上位法或者同级别其他部门规章、文件相抵触等合法性问题。根据我国《宪法》第 99 条第 2 款的规定，县级以上的地方各级人大常委会可依职权撤销本级政府不适当的决定和命令。但在实践中，由于发现的部门或者单位其职权职责所限，往往不会主动将这些问题正式提交地方人大，也不会主动要求相关部门及时修改或者废止，更没有将这些不合法的规章、规范性文件送到相关监管部门，比如交人大常委会备案审查机构按程序处理，致使错误的文件继续执行，政府形象受到极大影响。

（三）地方立法、监督成果不能得到双向有效转化

一方面，地方立法工作中通过调研、论证发现的有关法规、规章规范性文件实施情况不好的情况，没有向有关监督机构反映，通过启动地方人大监督程序进行纠正；另一方面，地方人大在行使监督权时，比如在执法检查中，发现的诸如法规的制度设计缺陷以及部分条款已不符合实际情况等问题，均不会在最后提交的监督成果（执法检查报告）中大量提出，最多只提及个别条款的不足和修改、废止法规的建议，且相关监督成果也不会专门送立法机构，通过启动地方立法程序，及时予以修改完善。对此，由于地方人大没有单设的督查或者综合机构予以归总，送至立法机构进行成果转化，信息不能共享，造成立法、监督资源的极大浪费。比如 2015

年,重庆市人大立法工作机构对现行有效地方性法规中有关制定配套政府规章、规范性文件的条款规定进行了逐项梳理,发现有85件法规共136项规定,要求政府制定配套规定,但其中32件法规的44项规定由于种种原因,尚未出台配套规章或规范性文件。实际上,这32件法规颁布施行5年来,人大有关专门委员会对其中的部分法规及规定涉及的内容都开展过执法检查、听取和审议专项工作等监督工作,但由于信息不对称,立法机构并不知道其监督成果的具体情况。

四、科学行使地方立法权和监督权,实现良法善治的几点建议

孟子曰:"徒法不足以自行。"[13]法律的生命力在于实施。有法不依等于没有法。离开对宪法和法律实施的监督,宪法和法律的贯彻执行就是一句空话,人大立法权也就形同虚设。因此,实现良法善治,应当整合资源,积极探索科学行使地方立法权、监督权的方式、方法,从而形成合力,发挥综合实效,进一步发挥地方国家权力机关作用。对此,笔者提出以下三点建议。

(一)科学行使地方立法权,提高立法质量

为了防止"部门法制利益化""景观立法"现象发生,提高地方立法质量,化解地方人大立法者人员少、对立法涉及业务不了解等矛盾,建议采取下列措施,科学行使地方立法权:一是对专业化较强或者立法必要性不明显但争议较大的法规,在法规立项前进行立法前评估,遏制过度立法,节约立法成本,从源头防止不良之法出台。二是坚持立法公开,保证社会公众最大限度地参与到立法过程中来。在征求各方意见中,注意征求法律专家、实务专家和管理相对人的意见。三是发挥地方人大主导作用,积极拓宽立法起草渠道,可以委托第三方熟悉业务机构起草,推进法规起草回避制度,最大限度避免有利益关系部门、单位在

〔13〕 (战国)孟轲:《卷七·离娄上》,载国学网:http://www.guoxue.com/book/mengzi/0007.htm,访问时间:2016年10月30日。

立法中发挥主要作用。四是切实加强地方人大立法队伍建设，畅通干部培训交流挂职渠道，提高立法工作人员的立法理念、专业化水平和法律实务能力，探索建立配套保障机制和监督制约机制，完善的立法队伍建设长效机制，切实提高地方人大立法、监督水平，实现立法队伍的正规化、专业化、职业化。

（二）科学行使地方监督权，提高监督实效

为了确保宪法、法律、法规的实施，防止"软性监督""蜻蜓点水式监督"发生，化解法规实施监督信息不对称、采取监督方式过少矛盾，建议采取下列措施，科学行使地方监督权：一是加大规范性文件备案审查力度，规范监督操作流程，对于不适当的，及时予以纠正和撤销；二是综合采用监督方式，在监督中采取由点及面，如由听取个案工作的办理情况到质询、询问整个全面工作的同步推进；三是加大对法规配套规定的监督力度，采取听取和审议专项工作报告、制定有关配套规定、及时制定处理制度等方式；四是在开展执法检查、听取审议法规实施情况报告等监督工作中，加大法律法规宣传力度，开展一系列法规宣讲、讲座等活动，提高相关法律知识普及率，提高监督实效。

（三）整合资源、科学行使地方立法权和监督权，发挥综合实效

地方人大的立法权与监督权虽有不同，但并不是截然分离的，本质上是互相依附、互相促进的辩证统一关系。首先，行使立法权是行使监督权的基础，地方立法工作为监督工作提供良法可依；其次，行使监督权实现立法权的保障，依法监督又为确保良法实施和下一步法规的"立、改、废、释"提供了可靠的决策依据；最后，地方人大的立法权、监督权来源于地方人大，统一于人大内部，资源分配、职能职责的定性问题可以在内部进行权力调整、整合。整合资源，科学行使立法权和监督权，是开源，是拓宽立法、监督工作的一种有效监督方式，针对性、及时性、有效性是其主要特点，运用好这种方式，更能及时发现问题，保障宪法、法律法规的实施和国家法制的统一，更好地发挥地方国家权力机关的作用。

一是探索建立综合法治机构或者在现有机构中增设法治综合监督

职责。具体工作机制为：方案一，建议在人大常委会相关工作机构新设固定的专业化综合立法监督机构，充实法律等专业人员，明确机构职能职责，确保地方立法权和监督权的综合使用。如配合有关机构开展法规前评估和后评估工作，督促法规实施相关配套规定的落实工作，督促移交相关政府规章、规范性文件进行合法性备案审查工作，将人大有关专工委开展监督工作的监督成果反馈立法相关业务处室，适时提出立、改、废、释建议以及根据立法需要适时开展有关监督工作等。方案二，将综合立法监督职责调整给人大有关工作机构，增设编制，按方案一工作内容开展工作。

二是统筹安排地方人大立法、监督工作计划，整合资源，形成合力，共同推进。如针对地方人大立法五年规划，拟订监督工作五年规划，对监督工作预期效果进行评估；建议在地方人大拟订年度工作要点时，统筹安排地方立法、监督计划，将拟修改的法规案的审议或预备项目同时作为监督工作的题目，交由立法机构和监督部门共同推进。

五、结语

北宋时，王安石借评价西周初期杰出的政治家周公曾提出政见："立善法于天下，则天下治；立善法于一国，则一国治。"[14] 今日中国，当以法治思维和法治方式推进改革，进而通过良法实现善治，既是实现治理现代化的内在要求，也是保障群众权益、维护公平正义的必由之路。

实现良法善治，必须经常看、回头看，一时的良法善治，不代表一世的永远正确，地方性法规需要与时俱进，永葆青春活力，才能行得通、立得住、真管用！科学行使地方人大的立法权和监督权，创新发展人大工作的目的也在于此。

（责任编辑：王怡）

---

〔14〕《习近平用典》法治篇，载中国共产党新闻网：http://theory.people.com.cn/n/2015/0316/c394175-26697262-2.html，访问时间：2017年10月30日。

PART 2

农村土地法制改革

The Reform of Rural Land laws

pp. 081 -135

农村集体产权制度改革的整体思路与法律实现

黄泷一*

目　次

摘要:农村集体产权制度改革涉及《民法通则》《物权法》《农村土地承包法》《农民专业合作社法》《土地管理法》集体经济组织立法等多部法律的制

* [作者简介]黄泷一,法学博士,广东财经大学法学院讲师。

定修改。这些法律处于紧密联系、牵一发而动全身的状态，单纯修改某一部法律可能导致法律之间的不协调。农村集体经济组织的主体法人化和资产股份化改造是当前农村集体产权制度改革的关键点。通过农村集体经济组织的法人化与股份化改造，能够明确集体成员与集体经济组织的关系，建立起集体经济组织的意思形成机制，充分发挥农民和集体经济组织的自主性，有利于他们因地制宜地管理经营包括集体土地所有权在内的所有集体资产。相应地，政府应该回归到中立状态，放松对集体经济的监护。除法律另有规定外，政府对集体土地的权力应该仅限于土地用途管制、城乡规划以及严格以公共利益需要为前提的征收征用。在法律制度层面，现行涉农法律中存在的问题基本上都是由集体资产的社会保障属性与财产权属性不兼容以及城乡二元地权体制所导致。在未来的改革中，应该按照去除集体资产的社会保障属性，朝打破城乡二元地权体制的方向推进，逐步取消集体经济组织股权、土地承包经营权以及农民住房财产权的转让限制，建立起符合市场经济要求的集体产权制度。只有尽早建立城乡一体的社会保障体系，消除集体资产上附着的社会保障属性，才能使农民真正享受到集体资产的财产权能，才能促进生产要素的自由流动与农业的发展。当前农村集体产权制度改革的工作重点应该集中在清资核产和确定集体成员资格两方面，力争在第二轮承包结束前，建立起城乡一体的社会保障体系与符合市场经济发展要求的农村集体产权法律制度。

关键词：农村集体产权制度；集体经济组织；集体资产；土地承包经营权；农民住房财产权

前言

2015年，全国人大常委会正式启动《农村土地承包法》的修改工作。从目前的情况来看，《农村土地承包法》基本上按照“所有权、承包权、经营权三权分置”的思路进行修改，但具体修改方案尚未出台，全国人大农委尚在各地调研。此次《农村土地承包法》修改，是我国农村集体产权制度改革的重要组成部分。农村集体产权制度改革是一项系统工程,涉及农村的方方面面,包括集体经济组织形态、集体经济组织成员资格与成员权利、农民专业合作社、土地所有权、土地承包经营权、宅基地使用权、土地股份合作、集体经营性资产与非经营性资产等因素,牵涉到《民法通则》《民法总则》,制定中的民法典,《物权法》《农村土地承包法》《农民专业合作社法》《土地管理法》《城乡规划法》《公司法》《信托法》等多部法律。这些法律制度处于紧密联系、牵一发而动全身的状态,单纯修改某一部法律可能导致法律之间的不协调。除此之外,我国东中西部地区的集体经济在发展程度和存在形式上存有较大差异,对单一法律整齐划一式的修改可能会导致水土不服的现象。2015年11月中共中央办公厅、国务院办公厅印发《深化农村改革综合性实施方案》明确提出:“农村改革综合性强,靠单兵突进难以奏效,必须树立系统性思维,做好整体谋划和顶层设计,找准牵一发而动全身的牛鼻子和主要矛盾,进一步提高农村改革决策的科学性。要从总体上把握好农村改革的方向,提出深化农村改革总的目标、大的原则、基本任务、重要路径,从全局上更好地指导和协调农村各项改革,加强各项改革之间的衔接配套,最大限度释放改革的综合效应。”

考虑到上述问题,本报告将重点研究包括土地承包经营权在内的农村集体产权制度改革的整体思路,找到农村产权制度改革的“牛鼻子”和“主要矛盾”,并提出多部涉农法律的制定和修改思路。在行文结构上,本报告主要分为四个部分:第一部分梳理回顾当前农村集体产权制度的形成与法律规定;第二部分详细分析现有农村集体产权法律制度的现状与问题,包括法律制度本身的内在冲突以及社会经济发展与法律制度的冲突;第三部分分析十八届三中全会以来中共中央与中央政府提出的改革方案,并指出其中存在的欠缺之处;第四部分将提出农村集体产权制度改革的整体思路与法律制定修改方案,并就当前工作的具体做法提出相应的建议。

一、农村集体产权制度的形成与法律规定

(一)农村集体产权制度的形成

在依据20世纪50年代《土地改革法》实行土地改革后,我国农村实行的是小农土地私有制,农民享有宅基地与房屋、耕地与其他农业生产资料的所有权。从20世纪50年代到60年代初期的十年间,小农土地所有制经过"农业生产互助组""初级农业生产合作社""高级农业生产合作社",发展成为"一大二公"的人民公社。"农业生产互助组"是指农民在农业生产中互帮互助的组织,并不涉及财产权属的变更,土地所有权以及其他生产资料所有权仍然由农民私有。在社会主义改造运动中,"农业生产互助组"逐渐发展为"初级农业生产合作社"。根据1955年11月全国人大常委会通过的《农业生产合作社示范章程》,"初级农业生产合作社"是农民将土地和其他生产资料交由合作社统一使用,但保留所有权的组织形式,社员的报酬由"劳动报酬"和"土地报酬"两部分组成,"土地报酬"由入社土地的数量和质量决定。以现在的眼光来看,农民在加入初级农业生产合作社作价后,其"土地所有权"实际上已经转化为了按资分配的"土地报酬",因此,初级农业生产合作社实际上是一种"入股"形成的经济组织,社员从合作社获得土地报酬的权利实际上属于"股权"范畴。根据1956年6月全国人大常委会通过的《高级农业生产合作社示范章程》,"高级农业生产合作社"是指社员将私有的主要生产资料转为合作社集体所有而形成的经济组织,合作社拥有对土地等生产资料的所有权,对社员实行单一的按劳分配,取消土地报酬。因此,在成立高级农业生产合作社之后,社员已经失去了对土地等生产资料的"股权"。值得注意的是,无论是《农业生产合作社示范章程》,还是《高级农业生产合作社示范章程》均明确提出,社员所有的生活资料不实行公有化,仍然属于社员私有。《高级农业生产合作社示范章程》第16条更是明确提出"社员原有的坟地和房屋地基不必入社"。按照上述规定,即便是在高级农业生产合作社阶段,宅基地所有

权以及房屋所有权仍然属于社员私有。

在“大跃进”中，众多“高级农业生产合作社”合并形成的政社合一的基层组织——“人民公社”，实行“一乡一社”，人民公社之下为若干生产大队（相当于“高级农业生产合作社”的范围），生产大队之下为若干生产队。在“大跃进”和“人民公社”失败后，1962年中共第八届中央委员会第十次全体会议通过了《〈农村人民公社工作条例〉（修正草案）》（以下简称《六十条》），确立了“三级所有，队为基础”政策：(1)生产队是人民公社中的基本核算单位，独立核算，自负盈亏，直接组织生产。(2)生产队范围内的土地，都归生产队所有，包括社员的自留地、自留山、宅基地等，禁止出租和买卖。生产队所有的土地，不经过县级以上人民委员会的审查和批准，任何单位和个人都不得占用。(3)生产队集体所有的大牲畜、农具，公社和大队都不能抽调。原来公社、大队所有的农具、小型农业机械、大牲畜，凡是适合于生产队所有和使用的，应该归生产队所有。(4)生产队对生产的经营管理和收益的分配，有自主权。在分配方面，实行工分制和按劳分配。从上述政策来看，在1962年以后，土地与生产工具的所有权基本上由生产队享有，社员通过劳动获得生活保障和报酬，对土地与生产工具并无股权。除此之外，《六十条》第43条还规定，社员的房屋，永远归社员所有。社员有买卖或者租赁房屋的权利。1963年中共中央颁布《关于各地对社员宅基地问题作一些补充规定的通知》，进一步明确了宅基地所有权、宅基地使用权以及房屋所有权三者的关系，即宅基地所有权由生产队集体所有，禁止出租和买卖；宅基地使用权由社员享有，长期使用，长期不变；宅基地上的附作物，包括房屋、树木等归社员所有，社员有买卖、出租房屋的权利；房屋出卖以后，宅基地的使用权随之转移给新房主。因此，自1962年以后，宅基地所有权亦转归集体所有，但社员仍然拥有宅基地使用权以及房屋所有权，并且可以自由出租、出卖房屋。

但是，这种人民公社实行工分制的分配方式缺乏激励性，导致农业生产水平极端落后，无法解决农民的温饱问题。70年代末期，我国部分农村开始实行包产到户、包干到户,生产队将土地交由农户承包经营,所获收益在缴纳农业税和集体提留外,均归农户所有。1980 年中共中央印发《关于进一步加强和完善农业生产责任制的几个问题的通知》,正式肯定了“包产到户”和“包干到户”。20 世纪 80 年代初期,我国绝大多数地区均实施了家庭联产承包制度,原来的生产队、生产大队、人民公社逐渐演变为组级、村级和乡镇级集体经济组织,实践中一般被称为经济合作社、经济联合社、经济联合总社。农村产权制度的变化也反映到了改革开放后制定的宪法和法律中。1982 年《宪法》第 8 条将“农村人民公社、农业生产合作社和其他生产、供销、信用、消费等各种形式的合作经济”定性为“社会主义劳动群众集体所有制经济”,并且在第 9 条、第 10 条中确认部分“森林、山岭、草原、荒地、滩涂”“农村和城市郊区的土地”“宅基地、自留地、自留山”属于“集体”所有。1993 年《宪法修正案》将《宪法》第 8 条的“农村人民公社、农业生产合作社”修改为“农村中的家庭联产承包为主的责任制”,1999 年《宪法修正案》又将其修改为“农村集体经济组织实行家庭承包经营为基础、统分结合的双层经营体制”。至此,我国《宪法》不仅确认了集体经济组织对土地的所有权,还明确承认了土地承包经营。在民事法律领域,1986 年《民法通则》第 74 条明确了集体经济组织的财产范围,同时该法第 81 条还明确了对土地的承包经营权是一种财产权,而非债权。对于宅基地以及房屋所有权,20 世纪 80 年代初期的立法基本上沿袭人民公社时代的规定。1982 年国务院颁布的《村镇建房用地管理条例》(被 1986 年《土地管理法》废止)规定:宅基地所有权由生产队享有,社员只享有宅基地使用权;社员有权出卖、出租房屋;出卖房屋后,宅基地使用权随之转移,但要经过生产队、生产大队和公社三级同意;出卖、出租房屋的,不得再申请宅基地;社员迁居并拆除房屋后腾出的宅基地,由生产队收回。值得注意的是,《村镇建房用地管理条例》还允许“回乡落户的离休、退休、退职职工和军人、回乡定居的华侨”这些非社员申请获得宅基地使用权,但也要经过生产队、生产大队和公社三级同意。

(二)关于农村集体产权制度的主要法律规定

在1986年以后,我国陆续颁布了《土地管理法》《农村土地承包法》《农民专业合作社法》《物权法》《城乡规划法》等涉及农村集体产权制度和土地承包经营的法律。在这些单行法律的配合下,我国农村土地承包和农村集体产权制度有了详细的法律规定。

1.《土地管理法》等法律法规

《土地管理法》颁布于1986年,其后经过1988年、1998年、2004年三次修改,《土地管理法》属于公私法杂糅的一部法律,包括了大量集体土地所有权、土地承包经营权、集体建设用地使用权(包括宅基地使用权)等方面的法律规范。

(1)该法第8条重复了《宪法》中关于集体土地所有权的规定;同时,该法在第10条中对集体土地的"三级所有"做出了细化规定,即由"农民集体所有",分别由乡镇集体经济组织、村集体经济组织或村委会、村内集体经济组织或村民小组经营、管理。

(2)该法第14条规定了集体经济组织成员的承包经营权,承包期限为30年;第15条还规定,集体经济组织以外的主体也可以承包经济土地,从事农业经营。

(3)《土地管理法》第5章是关于"建设用地"的规定,可以分为国有建设用地和集体建设用地两类。《土地管理法》第43条采取了严格限制集体建设用地的态度:任何单位和个人进行建设,必须使用国有土地;使用集体建设用地的,仅限于兴办乡镇企业、村民建设住宅、公共设施和公益事业建设三类,而且兴办乡镇企业、村民建设住宅只能使用本集体经济组织的土地,而不能使用其他集体经济组织的土地。

(4)《土地管理法》第59条、第63条、第64条、第65条属于关于集体建设用地的一般性规定,适用于上述三类集体建设用地。第63条前半句明确禁止集体土地使用权以有偿的方式(出让、转让、出租)交由其他主体用于非农业建设,村民取得宅基地使用权(第62条)、公共设施和公益事业取得集体建设用地使用权(第61条)均属于无偿取得集体建设用地使用权。但是,乡镇企业取得集体土地使用权应当属于第63条前半句的例外情形,无论是集体经济组织直接兴办,还是以土地使用权与其他主体入股、联营,乡镇企业取得集体建设用地使用权均属于有偿取得(第60条),因为集体经济组织可以从乡镇企业获得经营收益,第63条后半句也明确将"因破产、兼并等情形导致土地使用权转移"作为第63条前半句的例外。第65条规定了三种集体建设用地使用权收回的情形,包括"为乡(镇)村公共设施和公益事业建设,需要使用土地的""不按照批准的用途使用土地的""因撤销、迁移等原因而停止使用土地的"三种情形,从全国人大法工委的说明来看,后两种情形属于无偿收回。[1]

(5)《土地管理法》第62条专门对宅基地使用权做出了规定。该条第1款规定了"一户一宅"原则以及宅基地面积限制,"农村村民一户只能拥有一处宅基地,其宅基地的面积不得超过省、自治区、直辖市规定的标准",第4款则规定"出卖、出租住房后,再申请宅基地的,不予批准"。第2款、第3款则规定了宅基地使用权的审批程序,要求住宅建设符合土地利用总体规划,经乡镇政府审核,由县政府批准。但是,要妥善理解《土地管理法》对宅基地使用权的规定,尚需结合前述各条款以及全国人大法工委的说明。

2.《农村土地承包法》

《农村土地承包法》于2002年颁布,是专门调整土地承包关系的法律。从整体结构上来看,农村土地承包关系被分为"家庭承包"和"其他方式承包"两种,前者针对集体所有的耕地、草地和林地,只能由集体经济组织的成员承包,具有生活保障属性;后者针对集体所有的"四荒地",可以由集体经济组织以外的主体承包,属于纯粹的财产权利。

(1)《农村土地承包法》第12条规定了土地承包经营的发包方,按照"三级所有",集体土地分别由村集体经济组织或村委会、村内集体经

[1] 卞耀武主编:《中华人民共和国土地管理法释义》,法律出版社1998年版。

济组织或村民小组发包。

(2)《农村土地承包法》第二章详细规定了“家庭承包”。集体经济组织的成员都有承包土地的权利,但家庭承包的承包方是本集体经济组织的“农户”,承包合同签订后即取得土地承包经营权,耕地的承包期限为30年。家庭承包的土地承包经营权的流转方式包括转包、出租、互换、转让。转包和出租为债权性的流转方式,不发生土地承包经营权的物权变动,承包关系继续存在。[2] 互换和转让为物权性的流转方式,未经登记,不得对抗善意第三人。其中,互换仅限于同一集体经济组织的土地。对于转让,该法规定了严格的限制条件,转让方必须有稳定的生活保障,受让方为本集体经济组织或其他集体经济组织的农户,并且经过发包方的同意。此外,该法第42条还规定了“土地承包经营权入股”这种特殊的流转方式,需要注意的是,此处的“入股”仅限于农户以入股形式组织在一起,从事农业合作生产,收益按照股份分配的经营方式,并不包括以土地承包经营权作为出资形式设立或投资工商企业或农业经营公司以赚取经营回报。[3] 由于家庭土地承包经营权具有生活保障属性,因此在农户全家迁入设区的市,获得非农业户口时,应当将承包的耕地和草地交回。林地承包经营权则比较特殊,农户迁入设区的市时,仍然可以保留林地承包经营权,承包户消亡时,继承人可以继

〔2〕 我国也有部分学者将“转包”解释为在土地承包经营权之上设定次级土地承包经营权的行为。参见袁震:《农村土地承包经营权流转形式之法理分析》,载《河北法学》2011年第8期。

〔3〕 《农村土地承包法草案》第37条曾经规定:“承包方可以将土地承包经营权作价为股份,进行股份制或股份合作制经营,以入股的土地承包经营权作为分红依据。”在审议过程中,法律委员会认为,入股组成公司从事经营,如果公司破产,农民则会失去生活保障,因此草案修改后将这种情形排除在外,将“入股”限于农户之间自愿将土地承包经营权入股从事合作经营。按照这种思路,《农村土地承包法》第42条所称的“入股”,实际上就是一种农业合作形式,其产权结构大致上与50年代的“初级农业生产合作社”相当。按照《农村土地承包经营权流转管理办法》第35条,“入股”在家庭承包和其他方式承包中的含义是不同的:在家庭承包中,“入股”是指将土地承包经营权作为股权,自愿联合从事农业合作生产经营;在其他方式承包中,“入股”是指承包方将土地承包经营权量化为股权,入股组成股份公司或者合作社,从事农业生产经营。

续承包。[4]

(3)《农村土地承包法》第三章规定了“其他方式的承包”。集体经济组织以外的主体可以通过招标、拍卖、公开协商等方式获得“四荒”土地承包经营权,集体经济组织也可以将“四荒”土地承包经营权折股分给集体经济组织成员再实承包经营或股份合作。由于四荒土地不具有生活保障属性,是纯粹的财产权利,因此其流转方式更加灵活,包括转让、出租、入股、抵押等方式。值得注意的是,由于四荒土地不具有生活保障属性,也不限于本集体组织成员享有,因此此处的“入股”应该包含了以四荒地承包经营权作为出资形式设立或投资工商企业或农业经营公司。此外,在继承方面,四荒地承包经营权是纯粹的财产权利,在被继承人死亡后,继承人可以继续承包。

3.《农民专业合作社法》

《农民专业合作社法》于2006年颁布,2017年修订通过,是专门调整农村合作经济组织的法律。根据该法第2条,农民专业合作社是在家庭承包经营基础上,同类农产品的生产经营者或者同类农业生产经营服务的提供者、利用者,自愿联合、民主管理的互助性经济组织。专业合作社并不以营利为目的,而是以成员为主要服务对象,提供生产资料购买、使用农产品生产、销售、加工、运输、储藏及其他相关服务,与农业生产经营相关的技术、信息设施建设运营等服务。在主体资格和产权结构上,农民专业合作社经过登记后具有法人资格,其资产来源于成员出资、公积金、财政补足等,以上述财产独立承担责任。成员以出资额和公积金份额对合作社承担有限责任;合作社的盈余主要按照成员与合作社的交易量(额)比例返还该成员;合作社成员有退社自由,资格终止时,成员可以收回出资额和公积金份额并获得可分配盈余,同时也

[4] 对林地承包经营权特殊对待,主要是因为林业生产投资周期长、收益慢,如果在农户迁入设区市时收回或不允许继承人继续承包,可能导致滥砍滥伐等短期行为,而且承包人可能对林地做了长年、大量的投入,在刚刚开始获得收益时去世,不允许其继承人继承,也是不合理的。

应当分摊资格终止前本社的亏损及债务；合作社解散时，应该进行清算，合作社财产不足以清偿债务的，应该向法院申请破产，合作社破产适用企业破产法，但破产财产在清偿破产费用和共益债务后，应该优先清偿与农民成员发生的已交易但仍未结清款项。

此处需要注意一个问题，即土地承包经营权可否作为农民专业合作社的出资形式？对于这个问题，《农民专业合作社法》并没有做出明确规定。2007 年颁布的行政法规《农民专业合作社登记管理条例》第 8 条第 1 款第 1 句规定："农民专业合作社成员可以用货币出资，也可以用实物、知识产权等能够用货币估计并可以依法转让的非货币财产作价出资。"因此，土地承包经营权能否出资农民专业合作社，关键在于其是否可以"依法转让"。根据《农村土地承包法》，转让四荒土地承包经营权并无实质限制，而家庭承包经营权转让则受到了较大限制，这主要还是家庭承包经营权的社会保障属性导致的。因此，以四荒土地承包经营权出资农民专业合作社并无障碍，以家庭承包经营权出资则需要满足《农村土地承包法》规定的转让条件。《农村土地承包法》第 41 条将家庭承包经营权的受让人限制为农户，因此农民专业合作社并不能成为受让人，因此家庭土地承包经营权不能作为农民专业合作社的出资形式。

4.《物权法》

2007 年颁布的《物权法》属于民法的组成部分，涉及集体土地所有权、集体建设用地使用权、土地承包经营权和宅基地使用权，对物权领域的集体产权做了系统规定，但这些规定实质性的创新，基本上都是对《宪法》《土地管理法》《农村土地承包法》的重复和援引。

(1)对于集体所有权，《物权法》第 58 ~ 63 条对集体所有权的范围与行使做了规定，其亮点在于第 59 条第 1 款和第 63 条第 2 款：第 59 条第 1 款强调了集体成员的权利"农民集体所有的不动产和动产，属于本集体成员集体所有"，第 63 条第 2 款规定了集体成员对集体经济组织、村委会或者其负责人侵害集体成员合法权益行为的撤销权。这两个规定突出了成员对集体所有财产的权利，弥补了《土地管理法》和《农村土地承包法》的缺憾。

（2）对于集体建设用地使用权，《物权法》并没有直接规定，只是通过第151条转引了“土地管理法等法律”。

（3）对于宅基地使用权，《物权法》只做了非常简单的规定（第152条定义、第154条因自然灾害灭失并重新分配、第155条已经登记的宅基地使用权转让或灭失，应当及时办理变更或注销登记），第153条规定“宅基地使用权的取得、行使和转让，适用土地管理法等法律和国家有关规定”。

（4）对于土地承包经营权，《物权法》的规定基本上都是照搬《土地管理法》和《农村土地承包法》的相关规定。

（5）对于抵押权，《物权法》第184条将“耕地、宅基地、自留地、自留山等集体所有的土地使用权”排除在抵押财产范围之外，除非法律另有规定。《物权法》对此规定了两个例外：一是第180条第1款第3项允许四荒土地承包经营权抵押；二是第183条规定乡镇村企业的建设用地使用权不得单独抵押，但企业以厂房等建筑抵押的，建设用地使用权一并抵押。这两个例外实际上也是与《土地管理法》和《农村土地承包法》中的规定相契合的。

5.《城乡规划法》

2007年《城乡规划法》颁布，正式将乡村建设纳入了规划管理。虽然《城乡规划法》与《土地管理法》中的“土地用途管制”一样同属公法范畴，但它们对农村集体土地权利行使具有重大影响。根据《城乡规划法》，农村集体经济组织行使土地所有权，不仅要遵守土地用途管制，还要遵守乡村规划。根据《城乡规划法》中的相关规定，乡规划和村庄规划由村民会议或者村民代表会议讨论同意，并报上级人民政府审批。乡村规划要对规划区内的农村生产、生活服务设施、公益事业等用地布局和建设要求做具体安排。乡村规划制定后，农村土地权利人就要按规划行使土地权利；乡镇企业、乡村公共设施和公益事业建设需要申请乡村建设规划许可证,住宅建设需要遵循省、自治区、直辖市制定的规定。

二、农村集体产权制度的现状与问题

虽然我国关于农村集体产权的法律制度已经较为全面,涉及了集体土地所有权、土地承包经营权、宅基地使用权以及土地用途管制、乡村规划等方方面面,但这些法律法规本身在价值取向和制度设计上存在内在冲突,而且在农村集体产权制度改革不断推动的情况下,文本上的法律制度越来越难以满足现实改革发展的需求。从整体上来看,当前农村集体产权制度存在的问题主要是农村土地的生活保障属性和财产权属性不兼容所导致的,社会的不断发展和产权制度的渐进式改革,又使这种不兼容性表现得更为突出。此外,意识形态方面的束缚和城乡二元的土地管理体制,也是导致目前农村集体产权法律制度存在问题的原因。我国的农村土地法律制度呈现出一种“改革半程化”的状态。

(一)法律制度本身存在的内在冲突

1. 家庭土地承包经营权的社会保障属性与“增人不增地,减人不减地”政策

《农村土地承包法》将土地承包分为家庭土地承包和其他方式的土地承包,前者具有社会保障属性,后者则为纯粹的财产权利。对于家庭土地承包经营权的社会保障属性,《农村土地承包法》有明确体现:(1)第5条明确规定集体经济组织成员均有承包本集体经济组织发包的土地的权利。(2)第41条对农户转让土地承包经营权设置了限制条件,要求农户具有稳定的非农职业或稳定的收入来源,并经过发包方同意。(3)第26条规定承包期内发包方不能收回承包地,但承包方全家迁入设区的市并转为非农业户口的,承包方应当交回耕地、草地的承包经营权;承包方不交回的,发包方可以收回。(4)根据第31条规定,只有林地承包经营权,才能由继承人继承;对于耕地、草地的承包经营权,

继承人不能继承,只能继承承包收益。从这些条款来看,家庭土地承包经营权的社会保障属性是非常突出的:集体农用地是整个集体经济组织所有成员的生活保障,集体经济组织的成员人人有权承包;农户在获得市民社会保障的情况下,应当交回承包地;农户拥有稳定收入来源时,才能转让承包经营权;土地承包经营权不能被继承。

但是,《农村土地承包法》却没有将家庭土地承包经营权的社会保障属性彻底贯彻,这主要体现在《农村土地承包法》关于承包期限和承包地调整方面的规定。按照社会保障属性推演,既然承包地是农民的社会保障,那么就必须妥善处理好"人地关系",使承包地分配与集体人口变化相匹配,这就需要经常性、灵活地在农户之间调整承包地。但是,《农村土地承包法》却没有按照社会保障目的来设计承包期限和调整规则,而是设置了30年的承包期限以及在承包期内原则上不准调整承包地的规则。

《农村土地承包法》之所以采取这种态度,实际上是90年代以来中央政策的体现。在80年代,我国农村普遍出现了承包期限较短、承包期内频繁调整承包地的现象,这些现象不仅导致农村矛盾尖锐,也影响了承包关系的稳定性,降低了农民对土地进行长期投入的积极性,不利于耕地的流动与集中,导致耕地过多细分,难以形成规模效应。1987年中央在贵州湄潭试点承包期内"增人不增地,减人不减地",1993年中共中央、国务院颁布《关于当前农业和农村经济发展的若干政策措施》,明确提出"为了稳定土地承包关系,鼓励农民增加投入,提高土地的生产率,在原定的耕地承包期到期之后,再延长三十年不变","为避免承包耕地的频繁变动,防止耕地经营规模不断被细分,提倡在承包期内实行'增人不增地、减人不减地'的办法"。1995年《国务院批转农业部关于稳定和完善土地承包关系意见的通知》再次明确提倡"增人不增地,减人不减地"政策,要求实行这一政策的地方要解决好新增劳动力的就业问题;对于未实行这一政策的地方,也要求保持土地承包关系的长期稳定,对于人口增加较多无力解决就业而生活困难的农户,尽量通过

“动帐不动地”的办法解决，也可以按照“大稳定、小调整”的原则，经集体经济组织内部大多数农民同意，适当调整土地，但小调整间隔期最短不能少于5年。另外，该文件还对二轮延包表明了态度，原承包办法基本合理，群众基本满意的，尽量保持原承包办法不变，直接延长承包期；因人口增减、耕地被占有等原因造成承包土地严重不均，群众意见较大的，应当经过民主议定，作适当调整后再延长承包期。除此之外，该通知还要求原则上不留机动地，确需留的，机动地占耕地总面积的比例一般不得超过5%。从整体上来看，中央的态度实际上是希望将所有耕地包产到户，压缩土地调整范围，并且希望二轮延包尽可能保持原有承包办法，使土地承包关系能长期维持不变。

上述政策反映在了《农村土地承包法》第20条、第27条、第28条、第63条中。《土地承包法》第20条规定“耕地的承包期为三十年”。第27条对承包地调整做了专门规定：该条第1款明确规定“承包期内，发包方不得调整承包地”的原则；第2款规定调整承包地的情形仅限于“因自然灾害严重毁损承包地等特殊情形”，从全国人大法工委的说明来看，“等”所包含的情形，还包括“承包地被依法征用占有、人口增减导致人地矛盾突出，适当调整个别农户之间承包地的情形”；〔5〕值得注意的是，第2款最后一句还规定“承包合同中约定不得调整的，按照其约定”，因此，承包方和发包方可以通过约定的方式完全排除调整土地的

〔5〕“……三、关于承包土地的调整。草案第二十六条规定：‘承包期内不得调整承包地。但部分农户因自然灾害失去承包地且没有生活保障的，经所在地县级人民政府批准，可以适当调整承包地。’有的委员和一些地方、部门提出，为了保护承包人的权益，不应随意调整承包地。同时考虑到实践中除自然灾害以外，还有承包地被依法征用占用、人口增减导致人地矛盾突出，适当调整个别农户之间承包地的情形，应当按照中央关于‘大稳定、小调整’的前提是稳定的原则，对调整承包地作出严格规定。因此，法律委员会建议依照土地管理法的规定将该条修改为：‘承包期内，发包方不得调整承包地。’‘承包期内，因自然灾害严重毁损承包地等特殊情形对个别农户之间承包的耕地和草地需要适当调整的，必须经本集体经济组织成员大会或者成员代表会议三分之二以上成员同意，并报乡（镇）人民政府和县级人民政府农业行政主管部门批准。承包合同中约定不得调整的，按照其约定。’”参见《全国人大法律委员会关于〈中华人民共和国农村土地承包法（草案）〉修改情况的汇报》，载 http://www.npc.gov.cn/wxzl/gongbao/2002-10/18/content_5300883.htm。

可能性。第28条规定了可用于调整承包土地或者承包给新增人口的三种土地,包括依法预留的机动地、开垦增加的土地、承包方依法自愿交回的土地。但是,结合第63条和我国的现实情况,这三类土地的存量实际上非常小:根据第63条的规定,机动地的最大比例只能是5%,不足5%的不能增加,未预留机动地的今后不能再留机动地;在耕地后备资源匮乏和环境保护压力下,通过开垦增加土地的可能性很小;同时,承包方自愿交回土地的可能性也是极小的。结合上述规定,我们可以看到:由于第28条规定的三类土地的存量很小,新增人口在承包期内如果要获得土地承包经营权,只能依据第27条第2款通过调整个别农户的承包地来实现,这种情况必须达到"人地矛盾突出"这样的标准,才属于法律规定的"特殊情形",如果承包合同明确约定不能调整,那么连这样的机会都没有。因此,依据《农村土地承包法》,新增人口在承包期内获得承包地的可能性非常小。同时,《农村土地承包法》第15条将"农户"确定为承包主体,只要没有绝户或全家迁入设区的市,即便户内人口有所减少,承包地的面积也不能减少。这样一来,承包期内"增人不增地,减人不减地"政策就基本上通过《农村土地承包法》得到了贯彻。据笔者了解到的情况,虽然部分农民有调地的呼声,但在二轮延包的时候,大部分地区还是保持原有的承包办法或者有所微调,承包地的分配基本上保持不变。其中缘由在于,一轮承包时间已经较长,调整土地必然损害一部分农户的利益,很难达成较为一致的意见,基层干部为了保持社会稳定,自然也倾向于维持原有分配方案。

现有的《农村土地承包法》一方面将家庭土地承包经营权定位为农民的生活保障,但另一方面却又希望达到维持土地承包关系长期稳定的目的,推行"增人不增地,减人不减地"政策。这样一来,部分新增人口无法获得土地承包经营权,出现了人地不匹配的现象。因此,《农村土地承包法》在土地承包经营权的生活保障属性与财产权属性(经济效率)上就存在了明显冲突。法律政策上的变化与价值冲突,也导致相当部分农民为此付出了代价,他们在二轮延包或之前,由于农业税费等原因放弃了承包地，但他们显然没有想到，一次的放弃很可能导致未来再难获得承包地。

2. 宅基地使用权的社会保障属性与房屋所有权的财产权属性

按照现行《土地管理法》的规定，宅基地使用权体现出了强烈的社会保障属性，发挥着对本集体经济组织成员的住房保障作用。(1)能够从本集体经济组织申请无偿获得宅基地使用权的主体，只能是本集体经济组织成员。根据现行《土地管理法》第43条规定，只有本集体经济组织的成员才能从本集体经济组织获得宅基地使用权，其他主体，包括其他集体经济组织的成员或城市居民均无法从本集体经济组织获得宅基地使用权，城市居民只能在国有土地上建设住宅。1986年和1988年的《土地管理法》第41条曾允许"城镇非农业户口居民"经批准获得宅基地使用权，但1999年《土地管理法》已经将其删除。1999年《国务院办公厅关于加强土地转让管理严禁炒卖土地的通知》亦明确规定："不得批准城市居民占用农民集体土地建住宅"。(2)宅基地使用权只能通过上述无偿申请方式获得，不可能通过有偿交易获得。《土地管理法》第63条前半句明确规定："农民集体所有的土地的使用权不得出让、转让或者出租用于非农业建设。"按照这一规定，不仅集体经济组织不能以有偿出让的方式为其他主体设定宅基地使用权，而且获得宅基地使用权的本集体组织成员也不能转让或出租其宅基地使用权。针对城镇居民购置宅基地使用权的情况，2004年《国务院关于深化改革严格土地管理的决定》专门明确规定："禁止城镇居民在农村购置宅基地。"这一禁令不仅是针对农民向城镇居民转让宅基地使用权，而且也是对集体直接向城镇居民出让宅基地使用权的禁令。(3)由于《土地管理法》第63条的规定，农民在获得宅基地使用权后，只能用于自建住宅，而不能将宅基地使用权转让、出租给他人。本集体经济组织成员由于可以从集体无偿申请宅基地使用权，自然也不会向本集体的其他成员购买宅基地使用权。(4)宅基地的面积的数量和面积受到了严格限制。《土地管理法》第62条不仅规定了"一户一宅"原则，还对宅基地做出了面积限制,授权各省制定面积标准。(5)集体经济组织成员停止使用宅基地使用权,集体经济组织可以收回。《土地管理法》第65条第1款第3项规定,“因撤销、迁移等原因而停止使用土地的”,农村集体经济组织可以收回集体建设用地使用权,此处的集体建设用地使用权,自然包括宅基地使用权。《确定土地所有权和使用权的若干规定》第52条对此做了较为细致的规定:“空闲或房屋坍塌、拆除两年以上未恢复使用的宅基地,不确定土地使用权。已经确定使用权的,由集体报经县级人民政府批准,注销其土地登记,土地由集体收回。”从前面的这些规定来看,宅基地使用权具有“主体限于集体经济组织成员”“取得无偿”“数量面积有限”“不得转让、出租”“闲置停用收回”五个特征,社会保障属性非常显著。[6]

但是,房屋所有权的财产权属性却弱化了宅基地使用权的社会保障属性,使后者不得不向前者妥协。(1)根据《确定土地所有权和使用权的若干规定》第48条的规定,原集体经济组织成员迁出后,虽然其成员资格已经丧失,但无论其成为其他经济组织成员或者成为城市居民,仍然拥有房屋所有权,因此宅基地使用权仍然保留。只有在房屋拆除后没有批准重建的,集体才能收回宅基地使用权。(2)根据《确定土地所有权和使用权的若干规定》第49条第2句,本集体经济组织成员或非成员(城市居民或其他集体经济组织成员)均可以因继承房屋所有权而获得宅基地使用权。这样一来,不仅集体经济组织以外的成员可以拥有宅基地使用权,而且本集体经济组织成员所拥有的宅基地使用权的面积也可能超标。从前面的这些规定来看,房屋所有权的财产权属性在一定程度上弱化了宅基地使用权的社会保障属性,不仅使本集体成员的宅基地面积超标,也使非集体经济组织成员可以保留或取得宅

〔6〕 当然,现行《土地管理法》第43条、第63条的立法目的并不仅仅是贯彻集体土地的社会保障属性,其更为重要的两个目的是:抑制乡村建设用地规模的过快扩张,保护农用地;垄断建设用地出让市场,保障国有建设用地出让的高收益和商品房住宅市场的形成,缓解分税制改革后的地方财政困难。

基地使用权，这样一来，可供本集体新增人口使用的宅基地面积自然就捉襟见肘了。虽然在房屋坍塌、拆除时，集体经济组织可以依据《土地管理法》第65条第1款第3项，《确定土地所有权和使用权的若干规定》第51条、第52条的规定收回宅基地使用权，但在现实中基本上不可行：一方面是房屋所有权人会不断加固房屋；另一方面则是由于农民对祖宅非常看重，对既有的房屋和宅基地形成了牢固的私有财产权观念，在这种情况下，即便房屋已经坍塌毁损，集体也很难冒天下之大不韪收回成员的宅基地使用权，这也是导致空心村现象的原因之一。

（二）社会发展与法律制度的冲突

1. 农业规模化经营下的家庭土地承包经营权流转形式

我国自20世纪70年代末开始实施的包产到户，实际上是农民为解决温饱问题而采取的自救措施，执政当局对包产到户的承认和推行，也只是为了挽救极端落后、濒临破产的农业经济而已，并没有着眼于我国农业的长远发展。因此，由包产到户发展而来的所谓“家庭承包经营为基础、统分结合的双层经营体制”实际上使我国的农业生产状态回到了社会主义改造之前的小农经营模式。这一改变，虽然打破了“大锅饭”的分配格局，提高了农民进行生产活动的积极性，但是土地承包经营权的各种流转限制又使得土地集中困难，导致农业生产长期停留在小农经营阶段，无法实现规模化经营。当然，在城乡统一的社会保障制度尚未建立起来之时，限制土地承包经营权的流转，以土地承包经营权作为农民的生活保障也是无可奈何之举。

我国《农村土地承包法》中规定了五种家庭承包经营权的流转方式及其限制，包括转包、出租、互换、转让以及入股。转包和出租为债权性的流转方式，不发生土地承包经营权的物权变动，承包关系不变，承包方仍然可以获得转包费或租金作为生活保障，除《农村土地承包经营权流转管理办法》第35条将转包的接包方限于同一集体经济组织的农户外，转包与出租并无其他实质性的法律限制。互换和转让为物权性的流转方式，将发生土地承包经营权的物权变动。其中，互换仅限于同一集体经济组织所有的土地的承包经营权,由于互换双方仍然拥有土地承包经营权,因此除了对互换主体有限制外,也无其他限制。对于转让,虽然农户可以通过转让获得一笔转让费,但却会在承包期内失去作为生活保障的土地承包经营权,因此法律规定了较为严格的法律条件,转让方必须有稳定的生活保障,受让方必须为本集体或其他集体的农户,且须经过发包方同意。此外,根据《农村土地承包法》第42条的立法原意,家庭土地承包经营权入股,是一种债权性的流转方式,并不涉及物权变动,入股之后,承包户仍然享有土地承包经营权,只是将土地归并,共同生产,按土地份额分配收益。[7]

随着我国经济的发展,纯农户的数量逐渐减少。一方面,越来越多的农民进城务工,他们所获得的工资收益远远高于农业经营所得;另一方面,经济发达地区第二、三产业的兴旺,也使当地农民的工商业收入远远超过了农业收入。因此,在经济较为发达的地区以及劳务输出地区,土地承包经营权流转就成了较为常见的现象。当然在不同的地区,土地承包经营权流转呈现出了不同的状态,大致可以分为两种,一种是家庭土地承包经营权的直接流转,另一种是以土地股份合作社为媒介的流转,两种流转方式面临着不同的法律困境。

家庭土地承包经营权的直接流转是现实中最为常见的,即农户直接将土地承包经营权转包、出租、转让给农业经营者,这些农业经营者包括普通农户、农业大户、农业公司等主体。从目前的现状来看,绝大部分的流转都是债权性流转,以出租为主,因为对于农民来说,转让意味着失去土地承包经营权,以出租的方式获取租金收益,仍然可以保留土地承包经营权。但是,由单个农户通过出租的方式流转,仅仅能够满足同村农户、亲朋邻居之间的土地流转,租赁期限通常很短或者可以随

---

〔7〕 农业部颁布的部门规章《农村土地承包经营权流转管理办法》第16条明确规定,"承包方依法采取转包、出租、入股方式将农村土地承包经营权部分或者全部流转的,承包方与发包方的承包关系不变,双方享有的权利和承担的义务不变",这也可以印证,家庭承包经营权入股只是一种债权性的流转方式。

时取回土地，租金收益很低，部分农户甚至是将抛荒的土地无偿交给亲朋邻里使用。对于农业大户或农业公司等从事商品化生产的主体来说，与农户逐个谈判签订租赁合同的交易成本太高。针对上述难题，现实中也出现了多种替代方案，较为流行的就是“反租倒包”，即先由集体经济组织或村委会以租赁的形式将农户的土地集中起来，再统一租赁给外部农业经营者。这种流转方式实际上是以集体经济组织或村委会为中介的租赁，农户保留土地承包经营权，在农户与集体、集体与外部经营者之间建立双重租赁关系，最终由外部经营者获得债权性的土地用益权，由农户获得租金收益。在“反租倒包”模式下，不仅减少了外部经营者取得农用地的交易成本，使农民获得较高的土地租赁收益，同时农民还可以受雇在土地上从事农业劳动，获得工资收入。因此，从实际效果来看，“反租倒包”是一种较为成功的模式，而且并不存在法律障碍。当然，在实际运行过程中，“反租倒包”也存在问题：集体经济组织或村委会与个别农户的谈判可能陷入僵局，导致强迫或变相强迫农户流转土地或者“反租倒包”整体失败。

另一种流转方式则是以土地股份合作社为媒介来进行，即先由农户以土地承包经营权入股的方式设立土地股份合作社，再由土地股份合作社直接经营农地或将农地统一出租。这种流转模式以重庆、江苏为代表，主要是因政府推动农业规模化经营，引导工商业资本投资农业而形成的，大体上分为两种模式：一种是家庭承包经营权入股形成土地股份合作社，由土地股份合作社统一对外招租，按股份向农户分配租金收益；另一种是由家庭土地承包经营权、资金、技术等要素共同入股形成的土地股份合作社，农户可以获得保底分配和股份分红两部分收益。[8]

---

〔8〕 程凤君：《论农村土地股份合作制改革中的权益平衡——以重庆市农村新型股份合作社为研究对象》，载刘云生主编：《中国不动产法研究》（第11卷）；郭文剑、徐才丰、朱镕春：《苏州市农村土地股份合作模式研究及评价分析》，载《中国集体经济》2012年第4期。

研究表明，以土地股份合作社为中介，能够有效降低农地流转的交易成本。[9] 目前，以家庭土地承包经营权入股设立土地股份合作社，至少存在两个法律障碍：第一，建立土地股份合作社后，农户只享有按股份分红的权利，实际上已经丧失对土地的直接支配，失去了物权意义上的土地承包经营权，而土地股份合作社实际上成了土地的直接支配主体。这与《农村土地承包法》第42条规定的"入股"并不相同。第二，土地股份合作社的主体性质并不明确：其一，2007年重庆市工商局曾经颁布《关于服务重庆城乡统筹发展的实施意见》，提出在不改变土地承包期和土地用途的前提下，允许农村土地承包经营权出资设立农民专业合作社、有限责任公司和合伙企业，但是这种"股田制"公司的尝试在2008年被中央叫停，主要是担心公司破产后，农民失去生活保障。在此之后，重庆的"股田制"公司全部转制为农民专业合作社。根据2011年重庆市人民政府办公厅《关于印发重庆市推进农村新型股份合作社发展实施方案的通知》，农村新型股份合作社被认为属于农民专业合作社范畴，由农民和市场主体共同出资设立，出资形式包括资金、技术、农村"三权"（农村土地承包经营权、宅基地使用权和林权），农户和投资的工商企业获得股份合作社的股权，农户可以获得保底金额和股份分红两部分收益。其二，2009年江苏省颁布《江苏省农民专业合作社条例》，专门规定了"农地股份合作社"，将其作为农民专业合作社的一种特殊形式，以"承包地的经营权"为主要出资方式，农地股份合作社的可分配盈余的60%按照承包地经营权出资比例返还给成员。[10] 从目前重庆、江苏的情况来看，土地股份合作社均被认定为农民专业合作社，但无论从设立目的，还是从盈余分配方式来看，土地股份合作社均不符

---

〔9〕 包宗顺、伊藤顺一、倪镜：《土地股份合作制能否降低农地流转交易成本？——来自江苏300个村的样本调查》，载《中国农村观察》2015年第1期。

〔10〕 《江苏省农民专业合作社条例》（以下简称《条例》）第12条。值得注意的是，《条例》第13条还规定了另外一种农民专业合作社——农村社区股份合作社，这种合作社是以集体经营性净资产份额入股形成的，但从《条例》的相关规定来看，农村社区股份合作社在设立目的和盈余分配方面与《农民专业合作社法》的规定存在巨大差异。

合《农村专业合作社法》的规定。除此之外,将土地股份合作社构建为农民专业合作社,就必须承认农民的退社自由,这实际上会影响到农业规模化经营的稳定性;同时,土地股份合作社是否能形成稳定的经济收益仍然需要观察,如果农民不能从土地股份合作社获得满意的收益,自然会选择退社。

除了上述几种直接流转方式,近年来还出现了一种新型的流转方式——土地承包经营权信托。采取信托方式流转土地承包经营权,较为常见的方式是先由农户将承包地交给村委会,然后再将土地打包统一委托给信托公司。在这一过程中,乡镇、区县政府一般积极介入,例如,湖南益阳草尾镇和福建沙县由县、镇政府设立国有独资信托公司,村委会将收集的土地委托给信托公司统一经营;安徽宿州则经过农户与村委会、村委会与乡镇政府、乡镇政府与区政府的三层委托关系,最终由区政府成为直接委托人,由区政府将土地委托给专业信托公司经营。此外,也有部分地区先由农户以土地承包经营权入股设立土地股份合作社,再由土地股份合作社作为委托人,将土地交由信托公司经营,这种模式以无锡桃园村为代表。[11] 信托流转与转包或租赁相比,农户最终获得的是土地经营收益,而非固定的租金。但是,以信托方式流转也存在一些问题:(1)信托涉及财产权利的转让。虽然我国《信托法》第2条使用了"委托给"这一并不明确的术语,但从该法第14条第1款"受托人因承诺信托而取得的财产是信托财产"的规定来看,受托人应该是信托财产的权利人,也即信托设立将导致信托财产从委托人转让给受托人。在这种情况下,如何界定上述信托活动的信托财产就尤为重要:如果将信托财产界定为由租赁产生的债权性土地使用权,自然就不会有任何法律问题;但如果将信托财产界定为土地承包经营权,就需

〔11〕 参见尚旭东、叶云:《农村土地承包经营权流转信托:探索实践与待解问题》,载《农村经济》2014年第9期;姜雪莲:《农村土地承包经营权流转信托的法律问题——以中信安徽宿州农村土地承包经营权信托为中心》,载《北方法学》2014年第4期。

要处理《信托法》与《土地承包法》适用关系，因为《土地承包法》对家庭土地承包经营权的转让规定了较为严格的法定条件（转让方有稳定生活保障、受让方为农户、经过发包方同意）。[12] （2）信托收益与固定租金不同，取决于土地年度收益，因此农民可能要承担一定的经营风险，不如土地承包经营权转包或租赁的收益稳定。（3）目前各地推行的农地信托大都由政府主导，存在政府职能错位的情况，为追求规模经营，在实际操作过程中极易造成对农户的变相强制。

2. 农村集体经济组织的股份化改造

按照我国《宪法》以及《民法通则》、《物权法》、《土地管理法》等法律的规定，农民集体经济组织是农村土地等自然资源和集体资产的所有者，实行乡镇集体经济组织、村集体经济组织、村内集体经济组织三级所有。虽然《物权法》第59条第1款强调了集体成员的权利，"农民集体所有的不动产和动产，属于本集体成员集体所有"，但我国法律并没有清晰界定集体经济组织与集体成员的关系。自实行家庭承包以来，我国大部分地区的集体经济组织实际上处于消亡状态，其职能基本上由村委会代为行使。这种状况与法律文本中集体经济组织的"崇高地位"完全脱节。

但是，在我国经济较为发达的珠三角、长三角地区，集体经济组织却逐渐以"土地股份合作社""土地信托投资公司""土地信用合作社"等面目出现，转变为了一种以物业出租为主要经济来源，社员按股份分红的经济组织。这种经济组织与前面提到的以土地承包经营权入股形成的土地股份合作社不同，并不仅仅涉及农用地，而是将集体所有的土

[12] 我们认为，在信托财产是土地承包经营权的情况下，《信托法》应该优先于《农村土地承包法》，即以土地承包经营权作为信托财产设立信托时，不受《农村土地承包法》所规定的法定条件限制。原因在于，信托关系存续时，农民作为受益人，可以获得土地承包经营权的信托收益作为生活保障，只要在信托协议中明确约定信托公司无权转让土地承包经营权，那么在信托公司破产或信托关系终止时，农民仍然可以取回原本的土地承包经营权。鉴于信托让与与一般的转让存在巨大差异，《农村土地承包法》对土地承包经营权转让规定的法定条件不应该适用于信托让与。

地、自然资源和各种资产全部折股量化到集体经济组织成员，由集体统一经营土地，成员按股份获得分红收益。这实际上是对集体经济组织的整体股份化改造。

珠三角、长三角地区是改革开放后经济发展较早的地区，大量农民离开土地从事二三产业，基本上不以农业生产为主要经济来源，出现农地抛荒现象；同时，在 20 世纪八九十年代，乡镇企业和工商业蓬勃发展，对建设用地需求较大。在这一背景下，原来以家庭承包为主的经营模式逐渐发展转变为土地股份化经营。(1)在珠三角地区，大多数土地股份合作社以村或村民小组为单位组建；入股财产不仅包括家庭土地承包经营权，还包括各种形式的集体资产；土地股份合作社成立后，土地由合作社统一规划(划分为农用地、工商业用地和住宅用地)，统一经营管理(主要是收取土地租金)，形成物业经济；入股后，农户取得股权，按股份取得收益，但各地确定股权的标准存在差异，股权可以在合作社内部转让；2010 年南海开始实施股权固化，股份份额确定后，即便村内人口增减，合作社总股数也不改变。[13] (2)上海市的土地股份合作方式与珠三角地区存在差异，基本上以乡镇为单位组建土地信托投资公司、土地信用合作社，即先有农民将土地使用权入股到村集体，再由村集体将农民入股的土地以及未发包的集体土地打包，以集体名义入股到土地股份合作组织；土地合作社统一向市场供给土地，收取土地使用费；农民按股份获得收益，股份可以转让，但本集体经济组织成员享有优先权。[14] 从珠三角地区和上海的情况来看，农民通过土地股份合作社获得股份分红主要来源于地租收益，其中工商业物业租金占绝大部分，已经形成了较为稳定的经济模式。

目前，这种经过股份化改造的集体经济组织在沿海经济发达地区

〔13〕 参见张宏:《土改探索之一:广东南海土地股份合作制》,载《中国报道》2014 年第 2 期。

〔14〕 参见王小映:《土地股份合作制的经济学分析》,载《中国农村观察》2003 年第 6 期。

已经较为普遍，但它仍然面临不少法律问题。(1)这种股份合作经济组织的建立使农户失去了物权意义的土地承包经营权，因此建立过程中的土地使用权折股显然不属于《农村土地承包法》第42条所称的“入股”。(2)这种以物业出租为主要经济收益的股份合作经济组织的主体性质不明确，与传统的集体经济组织的关系也不清楚。目前，《广东省农村集体经济组织管理规定》已经规定了股份制改造后的集体经济组织，并将其与未进行股份制改造的传统集体经济组织并列规定，上海也有此倾向。[15] (3)成员资格认定、股份份额确定方式存在较大差异，不同地区存在不同的做法，尚待分析总结。(4)股份制集体经济组织的内部治理结构尚待优化，现实中经常出现集体经济组织管理层侵害农民股权的现象。目前，农业部对农村集体经济组织的法人地位、集体资产所有权代表主体、成员身份确认办法尚在研究中，农村集体经济组织立法尚未被纳入国家立法计划。

3. 农村房地产交易

我国《土地管理法》对农村集体建设用地采取了严格限制态度。根据《土地管理法》第43条、第63条，进行非农建设，除了兴办乡镇企业、村民建设住宅、建设公益设施外，只能使用国有土地；原则上禁止集体建设用地出让、转让、出租用于非农建设，例外情形仅仅是因设立乡镇企业所导致的经营性建设用地使用权入市。与之相配合，《城市房地产管理法》第9条明确规定，位于城市规划区内的集体土地，只有通过征收转为国有土地后，其使用权才能出让；《乡镇企业法》第2条则对乡镇企业做出了明确定义，即集体经济组织或农民投资超过50%或者不足50%但能起到控股或实际支配作用，承担支援农业义务的企业。立法者之所以对集体建设用地采取严格限制态度，可能出于三方面的原因：

---

〔15〕《广东省农村集体经济组织管理规定》第3条；《中共上海市委上海市人民政府印发〈关于加快本市农村集体经济组织改革发展的若干意见(试行)〉的通知》(沪委发〔2012〕7号)；《上海市人民政府印发〈关于推进本市农村集体经济组织产权制度改革若干意见〉的通知》(沪府发〔2014〕70号)。

第一,保持政府对建设用地出让市场的垄断地位,确保国有建设用地使用权的出让收益,同时保障商品房市场形成与发展;第二,保护农用地,防止集体建设用地任意扩张侵占耕地;第三,保障农民的基本住房需求,确保农民不丧失基本的住房保障。但是,在现实生活中,无论是住宅房地产,还是工商业房地产,都已经在集体土地上广泛存在,与立法者的意愿和法律文本的规定形成了强烈反差。

(1)农村住宅房地产交易

根据《土地管理法》的规定,宅基地使用权原则上只能由本集体经济组织成员享有,集体成员获得宅基地使用权后,只能用于自建住宅,不能转让、出租,但是却没有法律禁止农民转让、出租房屋。1982 年国务院颁布的《村镇建房用地管理条例》就曾经规定,社员出卖房屋后,宅基地使用权将随之转移,但要经过生产队、生产大队和公社三级同意。《村镇建房用地管理条例》虽然已经被废止,但现行《土地管理法》第 62 条并没有明确禁止出卖房屋,只是规定出卖房屋后,不能再获得宅基地使用权。因此,作为房屋所有权人的农民仍然有权出卖房屋,但是在房地一体的逻辑下,房屋受让人将获得宅基地使用权。在这种情况下,如果坚持宅基地使用权的社会保障属性,那么房屋买受人将仅限于本集体经济组织的成员,不仅城市居民不能购买宅基地上的房屋,本集体经济组织以外的村民也不能购买该房屋。[16]

但是,由于继承或迁居等原因,农户拥有多处住宅或房屋闲置的现象非常普遍,本集体经济组织以外的主体对相对廉价的农村住宅亦有需求,因此集体经济组织以外的主体,特别是城市居民购买农村住宅就成为了常见现象。对于这一问题,1999 年《国务院办公厅关于加强土地

〔16〕 如果按照全国人大法工委对《土地管理法》第 62 条的理解,房屋受让方的范围就更小了,仅限于宅基地面积未达到规定标准的本集体经济组织成员(参见卞耀武主编:《中华人民共和国土地管理法释义》,法律出版社 1998 年版)。《确定土地所有权和使用权的若干规定》的态度较为宽松,根据其第 49 条第 1 句和第 51 条,购买房屋导致宅基地面积超标的,仍然可以暂时确定宅基地使用权,只是在以后分户建房或现有房屋拆迁、改建、翻建或政府依法实施规划重新建设时,应该按当地政府规定的面积标准重新确定使用权,其超过部分应该退还集体。

转让管理严禁炒卖土地的通知》(以下简称《通知》)明确规定:“农民的住宅不得向城市居民出售,也不得批准城市居民占用农民集体土地建住宅,有关部门不得为违法建造和购买的住宅发放土地使用证和房产证。”由于城市居民无法取得法律承认的房屋所有权,这种交易存在较大的法律风险:在农户反悔要求返还房屋时,城市居民可能既无法主张对房屋的权利,又面临价款无法讨回的风险。在农户与购房者就房屋买卖合同的效力产生争议时,法院通常会依据《通知》,判决合同无效,虽然严格来说,《通知》并不属于行政法规。实践中,也有部分当事人会采取合作建房的形式,即由城市居民出资,在农村居民提供的宅基地上建房或加建,双方分享房屋所有权。但是,这种合作建房合同虽然表面上规避了房屋买卖,但城市居民还是会因取得房屋所有权而获得部分宅基地使用权,因此也会被法院认定为无效合同,城市居民只能取回投资的价款。

宅基地上房屋的买卖在现实生活中经常引发纠纷,比较常见的原因是,农户早年以低价出卖房屋,但在面临拆迁补偿时,又想取回房屋以获得高额的拆迁补偿。为了缓和社会矛盾,在我国一些农村房屋交易纠纷频繁的部分地区,法院采取了尽可能维持合同效力或房屋占有使用现状的态度,并通过调整拆迁补偿款分配等方法平衡买受人和出卖人的利益。例如,上海市高级人民法院曾经在2004年发布《关于审理农村宅基地房屋买卖纠纷案件的原则意见》,提出了几条处理意见:第一,本乡镇范围内集体经济组织成员之间的房屋买卖合同有效;第二,将房屋出售给本乡镇以外的人员,但取得有关组织和部门批准的,合同有效;第三,将房屋出售给本乡镇以外的人员,未经有关组织和部门批准,如果合同尚未实际履行或购房人未实际居住,合同无效,应该返还房屋及购房款;第四,将房屋出售给本乡镇以外的人员,未经有关组织和部门批准,如果合同已经履行完毕且购房人已经实际居住,可以对合同效力暂不表态,承认购房人继续占有、居住、使用该房屋的权利,拆迁补偿款由购房人与出卖人按照7∶3的比例分割。这种处理办法虽然比较符合当地的实际情况，兼顾公平，但却没有法律依据。

除了农民个别出卖宅基地上的房屋或以宅基地使用权合作建房外，还存在农村集体使用经营性建设用地、空置宅基地统一开发建设住宅，对外销售的现象，部分地区还出现了占用耕地开发建设住宅出售的现象。这一类的房屋，通常被称为“小产权房”，部分管理较为完善的小产权房住宅小区与商品房住宅小区并无区别。但是，由于小产权房开发违反了《土地管理法》第43条、第63条的规定，部分占有耕地的小产权房开发还违反了土地用途管制，因此无法获得国土资源房屋管理部门颁发的房地产权证书。虽然购买小产权房也存在一定的法律风险，但由于其价格相对正式商品房较为低廉，在保障性住房制度不完善的情况下，购买者较多。

从前面的分析来看，无论是宅基地上个别房屋的出卖，还是统一开发出售的小产权房，在现实生活中都非常常见，农村集体建设用地上的住宅房地产交易市场实际上已经形成，法律一味禁止和否认不仅无法解决现实纠纷，反而给法院出了一道难题。

(2)农村工商业房地产开发

根据《土地管理法》第43条和第63条的规定，集体经营性建设用地只能用来兴办乡镇企业，不能出让、转让、出租；而《乡镇企业法》第2条则从投资比例和设立目的两个方面对“乡镇企业”做出了规定，要求集体或农民投资超过50%或者能起到控股或实际支配作用，并且承担支援农业义务。但是，在现实中，我们发现，许多集体经营性建设用地并没有用来兴办“乡镇企业”，而是直接出租或兴建物业后出租。我们在前面就已经提到，在长三角、珠三角地区，大量的集体建设用地基本上都是直接出租给工业企业或者兴建厂房后出租给工业企业，集体经济组织获得地租收益。部分位于城郊地区或城市建成区的集体建设用地或者由集体经济组织直接用作商业经营，或者兴建物业后出租给他人经营。在这些常见的利用方式中，集体经济组织往往只获取地租，对企业并无控制或支配权，而且企业的经营活动也与“支援农业”毫无关系,位于城市内部的集体建设用地大量用作餐饮、宾馆、娱乐、零售等领域。现实生活中的农村工商业房地产开发与法律文本的差距已经越来越大了。

4. 集体土地征收制度的理念与运行现状

我国《宪法》第10条规定了土地征收制度,《土地管理法》和《物权法》对这一制度做了较为细致的规定。

1982年《宪法》第10条分为5款:第1款规定"城市的土地属于国家所有";第2款规定"农村和城市郊区的土地,除由法律规定属于国家所有的以外,属于集体所有;宅基地和自留地、自留山,也属于集体所有";第3款规定"国家为了公共利益的需要,可以依照法律规定对土地实行征用";第4款规定"任何组织或者个人不得侵占、买卖、出租或者以其他形式非法转让土地";第5款规定"一切使用土地的组织和个人必须合理地利用土地"。在1988年《宪法修正案》中,上述第4款被修改为"任何组织或个人不得侵占、买卖或者以其他形式非法转让土地。土地的使用权可以依照法律的规定转让"。在2004年《宪法修正案》中,上述第3款被修改为"国家为了公共利益的需要,可以依照法律规定对土地实行征收或者征用并给予补偿"。

从《宪法》第10条的变迁来看,从1982年开始,政府启动征收权或征用权的前提条件就是"公共利益的需要",2004年《宪法修正案》明确虽然区分了征收与征用,并肯定了相对人获得补偿的权利,但却没有明确补偿的标准。现行《土地管理法》第2条第4款与现行《宪法》第10条第3款完全一致。对于土地征收的补偿,《土地管理法》第47条第1款提出了土地征收的补偿标准——"按照被征收土地的原用途给予补偿";同时,该法第47条第2款明确规定"征收耕地的补偿费用包括土地补偿费、安置补助费以及地上附着物和青苗的补偿费",并且就这几种费用的计算方法和标准做了规定。《物权法》第42条和第44条分别针对不动产征收和财产征用做出了规定,征收权的启动前提仍然是"公共利益的需要";对于土地征收补偿的规定,《物权法》第42条与《土地管理法》第47条基本一致。

但是，在过去的十几年中，随着城市化的发展，土地征收制度成为诱发社会矛盾的导火索。地方政府以城市建设、经济发展为理由，启动征收程序，将集体所有的土地转变为国有土地，然后再以招拍挂的方法出让建设用地使用权。与支付给集体经济组织或农民的补偿相比，政府获得的土地出让金要高得多，在许多地区，土地出让金甚至成为了地方政府的主要财政收入之一。个中缘由在于，政府在行使征收权时，只需要按照“土地的原用途”进行补偿，但出让土地时却改变了原用途，以商业用地或住宅用地使用权进行出让，两者之间存在巨大的价差。另一方面，《土地管理法》第43条、第63条禁止集体建设用地入市，因此农民并不能自主地开发土地，而只能坐等政府征收。在这种情况下，在征收程序启动后，被征地的农民自然会产生强烈的被剥夺感，极易产生社会矛盾。虽然《宪法》《土地管理法》《物权法》都将征收权行使的前提条件规定为“公共利益的需要”，但在现实中，征收制度实质上等同于土地国有化，成为了政府获取可出让土地的手段。

其实，问题症结还是在于“城市建设、经济发展”是否都是“公共利益的需要”。在市场经济和土地有偿使用的条件下，城市开发建设的主体是多元的，政府往往并不直接从事土地开发，仅仅是从私人土地开发者处获得土地出让金，私人土地开发者进行城市建设主要是为了追求利润。虽然普通人也能够从城市建设所带来的经济发展中受益，但这种受益是间接的，并不能等同于公共利益。因此，现实生活中大部分土地征收实际上违背了“公共利益的需要”这一前提条件。事实上，只要政府将征收严格限制在公共利益范畴内，例如建设政府办公设施、兴办公立教育、医疗等公益事业，而将商业开发等经济活动交由市场自发进行，同时对商业开发引起的纠纷保持中立态度，社会矛盾自然就会小得多，地方政府也不至于像目前这样承受巨大压力。当然，将城市建设开发交由市场自发完成会降低城市发展更新的速度，在目前的体制下也会影响地方政府的财政收入，但在日趋严重的征地纠纷和拆迁矛盾面前,改弦更张势在必行。

但是,如果将征收制度严格限制在"公共利益的需要"之下,就会面临如何协调《宪法》第10条第1款与第3款关系的问题,因为城市的范围是随着经济社会发展而变化的,如果严格以《宪法》第10条第3款规定的"公共利益的需要"作为政府行使征收权的前提条件,那么就会出现与《宪法》第10条第1款"城市的土地属于国家所有"的矛盾。目前,不少地方政府官员直接以《宪法》第10条第1款的规定为宽松征收制度的合法性辩护,也有学者以第10条第1款为依据提出概括国有化理论。[17] 其实,这一问题的根源在于,随着市场经济制度的建立,《宪法》第10条第3款所称的"公共利益"的含义已经发生了变化,导致《宪法》第10条第1款无法与之匹配,滞后于时代发展。从《宪法》第10条制定修改的历史来看,这一条文制定于计划经济时代,但随着市场经济的发展,该条第3款、第4款均已修改,第1款仍然维持原样。1982年《宪法》颁布时,我国仍然是典型的计划经济国家,实行土地无偿划拨制度,城市建设与经济发展均由政府或由政府管理的国营企业直接承担,城市扩展需要建设用地时,由政府征收后无偿划拨给用地单位使用,或者由用地单位直接向农民集体征收。从表面上看,计划经济时代的城市建设用地主体为不同的单位,不仅包括政府机关、事业单位,还包括了国营企业,但当时的国营企业属于全民所有性质,按照政府指令生产,生产资料和产品均由政府调拨,所获利润也需要上缴,其实是政府的经济机关。因此,在计划经济时代,城市开发建设的主体实际上只有一个,就是各级政府,同时,由于土地无偿划拨使用,政府对城市建设也没有自己的经济利益。所以,在1982年《宪法》颁布的时代,"城市开发建设"当然属于公共利益,随着城市扩展而征收集体土地符合《宪法》第10条第3款规定的"公共利益的需要"的前提条件,也与第10条第1款"城市的土地属于国家所有"的规定相匹配。但是,在市场经济时代,由

---

〔17〕 参见陈甦:《城市化过程中集体土地的概括国有化》,载《法学研究》2000年第3期。

于城市开发建设主体多元化以及土地有偿使用制度的建立，城市建设与经济发展已经不再是当然的“公共利益”，可行使征地权范围变窄，由此导致《宪法》第10第1款无法与第3款相匹配。在1993年的《宪法修正案》中，《宪法》第10条第4款被修改，承认了土地使用权的转让，与现实中的土地有偿使用制度相匹配，但第10条第1款仍然作为计划经济的活化石保存至今。其实，在我国目前的城市建成区内，存在大量的城中村，其土地仍然归属于农民集体，《宪法》第10条第1款实际上已经与现实脱节了。因此，要改善我国的土地征收制度，不仅要从严解释“公共利益”，修改《土地管理法》第43条、第63条等规定，还要修改《宪法》第10条第1款或对其进行从新解释。

三、农村集体产权制度的现有改革方案及其欠缺

2013年11月十八届三中全会召开以来，中共中央和国务院颁布了一系列文件，推动农村土地承包制度和农村集体产权制度改革，改革内容涉及农村集体经济组织改造、农民专业合作社、土地承包经营权流转与抵押、集体经营性建设用地入市、农民住房财产权利抵押、征地制度改革、土地增值收益分配等多个方面，牵涉多部法律的修改。事实上，这些改革方案并不是遽然提出，许多改革思路的源头可以追溯到2008年十七届三中全会，并且与二轮延包以来中央采取方针政策一脉相承。在这部分，我们将对2008年以来涉及农村集体产权制度改革的重要中央文件进行梳理，并从整体上概观评析现有的改革思路、方案与路径。

（一）农村土地承包制度改革

土地承包制度改革大体上可以分为两个方面，一是维持土地承包关系的稳定，完成土地承包经营权的确权颁证；二是促进土地承包经营权流转，从而形成规模化经营。

自20世纪90年代以来，中央政策就一直强调保持土地承包关系，将土地承包期限从15年延长至30年，在二轮延包中基本维持一轮承包时的土地分配，承包期内原则上不得调整土地。在2008年党的十七届三中全会《中共中央关于推进农村改革发展若干重大问题的决定》（以下简称2008年《决定》）中，首次提出“现有土地承包关系要保持稳定并长久不变”。随后，在2012年中共中央、国务院印发《关于加快发展现代农业进一步增强农村发展活力的若干意见》（中发〔2013〕1号）、2013年《中共中央关于全面深化改革若干重大问题的决定》（以下简称2013年《决定》）、2014年中共中央、国务院印发《关于全面深化农村改革加快推进农业现代化的若干意见》（中发〔2014〕1号）、2015年中共中央、国务院印发《关于加大改革创新力度加快农业现代化建设的若干意见》（中发〔2015〕1号）、2015年中共中央办公厅、国务院办公厅印发《深化农村改革综合性实施方案》（以下简称2015年《方案》）均反复强调稳定土地承包关系“长久不变”，但始终没有对“长久不变”的含义做出明确阐述。

与稳定土地承包关系相配合的是土地承包经营权确权颁证工作，上述文件对“确权确股不确地”的态度略有差异：（1）中发〔2014〕1号文件提出“可以确权确地，也可以确权确股不确地”；（2）中发〔2015〕1号文件改为“总体上要确地到户，从严掌握确权确股不确地的范围”；（3）2015年中共中央办公厅、国务院办公厅印发《关于引导农村土地经营权有序流转发展农业适度规模经营的意见》（以下简称2015年《意见1》）则进一步修改为“原则上确权到户到地，在尊重农民意愿的前提下，也可以确权确股不确地”。从上述文件的表述来看，中央对“确权确股不确地”的态度是审慎的，要求从严掌握，并且尊重农民的意愿。换言之，只要农民要求确地到户，就不能不确地。

在土地承包经营权流转和规模化经营方面，上述文件前后也存在变化：（1）2008年《决定》提出“允许农民以转包、出租、互换、转让、股份合作等形式流转土地承包经营权”，“扩大农村有效担保物范围”。（2）中发〔2013〕1号文件提出“引导农村土地承包经营权有序流转，鼓励和支持承包土地向专业大户、家庭农场、农民合作社流转”，“鼓励农民兴办专业合作和股份合作等多元化、多类型合作社”。（3）2013年

《决定》提出“赋予农民对承包地占有、使用、收益、流转及承包经营权抵押、担保权能，允许农民以承包经营权入股发展农业产业化经营”，“鼓励承包经营权在公开市场上向专业大户、家庭农场、农民合作社、农业企业流转”。(4)中发〔2014〕1号文件的表述与2013年《决定》基本相同，但提出了“所有权、承包权、经营权三权分置”的思想，“在落实农村土地集体所有权的基础上，稳定农户承包权、放活土地经营权，允许承包土地的经营权向金融机构抵押融资”，“鼓励发展专业合作、股份合作等多种形式的农民合作社，引导规范运行，着力加强能力建设”。(5)中发〔2015〕1号文件进一步贯彻“三权分置”思想，提出“坚持农民家庭经营主体地位，引导土地经营权规范有序流转”，“引导农民专业合作社拓宽服务领域”，“引导农民以土地经营权入股合作社和龙头企业”，“做好承包土地的经营权和农民住房财产权抵押担保贷款试点工作”。(6)2015年《方案》和2015年《意见1》继续延续“三权分置”思想，放活土地经营权，以土地经营权作为流转、入股、托管、抵押的客体；加强农民专业合作社和土地股份合作社的规范化建设，允许农民以承包经营权入股发展农业产业化经营。(7)2015年《国务院关于开展农村承包土地的经营权和农民住房财产权抵押贷款试点的指导意见》(国发〔2015〕45号)明确提出以承包土地的经营权作为抵押客体，经营权抵押需经过农户同意，抵押仅限于流转期内的收益，处置抵押物时，要保证农户的承包权。

从上述文件的相关表述来看，在2014年以前，中央文件是以“土地承包经营权”作为流转的客体，而在2014年以后，则以“土地经营权”作为流转的客体。现行《农村土地承包法》对家庭土地承包经营权的转让、入股设定了很多限制，如果允许农户将家庭土地承包经营权转让给农民合作社、农业企业或者以家庭土地承包经营权作为出资入股的形式，就会与《农村土地承包法》第41条、第42条产生冲突，同时以家庭土地承包经营权作为抵押权的客体，也会与《物权法》《担保法》的相关条款产生冲突。以“土地经营权”作为转让、入股、抵押的客体，虽然可以规避上述条款，但是仍然必须就“土地经营权”的法律性质表态。另外，上述文件提出“农民合作社”可以作为农业规模化经营的主体，包含了“农民专业合作社”和“土地股份合作社”两种形态，但后者的设立目的与盈余分配方式明显与现行《农民专业合作社法》存在冲突，它的法律主体地位也需要明确。

（二）农村建设用地制度改革

农村建设用地制度改革主要涉及三个方面的内容：一是土地征收制度，二是经营性建设用地入市，三是宅基地制度改革。这三方面实际上是紧密相关的。

对于土地征收制度改革，中共中央提出的思路是缩小征地范围，提高农民在土地增值收益中的分配比例：(1) 中发〔2013〕1 号文件提出“依法征收农民集体所有土地，要提高农民在土地增值收益中的分配比例”，“加快修订土地管理法，尽快出台农民集体所有土地征收补偿条例”，“完善征地补偿办法，合理确定补偿标准”。(2) 2013 年《决定》提出“缩小征地范围，规范征地程序，完善对被征地农民合理、规范、多元保障机制”，“建立兼顾国家、集体、个人的土地增值收益分配机制，合理提高个人收益”。(3) 中发〔2014〕1 号文件提出“缩小征地范围，规范征地程序，完善对被征地农民合理、规范、多元保障机制”，“抓紧修订有关法律法规，保障农民公平分享土地增值收益”。(4) 2015 年中共中央办公厅、国务院办公厅颁布《关于农村土地征收、集体经营性建设用地入市、宅基地制度改革试点工作的意见》（以下简称 2015 年《意见 2》）针对农村土地征收，提出了专门改革试点意见，“要缩小土地征收范围，探索制定土地征收目录，严格界定公共利益用地范围”。(5) 中发〔2015〕1 号文件提出“制定缩小征地范围的办法”，“建立兼顾国家、集体、个人的土地增值收益分配机制，合理提高个人收益”，“完善对被征地农民合理、规范、多元保障机制”。(6) 2015 年《方案》提出“缩小土地征收范围，规范土地征收程序，完善对被征地农民合理、规范、多元保障机制，建立兼顾国家、集体、个人的土地增值收益分配机制，合理提高个人收益”。可以看出，上述改革思路主要是针对补偿问题，希望地方政府将土地用途变更带来的部分土地增值收益分配给农民，意图减轻被征地农民的被剥夺感缓解社会矛盾。虽然上述文件也提出要“缩小征地范围”，但只有2015年《意见2》提出严格界定公共利益用地范围。事实上，如果严格以公共利益需要作为征收权发动的前提条件，征收是不可能导致所谓土地收益分配问题的。

集体经营性建设用地入市是打破政府对建设用地一级市场垄断的关键步骤：（1）中发〔2013〕1号文件对集体经营性建设用地入市持审慎态度，“依法推进农村土地综合整治，严格规范城乡建设用地增减挂钩试点和集体经营性建设用地流转”，“农村集体非经营性建设用地不得进入市场”。（2）2013年《决定》明确提出要建立城乡统一的建设用地市场，提出“在符合规划和用途管制前提下，允许农村集体经营性建设用地出让、租赁、入股，实行与国有土地同等入市、同权同价”。（3）中发〔2014〕1号文件在重申2013年《决定》内容的基础上，提出“加快建立农村集体经营性建设用地产权流转和增值收益分配制度”。（4）2015年《意见2》同样重申赋予农村集体经营性建设用地出让、租赁、入股权能，提出要“明确农村集体经营性建设用地入市范围和途径，建立健全市场交易规则和服务监管机制”。（5）中发〔2015〕1号文件基本上是对2015年《意见2》的重复。（6）2015年《方案》再次提出集体经营性建设用地制度的改革思路，并且进一步明确了“经营性建设用地”的含义和范围：“允许土地利用总体规划和城乡规划确定为工矿仓储、商服等经营性用途的存量农村集体建设用地，与国有建设用地享有同等权利，在符合规划、用途管制和依法取得的前提下，可以出让、租赁、入股，完善入市交易规则、服务监管制度和土地增值收益的合理分配机制”。在上述改革方案提出后，文件所提出的“土地增值收益分配”应该如何理解仍然不明确，将经营性建设用地限制为“工矿仓储、商服等经营性用途的存量”用地是否合理，也需要进一步思考。

对于宅基地制度改革，目前的重点工作为确权登记颁证，并探住房财产权的担保功能：(1)中发〔2013〕1号文件提出加快完成农村宅基地的确权登记颁证工作，但并没有就宅基地制度改革提出具体的指引。(2)2013年《决定》提出“选择若干试点，慎重委托推进农民住房财产权抵押、担保、转让”。(3)中发〔2014〕1号文件除了重申2013年《决定》的内容外，还提出要完善农村宅基地分配政策，但并没有就宅基地分配政策的完善提出具体的指引。(4)2015年《意见2》要求探索农民住房保障的多种实现形式，并提出了一些具体意见“对因历史原因形成超标准占有宅基地和一户多宅等情况，探索实行有偿使用”，“探索进城落户农民在本集体经济组织内部自愿有偿退出或转让宅基地”。(5)中发〔2015〕1号文件提出“改革农民住宅用地取得方式，探索农民住房保障的新机制”，还要求做好农民住房财产权抵押担保贷款试点工作。(6)2015年《方案》对宅基地制度改革提出了较为具体的改革指引“探索农民住房保障新机制，对农民住房财产权作出明确界定，探索宅基地有偿使用制度和自愿有偿退出机制，探索农民住房财产权抵押、担保、转让的有效途径”。(7)国发〔2015〕45号文件提出，“农民住房财产权设立抵押的，需将宅基地使用权与住房所有权一并抵押”，“农民住房财产权(含宅基地使用权)抵押贷款的抵押物处置应与商品住房制定差别化规定”，“探索农民住房财产权抵押担保中宅基地权益的实现方式和途径，保障抵押权人合法权益”，“对农民住房财产权抵押贷款的抵押物处置，受让人原则上应限制在相关法律法规和国务院规定的范围内”。从这些文件的表述来看，宅基地制度改革方向应该是在确保农民住房保障的前提下，增加宅基地的财产权属性，提高使用效率，建立有偿取得与无偿取得并存的双轨宅基地取得制度，并赋予住房财产权抵押权能。但是，从国发〔2015〕45号文件和2015年《意见2》来看，中央并没有放开宅基地使用权入市交易，对宅基地使用权的转让范围仍然限于集体经济组织内部，这无疑会影响住房财产权抵押权能的实际功效。

(三)农村集体经济组织股份合作制改革与农民成员权利

农村集体经济组织改造与集体资产管理也是农村集体产权制度改

革重点,基本改革方向是确权到户和股份化改造。(1)中发〔2013〕1号文件提出加强农村集体“三资”管理,以“清产核资、资产量化、股权管理”为主要内容,鼓励推进农村集体产权股份合作制改革,探索集体经济组织成员资格界定的具体办法。(2)2013年《决定》提出“保障农民集体经济组织成员权利,积极发展农民股份合作,赋予农民对集体资产股份占有、收益、有偿退出及抵押、担保、继承权”,按照《决定》的思路,农民以股份形式体现的成员权利实际上是完全的财产权利。(3)中发〔2015〕1号文件提出探索农村集体所有制的有效实现形式,将集体资产区分为土地等资源性资产、非经营性资产以及经营性资产三种;对于土地等资源性资产,重点强调土地承包经营权的确权颁证;对于非经营性资产,重点是探索集体统一运营管理有效机制;对于经营性资产,“重点是明晰产权归属,将资产折股量化到本集体经济组织成员,发展多种形式的股份合作”;对集体资产股份权能试点,要求限制在本集体经济组织内部;该文件还要求有关部门抓紧研究起草农村集体经济组织条例。(4)2015年《方案》仍然沿袭了中发〔2015〕1号文件对集体资产分类对待的方针,要求明确集体经济组织的市场主体地位,将农村集体产权制度改革严格限定在本集体经济组织内部,探索剥离村党支部委员会和村民委员会(以下简称村两委)对集体资产经营管理的职能。

集体经济组织股份化改造主要涉及三方面的内容,一是集体经济组织的主体地位与内部结构,二是集体资产的确定与股份化,三是成员资格与成员权利权能。对于集体经济组织本身的建构问题,上述文件只提出要明确其市场主体地位,但并未就集体经济组织的内部结构做出表态。对于集体资产,按照2009年农业部颁发的《关于进一步加强农村集体资金资产资源管理指导的意见》,农村集体“三资”是指资金、资产和资源,资金是指现金和银行存款,资产是指集体投资取得的固定资产、公益设施、农业材料、债权等资产,资源是指法律规定属于集体所有的土地、林地、山岭、草地、荒地、滩涂、水面等自然资源。从前述中央文件来看,对集体资产的改革思路仍然沿袭分类处理的路径,只是分类改为资源性资产、非经营性资产和经营性资产三类,并对经营性资产提出了折股量化的改革方案。但是,这种分类标准是否合理仍然存在疑问,折股量化是否应该仅限于经营性资产也颇值得反思。对于成员资格和成员权利问题,上述文件要求探索成员资格界定的办法,但并没有提出具体的改革方向;至于成员权利的权能,虽然2013年《决定》已经决定赋予其全部的财产权权能,但目前的改革方案仍然较为保守,要求在集体经济组织内部试点。从2015年7月农业部提出的《对十二届全国人大三次会议第7821号建议的答复》来看,农民集体经济组织立法尚未纳入国家立法计划,目前农业部正在研究起草"农村集体经济组织条例",明确农村集体经济组织的法人地位和内部治理机制,各级政府只对成员身份界定的原则、程序作出规定,具体的成员身份界定办法和标准,则交由集体经济组织民主协商决定。

(四)改革路径

我国一直以来的制度改革都是采取先依据政策文件在个别地方开展试点,效果良好、条件成熟后再向全国推广并修改法律法规的路径。这种改革路径能够有效地积累经验、防范风险,但问题在于推行改革的政策文件可能与有效的法律产生冲突,出现"违法改革"的现象。此次农村集体产权制度改革,我国采取了由全国人大常委会授权国务院在试点地区暂停调整实施有关法律的做法,改革获得了全国人大常委会的授权,避免了"违法改革"的窘境。

目前,针对农村集体产权制度改革,立法机关已经做出了两个授权决定:

(1)2015年2月27日《全国人大常委会授权国务院在33个试点县(市、区)暂时调整实施土地管理法的相关规定》暂停实施《土地管理法》第43条、第63条,《城市房地产管理法》第9条有关集体建设用地使用权不得出让、转让、出租的规定,允许集体经营性建设用地出让、租赁、入股;暂停实施《土地管理法》第44条、第62条关于宅基地审批权限的规定;暂停实施《土地管理法》第47条关于征收集体土地补偿的规定,允许灵活确定土地征收补偿的标准与形式。

(2)2015年12月27日《全国人大常委会关于授权国务院在北京市大兴区等232个试点县(市、区)、天津市蓟县等59个试点县(市、区)行政区域分别暂时调整实施有关法律规定的决定》暂停实施《物权法》第184条、《担保法》第37条关于集体所有的耕地使用权、宅基地使用权不得抵押的规定,允许农村承包土地的经营权抵押贷款、农民住房财产权抵押贷款。

从现有的两个授权来看,经营性建设用地入市试点的法律障碍基本被清除了,但耕地使用权抵押和农民住房财产抵押试点的法律困境仍然存在。道理是显而易见的,因为抵押权实现时将导致抵押财产的转让,如果该财产转让仍然受到限制,抵押融资贷款功用将大打折扣。除此之外,为满足农业规模化经营中建立土地股份合作社的需要,《农村土地承包法》第42条、《农民专业合作社法》中相关条款也需要暂时调整实施,而集体经济组织的股份化改造则需要通过集体经济组织立法来完成。

(五)现有改革方案的欠缺

目前,我国各地正在进行农村土地承包制度与农村集体产权制度改革试点,但从整体上来看,由上述一系列中央文件体现的改革方案在指导思想、整体思路与具体制度设计方面都存在欠缺之处。

在指导思想方面,此次改革仍然沿袭一贯以来的政府主导推动模式,存在政府职能错位,没有发挥集体经济组织和农民的自主性的问题。在市场经济环境下,无论是农业规模化经营,集体经营性建设用地入市,还是宅基地的集约化利用,都是伴随经济发展自生自发的结果。我国幅员辽阔,各地区的自然环境状况、经济发展水平乃至文化观念差异较大,由政府越俎代庖推行特定经营模式往往会违背自然规律和经济规律,极易引发社会矛盾,而农民才是自己利益的最佳判断者。“还权赋能”,并不仅仅是消极地强调尊重农民的意愿,而是要积极地为农村土地和农村集体资产建立符合市场交易需求的产权制度,为农民和农村集体经济组织建立主观意志表达机制,使农村土地和农村集体资产的所有权人能够自主地管理经营其所有的财产。在市场经济条件下,政府原则上不应该直接介入经济生活,其职能应该仅限于公共管理服务和通过税收补贴等手段进行二次分配。对于集体土地和集体资产,政府的权力应该限于三个方面:一是土地用途管制和城乡规划,消除土地利用的公害,这是警察权的体现;二是居中裁判,解决农村集体经济组织内部以及各市场主体之间的纠纷;三是通过税收补贴等间接手段,进行二次分配和农业补贴。我国四十年改革开放所取得的经济进步,并非是通过政府主导推动的模式来实现的,事实上恰恰相反,经济发展基本上都是由普通民众自发突破管制,政府逐渐放松管制的结果。从前述文件体现出的改革方案来看,政府并不重视农民和集体经济组织在集体土地和集体资产管理经营方面的自由意志和自主空间建构,仍然采取由上至下政府主导推动模式,并没有放松管制,政府干预色彩过于浓厚,这样的改革模式推行到基层,很容易演变为不顾经济规律和自然条件的"大跃进",导致对农民的变相强制。虽然上述文件一再强调尊重农民意愿,不得一味追求农业经营规模,但在改革指导思想和政府职能不能根本转变的情况下,这种风险仍然存在。

在整体思路方面,此次改革也存在改进之处。(1)改革方案涉及土地承包制度、宅基地制度、经营性建设用地、集体资产管理、集体经济组织股份化等方面,基本上涵盖了农村集体产权制度的全部内容,但各具体改革项目之间缺乏应有的联系,重点不突出,没有抓住能够统摄全面,牵一发而动全身的"牛鼻子"。(2)对集体资产采取分类改革的方式,较为僵化,忽视了资产形态之间的转化。实际上,不同集体资产之间是互相交融的:在规划或用途变革的情况下,农用地与建设用地、宅基地与经营性建设用地之间可能发生转变;在经营性建设用地入市或发生土地征收时,以土地资源形态存在的集体资产也会转变为货币或物业形态;从现有的情况来看,折股量化的经营性资产既可以是资金,也可以是农用地或建设用地。(3)对改革的价值取向没有明确选择,意图调和两种不可能并存的价值取向。我国农村产权制度的根本问题是不动产的财产权属性和社会保障属性的冲突，强使同一不动产兼具两种属性，必然会导致制度运行出现问题；决策者应该在两种冲突的价值取向中做出明确的选择，为改革指明方向。即便是暂时无法抛弃其中一种价值取向，也应该明确哪一种是长期目标，哪一种是权宜之计，给人民的生活安排提供稳定预期。[18]

在具体制度设计上，改革方案也同样存在考虑不周的地方，此处仅举两例：(1)对于土地承包经营制度的改革，中央提出"所有权、承包权、经营权三权分置"，"稳定承包权、放活经营权"，承包土地确权到户到地，以经营权作为转让、抵押、入股的客体，意图兼顾生活保障与农业规模化经营，但问题在于，这种制度设计与现有的各种农地流转方式相比，并不具有优势，也不是最优方案，以这种制度安排作为改革方向将导致土地上的权利层级过于复杂，也会对现有的较为优越的流转方式造成冲击。现有的土地流转模式大致上可以分为两种：一种是农户保留土地承包经营权，农业经营者取得农地租赁权，农户可以定期获得土地租金，既可以由农业经营者直接向农户租赁土地，也可以以集体经济组织、村委会或土地股份合作社作为中介；另一种则是将土地折股，由集体经济组织直接将土地出租或发包给农业经营者，农业经营者享有农地租赁权或土地承包经营权，而农户可以按股份获得分红收益，这种经营模式与"四荒"土地承包比较类似。就生活保障而言，这两种模式并不存在太大区别，只要农户能够获得稳定经济收益即可，至于农户是否拥有物权形态的土地承包经营权，并不重要；就制度设计本身来说，这两种模式相比，其实以后一种作为改革蓝本最为方便，只要准用"四荒"土地承包的法律规定，即可实现土地承包经营权的顺畅转让、抵押、

〔18〕 20世纪80年代、90年代，部分农民为了逃避农业税和各项提留摊派，放弃了土地承包经营权，后来农业税和各项提留摊派废除，其在二轮延包中也没有再获得土地。如果政策没有前瞻性和稳定性，就会让普通民众难以适从。

入股,而前一种模式尚需法律对农地租赁权进行一定程度的物权化处理,允许其抵押、入股。中央改革方案提出的“稳定承包权、放活经营权”的思路就是在土地承包经营权上再派生出一个经营权,这种制度设计方案其实与土地租赁权物权化并无实质区别。但是,对于那些已经采取上述第二种流转模式的地区来说,农户实际上已经不享有物权形态的土地承包经营权,他们的生活保障是通过股份分红来实现的,在这种情况下,如果要贯彻中央方案,推行土地承包经营权确权到户到地,很可能会引发纠纷,导致规模经营的瓦解。(2)对于宅基地制度改革,中央提出允许农民住房财产权抵押,并指出住房财产权抵押包括房屋所有权与宅基地使用权,但在另一方面却仍然限制住房财产权的受让人的范围,这无疑会使住房财产权的担保功能大打折扣。抵押与转让是密切相关的,可转让性是抵押的前提条件,在受让人范围被严格限制的情况下,抵押财产实现将存在困难,债权人也会低估抵押物的价值,从而影响贷款额度。通过行政手段给金融机构施加压力或者由政府提供担保,只具有短期效应,本质上是违背经济规律的。要使住房财产权的担保功能得到真正发挥,还是要取消对受让人范围的严格限制。因此,在对宅基地制度进行整体改革,开放农村房地产市场之前,住房财产权抵押改革是难以成功的。

四、对策建议与当前工作的具体做法

(一)所有制、所有制的实现形式与法律制度的关系

在提出整体改革思路前,我们需要对一个前置问题进行简单的说明,即所有制、所有制的实现形式与法律制度的关系。

众所周知,按照马克思主义理论,经济制度是人类社会发展到一定阶段占主要地位的生产关系的总和,经济制度由生产力决定,构成了社会的经济基础,并决定着社会的政治制度、法律制度和人们的社会意识等上层建筑。经济制度由三个方面组成,包括生产资料的归属、人在生产中的地位和相互关系、产品分配,其中生产资料的归属,即所有制,是

经济制度的基础,决定着经济制度的另外两个方面。此处,我们需要特别注意的是,所有制与所有权的差异。所有制属于经济基础范畴,按照马克思的本意,所有制是渗透在社会的生产、分配、交换和消费诸领域里起主导作用的经济基础,要说明所有制,就必须把社会的全部生产关系描述一番。[19] 公有制与私有制的重大区别在于,生产资料是掌握在社会公众手中,还是掌握在个别少数人手中。所有权属于法律制度领域,属于上层建筑范畴,它是指特定人对特定物的全面支配关系。需要注意的是,所有制与所有权不能混为一谈,两者也不是一一对应关系,判断一个国家是公有制还是私有制,并不能仅仅看所谓"国家所有权"或"集体所有权"的客体的数量、比例和质量,还要具体观察"国家"或"集体"的组织形态,判断"国家"或"集体"的权力是掌握在个别少数人手中,还是掌握在全体公民或全体集体成员手中。如果简单地将"国家所有权"或"集体所有权"等同于公有制,就混淆了法律制度与经济制度,混淆了上层建筑与经济基础。所有制的实现形式是指所有制在微观领域中的具体体现,实际上是指生产资料的经营方式或组织形式,所有制是本质属性,实现形式是方法问题,同一种所有制可以采取不同的实现形式,不同的所有制也可以采用同一种实现形式。基于不同所有制的不同实现形式,生产分配活动中形成了不同的行为规范,当这些行为规范具有可反复适用的普遍效力时,即形成了法律制度。当然,属于上层建筑的法律制度也有其自身的传统、术语和技术,并非是对所有制实现形式的简单镜像式反映,而是将其转化为符合逻辑的规范体系。

1949 年以来,我国选择公有制为主体的经济制度,包括国家所有制和集体所有制。在不同的历史时期,集体所有制的实现形式是多样的。在改革开放前,我国农村集体所有制的实现形式是统一经营、共同劳动、按劳分配的实现形式;在改革开放之后,则逐渐转变为以家庭联产承包为主、统分结合的双层经营体制,基于双层经营体制所形成的法律

---

〔19〕 参见孙宪忠:《公有制的法律实现方式问题》,载《法学研究》1992 年第 5 期。

制度主要就是家庭土地承包制度,目前以《民法通则》《物权法》中的相关章节和《农村土地承包法》为主要载体。除此之外,沿海经济发达地区形成的集体股份合作也是集体所有制的实现形式,但至今未上升到全国性的法律层面。近年来,集体所有制实现形式与相应法律制度呈现出一定的弊病,一方面是不能适应农业规模化经营,另一方面则表现为集体经济组织瓦解,缺乏集体成员控制集体资产的有效机制。目前,中央提出"土地承包关系长久不变"和"所有权、承包权、经营权三权分置,稳定承包权,放活经营权"的改革思路,实际上是提出了集体所有制的一种新的实现形式,其背后所追求的价值目标是在固化物权形态的土地承包经营权以确保农民生活保障和财产权益的同时,促进农业规模化经营。同时,中央还提出对集体经营性资产进行股份化改造的改革思路,这也是一种集体所有制的实现形式。当前我国各地正在按照上述改革思路开展改革试点,未来相关法律的修改也将以上述改革思路作为指导。但是,我们在进行改革试点和法律制度修改设计时,必须意识到经济改革思路、所有制实现形式与法律制度的区别,因为法律制度并非是对经济改革思路、所有制实行形式的简单镜像式反映,在特定经济改革思路下,仍然可以存在多种法律制度建构空间。例如,"土地承包关系长久不变"所欲追求的价值目标完全可以通过明晰和稳定成员权的方式(即"成员权长久不变")来实现。事实上,农民的生活保障与财产权益并不必然依靠物权形态的土地承包经营权来实现,在那些实施集体股份合作的地区,农民通过股权收益也可以获得相应的生活保障和财产权益;"稳定承包权,放活经营权"的改革思路并不意味着一定要在《农村土地承包法》修改时,建构出独立的"土地承包权"和"土地经营权",将农地租赁权物权化或对现有规则进行简单改造也可以达到同样的效果。因此,我们在进行改革试点和法律制度设计时,不必拘泥于中央文件的具体用词,而应该以具体字句背后的改革目标和价值追求为出发点。

(二)整体改革思路与具体制度建构的建议

鉴于我国农村土地承包制度和集体产权制度存在的问题以及现有改革方案的不足,我们在整体改革思路和具体制度建构方面提出了一些建议,可供决策者参考。

1. 整体改革思路建议

在整体改革思路方面,我们认为应该坚持以下几个方针:

第一,严格区分权力与权利,明确公权力机关的权力范围,停止对集体经济的直接介入,集体资产权利完全由集体经济组织及其成员享有和行使;集体经济组织及其成员可以结合实际情况,自主选择最适合的经营模式;除法律另有规定外,政府对集体土地的权力仅限于土地用途管制权、规划权以及严格以公共利益需要为前提条件的征收权;对集体经济组织内部的经济纠纷,由政府和司法机关依法居中裁断。

第二,对集体经济组织进行法人化改造,建立集体经济组织的意思形成机制与内部治理结构;明确集体资产的范围,将所有集体资产折股量化到每个集体成员;明确集体经济组织的成员资格界定标准与成员权的权能。

第三,农村集体产权制度改革以建立符合现代市场经济的产权制度为最终目标,逐步解除对成员权、家庭土地承包经营权、农民住房财产权的转让限制;逐步淡化并取消集体资产的社会保障功能,建立城乡统一的社会保障制度。

2. 具体制度建构的建议

具体制度建构以上述整体改革思路中的三个方针为指导,并结合相应法律法规的制定修改:

第一,农村集体产权制度改革的“牛鼻子”是集体经济组织法人化改造,只有通过法人化改造,才能将“农民集体”转变成符合市场经济要求的法律主体,明确集体成员与集体的法律关系,建立科学的意思形成机制与内部治理结构。在内部治理结构上,集体经济组织法人可以参考公司的组织架构,设立成员大会、董事会和监事会;成员大会为法人的最高权力机关,决定法人的重要事项,选举董事会、监事会;董事会为决策执行机关,负责日常运营管理;监事会为监督机关,对董事会进行监督。集体经济组织法人的财产为包括土地所有权在内的所有集体资产,但土地所有权等依法不能转让的集体资产不是集体经济组织的责任财产,但责任财产包括集体所有的土地使用权。集体经济组织法人的成员资格确定以及股份分配方法是立法的难点,需要进行充分的调查研究,考虑到各地实际情况存在较大差异,应当由各集体经济组织自行确定,国家立法只需提出成员资格和股份分配的原则与程序。集体经济组织法人化改造后,集体成员对集体资产的权利主要表现为股权,通过成员大会决定集体资产的基本管理、使用、经营模式,并按所享有的股权份额获得集体资产的经营收益。集体成员资格及股权可以继承、转让、质押。上述改革方案的实现,需要全国人大将集体经济组织立法纳入立法计划中,尽早制定"集体经济组织法",明确集体经济组织的法人地位。

第二,对于土地用途管制和城乡规划确定的耕地、林地、草地等非建设用地,集体成员可通过成员大会表决,决定经营模式:决定采取分散经营的,即为成员设立土地承包经营权,并确定土地分配方案;决定采取统一经营的,则由集体经济组织统一对外出租或发包,并按股权份额向集体成员分配土地收益;也可以部分土地采用分散经营,部分土地采用统一经营。之所以采取这样的改革方案,主要是考虑到我国各地农业经营的实际情况差距较大,例如,在耕地连片平整的华北地区、东北地区,采用统一经营对农业机械化生产比较适宜;在二、三产业发达的长三角、珠三角地区,大部分农民已经离土从事工商业,采取统一经营,由集体对外出租、发包比较适宜;在西南山区,农用地处于分散状态,因此维持家庭分散经营比较合适。因此,因地制宜的做法应该是将农业经营模式的选择权交由集体经济组织成员自行决定。

按照上面的改革方案,《农村土地承包法》和《农民专业合作社法》要进行相应的调整修改,主要包括以下几个方面:(1)目前,我国《农村土地承包法》分为“家庭承包”和“其他方式的承包”两种，其中“其他方式的承包”仅适用于“四荒地”。未来《农村土地承包法》修改应该取消“其他方式的承包”的适用范围限制，由集体经济组织根据农业经营模式自主决定“家庭承包”和“其他方式的承包”的适用范围。(2)建立适用于家庭土地承包经营权和四荒地土地承包经营权的统一的土地承包经营权流转规则，将其区分为债权性流转和物权性流转，债权性流转为土地承包经营权出租，物权性流转包括转包、互换、转让以及属于转让的特殊形式的入股。(3)现行《农村土地承包法》中关于土地承包经营权出租的规定可以维持不变。(4)将现行《农村土地承包法》中的“转包”改造为在“土地承包经营权”之上设立“次级土地承包经营权”的物权性流转方式，这种“次级土地承包经营权”，可以考虑命名为“耕作权”或“耕作经营权”。设立“次级土地承包经营权”应该纳入不动产登记范围，未经登记，不得对抗善意第三人。(5)删除现行《农村土地承包法》第40条将互换限于“同一集体经济组织的土地的土地承包经营权”的限制性规定。(6)对于土地承包经营权转让，删除现行《农村土地承包法》第41条将家庭土地承包经营权的受让人范围限于“其他从事农业生产经营的农户”的限制性规定，允许合作社、农业公司等其他主体受让家庭土地承包经营权。(7)对于《农村土地承包法》第42条规定的土地承包经营权入股，应该明确其为物权性流转，属于特殊的转让形态，允许农户以土地承包经营权作为出资形式，设立合作社或向农业公司投资。(8)对于农户以土地承包经营权或“次级土地承包经营权”入股设立的土地股份合作社，应当通过立法或修法明确其法人地位。土地股份合作社的设立目的与盈余分配方式与农民专业合作社不同，因此它是有别于农民专业合作社的另一类法人。立法机关可以考虑将现行《农民专业合作社法》修改为“农民合作社法”，在该法之中，分别对农民专业合作社和土地股份合作社做出规定。(9)土地承包经营权以及“次级土地承包经营权”可以作为抵押权的客体。(10)删除《农民土地承包法》第26条第2款、第3款，承包方迁入小城镇或设区的市，均可以保留土地承包经营权。(11)修改《农村土地承包法》第31条,土地承包经营权可以由继承人继承。

第三,对于土地用途管制和城乡规划确定的建设用地,按照乡村规划可以分为住宅用地、工商业工地、公共设施和公益事业用地,集体经济组织对集体建设用地的管理使用应当遵守乡村规划。对于工商业用地使用权,即经营性建设用地使用权,集体成员可以通过成员大会,决定经营模式:既可以由集体经济组织直接经营管理,也可以出租或出让,所获收益按股份向集体成员分配;经营性建设用地使用权人可以自由转让、抵押土地使用权,其继承人可以继承土地使用权。对于住宅用地使用权,即宅基地使用权,集体成员也可以通过成员大会,决定分配方式或经营模式:宅基地使用权可以全部向集体成员分配,[20]也可以将部分宅基地使用权用于出让、出租,引入外部资本进行房地产开发,所获收益按股份向集体成员分配。对于现有的宅基地使用权和房屋所有权归属秩序,原则上应该一体承认,宅基地使用权和住房所有权可以继承、转让、抵押。在规划改变的情况下,经营性建设用地和宅基地可以互相转化。

按照上面的改革方案,《土地管理法》和《物权法》需要进行相应的调整修改,主要包括以下几个方面:(1)删除《土地管理法》第63条,修改《土地管理法》第43条,单位和个人进行建设,需要使用土地的,可以使用国有土地,也可以使用集体土地;集体所有的建设用地的使用权,可以出让、转让或出租。(2)鉴于宅基地使用权属于民事权利,应该删除《土地管理法》第62条,重新在《物权法》中对宅基地的取得、行使、转让、继承做出规定;取消"一户一宅""宅基地面积标准"以及关于宅基地使用权分配的具体规定,相关事项交由集体经济组织成员大会决定。(3)集体经营性建设用地使用权取得、行使、转让、继承等事项,可以参

---

〔20〕 从笔者了解到的一些情况来看,部分农村地区的宅基地早就已经全部分配完毕,并无空余宅基地可供继续分配。在这种情况下,村民已经自发地进行集约化利用,如在宅基地上营建多层建筑,子女单独立户后,采用建筑物区分所有的形式解决居住问题。

照《物权法》关于建设用地使用权的相关规定。

第四，除法律另有规定外，政府对集体土地的权力限于土地用途管制、城乡规划以及严格以公共利益需要为前提条件的征收、征用。政府制定土地利用总体规划、城乡规划，应当保持中立，不能对集体土地制定歧视性的规划标准。规划变更对集体土地权利人造成信赖利益损害，应当进行补偿。我国应该尽快制定关于土地整理复垦的正式法律法规，通过“增减挂钩”项目或“地票交易”实现农村集体建设用地复垦，应该由土地权利人决定，并由土地权利人享有相关收益。对于集体土地征收，应该修改《土地管理法》第47条和《物权法》第42条，严格以公共利益需要为前提条件，将补偿标准确定为市场价值补偿，即按照现有城乡规划确定的土地用途，该土地使用权出让所具有的市场价值。

第五，考虑到我国目前的实际情况，在现阶段可以对部分财产权利的转让设定限制条件。由于我国尚未完全建立起城乡一体的社会保障体系，基于集体成员身份获得的土地承包经营权和宅基地使用权在我国部分地区尚具有相当重要的社会保障作用，因此对于土地承包经营权和住房财产权（包括房屋所有权和宅基地使用权）的转让、入股、抵押，现阶段可以考虑将审批权限授予村委会或乡镇政府：在承包农户有稳定的经济收入时，可以同意其将土地承包经营权转让、入股、抵押；在农户具有其他住宅时，可以同意其将住房财产权转让、入股、抵押。在城乡一体的社会保障完善后，可以取消上述审批；在部分二、三产业发达或住房保障较为完善的经济发达地区，可以考虑先取消上述审批。对基于集体成员身份获得的股权，在全部集体资产折股分配后，应当按照“增人不增股”的方向发展，将其转变为财产权利，去除社会保障属性；同样，在社会保障尚未完善的情况下，可以对股权的转让、入股、质押设定限制，将审批权限授予村委会或乡镇政府；在集体经济组织股份化改造刚开始实施的时期，考虑到各项制度尚不健全，应当将股权转让限于集体经济组织内部，防止集体资产迅速被外部资本控制，待制度运行成熟后，再取消股权转让限制。

（三）当前工作的具体做法

在前述整体改革思路和制度建议的引导下，结合我国目前的实际情况，当前农村集体产权制度改革工作的重点应该放在清资核产与成员资格确定两方面，力争在第二轮土地承包结束前建立城乡统一的社会保障体系和符合市场经济要求的集体产权法律制度。

第一，在全国范围内推行集体资产的清资核产，包括集体所有的土地等资源性资产、资金或其他资产。对于集体所有的土地，从目前的情况来看，全国范围内的集体土地所有权登记颁证已经基本完成，未来五年将逐步完成土地承包经营权、集体建设用地使用权、宅基地使用权的登记颁证。对于这三种土地用益物权的登记，应该以尊重现状为原则，承认现有的财产归属秩序。目前，在土地承包经营权登记颁证工作中，应该灵活理解“土地承包关系长久不变”的含义，具体判断农民所拥有的，是物权形态的土地承包经营权，还是股权：对于由农户分散经营的，应当“确权到地到户”，明确农户所拥有的土地承包经营权的四至；对于实施统一经营，但农户仍然保留土地承包经营权的，也应当“确权到地到户”，确定土地承包经营权的四至；对于农户以土地承包经营权作为出资形式入股设立土地股份合作社或投资其他农业经营主体的，应该将土地承包经营权确定给土地股份合作社或该农业经营主体，农户享有相应的股权；对于将农用地交回集体经济组织统一经营，农民只按股份分享土地经营收益的，不再确定农户的土地承包经营权，农户享有的是股权。[21]

第二，开展调研活动，明确成员资格界定与股权分配的原则和程序，具体标准或特殊问题可交由各集体经济组织自行确定。对于成员资格界定与股权分配问题，各地具体做法差异较大，主要是因两种相冲突的价值目标所导致的：一种以社会保障为着眼点，以“户籍在本村”或以“集体资产作为生活保障”作为界定成员资格和股份分配的基本标

---

〔21〕 在珠三角地区，集体经济组织股份化改造已经超过二十年，集体土地的面积、用途都发生了巨大变化，重新将土地承包经营权确权到户到地难以实现。

准,成员资格或股份将随着人口出生、死亡、迁移而发生变动;另一种以财产分配为着眼点,综合考虑户籍、农龄、历史贡献等因素,不仅户籍人员拥有成员资格及股权,部分迁出人员也可以按农龄获得相应的股权,股权一旦分配确定,即实行"增人不增股",成员死亡后,股权可以由继承人继承。[22] 从目前全国的情况来看,第一种做法在全国大多数地区实行,第二种做法仅在经济较发达的北京、上海、江浙地区以及城乡统筹一体化试点的重庆地区实行,但从长远来看,由国家提供城乡一体的社会保障,剥离集体资产的社会保障属性是发展趋势。成员资格界定与股权分配是农村集体经济组织法人化和股份化改造的关键,当前工作重点应该是加强对先行地区经验的调查总结,提出成员资格界定与股权分配的原则和程序,为集体经济组织立法做准备。

第三,以第二轮土地承包结束为农村集体产权制度改革基本完成的时点,成功建立符合市场经济要求的集体产权法律制度。第二轮土地承包始于1997年前后,承包期限为30年,2018年距离二轮承包期届满还有8年时间。从目前的城乡一体化改革步骤来看,在2027年前应该能够建立城乡统一的社会保障制度,届时集体资产的社会保障属性即无存在必要。在这一条件下,集体经济组织可以完全实施"增人不增股,减人不减股"的股权固化措施,对集体经济组织股权、土地承包经营权、农民住房财产权(包括宅基地使用权和住房所有权)的转让限制也可以完全取消。相应地,在此之前,关于集体经济组织、土地股份合作社的立法应该完成,《物权法》《农村土地承包法》《土地管理法》《农民专业合作社法》等涉农法律也应该完成修改。

(责任编辑:黄泽萱)

---

〔22〕 李奎华:《按"农龄"共享集体资产收益分配——嘉定区六里村产权改制探新路》,载《上海农村经济》2011年第12期;王晓霞:《试论上海农村集体经济组织成员资格界定与农龄统计》,载《上海农村经济》2013年第7期;《积极探索,先行先试——重庆九龙坡区"农龄折股、固化股权"模式　推进农村集体资产量化确权改革取得实效》,载《南方农业》2015年第25期。

PART 3

学 术 专 论

Academic Monograph

pp. 137 −262

论标准化体系构建在基本医疗卫生服务地方立法中的作用

——以广东省为例*

胡汝为　张一愚**

目　次

---

* [基金项目]本文为广东省深化医药卫生体制改革领导小组办公室医改重点决策咨询研究项目《广东省县域基本医疗卫生服务标准化循证研究》成果之一。

** [作者简介]胡汝为,法学硕士,管理学博士,中山大学公共卫生学院副教授;张一愚,法律硕士,广东省卫生和计划生育委员会科教处处长。

七、基本医疗卫生服务地方立法的发展路径

摘要：党的十八届四中全会《决定》提出建设中国特色社会主义法治体系，形成完备的法律规范体系，实现科学立法、严格执法、公正司法、全民守法，促进国家治理体系和治理能力现代化。伴随疾病谱变化和人口老龄化的社会问题，整合基本医疗卫生服务体系，促进就医公平，已成为国家治理能力在医疗卫生领域现代化的重要体现。在这样的法治背景下，政府要达到依法提供和保障人人享有基本医疗卫生服务的目标，需要大力推进标准化体系建设。《深圳经济特区医疗条例》于2017年1月1日起施行。该条例是全国首部地方性医疗基本法规，是以立法推进改革，立法与改革主动衔接的典型。本文通过对广东省基本医疗卫生服务投入—过程—产出的现状和监管制度的实证分析，揭示省内不同地区社会经济发展不平衡和医疗资源分配不均与没有构建以标准化体系为核心的地方立法有关，提出基本医疗卫生服务地方立法的发展路径。

关键词：标准化；地方立法；基本医疗卫生服务

一、当前广东省基本医疗卫生服务地方立法的现状与问题

“没有全民健康，就没有全面小康。”习近平总书记在全国卫生与健康大会上发表重要讲话，强调要把人民健康放在优先发展的战略地位，加快推进健康中国建设，努力全方位、全周期保障人民健康，为实现“两个一百年”奋斗目标、实现中华民族伟大复兴的中国梦打下坚实健康基础。但从20世纪80年代开始，中国的医疗卫生体系遭受了巨大挑战，本应在基层医疗机构中（社区卫生服务中心/乡镇卫生院）由全科医生提供对慢性病、常见病的预防、治疗、康复等服务，却在综合医疗机构中的不同科室中获得，使得患者的自主择医和社区首诊这两者间的矛盾愈益加深。加之社会办医质量监管缺位事件的曝光和“伤医”事件多发，都亟待学界对“医改”进行反思。从部门行政法的角度来看，反思的核心是政府职能部门监管标准不一，执法体制混乱、低效且僵化的问题。因应于科学发展、

以人为本执政理念之深化以及整个医疗卫生体系之变革，地方卫生行政部门已难以按照传统的模式来实现社会治理和提供公共服务。

二、基本医疗卫生服务概念的界定

中国各省市都面临着人口老龄化和重大慢性病的巨大挑战，这是个人、家庭、社会、政府都无法回避的现实问题，且未来将更加严峻。2009 年国家启动深化医药卫生体制改革，提出将基本医疗卫生制度作为公共产品向全民提供到 2020 年实现人人享有基本医疗卫生服务的目标。但是对于“什么是基本医疗卫生服务”，国家立法的顶层设计仍处于讨论和部门起草的阶段。作为省级地方政府，要建立适合本省实际的基本医疗卫生服务体系，同样需要回答这个问题。包括基本医疗卫生服务的性质和范围。前者关系到基本医疗卫生服务的主体，后者关系提供基本医疗卫生服务的技术能力。[1] 世界卫生组织（WHO）1978 年提出初级卫生保健的概念。其定义为：依靠切实可行，学术上可靠而又为社会所接受的方法和技术，通过社区的个人和家庭的积极参与普遍能享受的，并本着自力更生及自主精神，使其在发展的各个阶段的社区和国家能够负担得起并覆盖所有人的一种基本的卫生保健。实施初级卫生保健是实现“2000 年人人享有卫生保健”目标的基本途径和基本策略。[2]

---

〔1〕 汪建荣：《让人人享有基本医疗卫生服务——我国基本医疗卫生立法研究》，法律出版社 2014 年版，第 6 页。

〔2〕 The World Health Organization（WHO）defines primary care as follows：“Essential health care based on practical, scientifically sound, and socially acceptable methods and technology made universally accessible to individuals and families in the community by means acceptable to them and at a cost that the community and the country can afford to maintain at every stage of their development in a spirit of self-reliance and self-determination. It forms an integral part of both the country's health system of which it is the central function and the main focus of the overall social and economic development of the community. It is the first level of contact of individuals, the family, and the community with the national health system, bringing healthcare as clos e as possible to where people live and work and constitutes the first element of a continuing healthcare process（WHO 1978）.”In the WHO definition of primary care, three functions are particularly noteworthy for an understanding of primary care：point of entry, coordination of care, and essential care（WHO 1978, 2008）.

2007年,我国学者将“初级卫生保健”更为名“基本医疗卫生保健”,并指出这是与中国现阶段经济、社会的发展水平相适应,投入低、效果好的医疗卫生服务。在现行公共财政政策下,基本医疗服务可以按服务场所来界定:一是由基层医疗卫生机构对常见病、多发病和诊断明确的慢性病等患者提供的医疗服务;二是对一些复杂性疾病或疑难性疾病患者,经过基层医疗卫生机构转诊到医疗服务中心进行检查和治疗所享受的医疗服务。

三、从规范性文件到地方性法规的发展

2009年中共中央、国务院《关于深化医药卫生体制改革的意见》明确提出,“加快推进基本医疗卫生立法,明确政府、社会和居民在促进健康方面的权利和义务,保障人人享有基本医疗卫生服务”。2011年国务院《关于建立全科医生制度的指导意见》(国发〔2011〕23号)指出建立全科医生制度是促进医疗卫生服务模式转变的重要举措。建立分级诊疗模式,实行全科医生签约服务,将医疗卫生服务责任落实到医生个人,是我国医疗卫生服务的发展方向,也是许多国家的通行做法和成功经验。形成基层医疗卫生机构与城市医院合理分工的诊疗模式,有利于为群众提供连续协调、方便可及的基本医疗卫生服务,缓解群众“看病难、看病贵”的状况。2015年《全国医疗卫生服务体系规划纲要(2015—2020年)》(国办发〔2015〕14号)进一步提出,要积极推动制定基本医疗卫生法,以及基本医保、基本药物制度、全科医生制度、公立医院管理等方面的法律法规。广东省于2007年发布的《广东省农村卫生服务体系建设与发展规划》(粤卫〔2007〕28号)以及《关于城市社区卫生服务中心规范化建设的通知》中对基层医疗机构的服务内容和方式提出了指导性意见。国家在2009年首次提出“社区首诊,双向转诊”制度,其中提到的服务是面对病人、家庭和社区,全面开展预防、医疗、保健、康复、健康教育、计划生育技术指导“六位一体”的综合性、连续性的基层卫生服务模式,但到目前尚在探索以立法建立有效的以全科医生

首诊和分级诊疗机制为支撑的基本医疗服务体系。

在人力资源方面,《广东省城市社区卫生服务机构编制标准》(粤机编办〔2011〕37号)明确指出社区卫生服务中心人员编制按每万服务人口(常住人口)配备8人。其中每万服务人口配备全科医师2~3人,公共卫生医师1~2人,护士与全科医师比例按1∶1的标准配备。《广东省2004—2010年全科医学教育发展规划》、《广东省全科医学教育培训管理暂行办法》(粤卫〔2004〕193号)、《做好2012年全科医生转岗培训有关工作的通知》(粤卫办函〔2012〕107号)、《做好2013年全科医生转岗培训有关工作的通知》(粤卫办函〔2013〕50号)、《广东省卫生计生委关于印发广东省全科医生培训和全科医师转岗培训项目实施方案的通知》(粤卫〔2017〕33号)四份文件明确指出对全科医生的培训要求以及对培训的财政支持。在医疗卫生人才方面,省政府加强了基本医疗卫生人才培养,包括通过全科医生转岗培训和岗位培训对大批已在基层工作的医生进行轮训;增加全科医生临床培养基地建设的投入;鼓励吸引医学生毕业到基层等。2017年底广东省已培训和注册全科医生2.37万名,每万人口有全科医生2.12名(其中经济欠发达地区为1.77名)。与国家要求到2020年达到城乡居民每万人口3名合格的全科医生的目标相差0.88人,即到2020年前,全省应通过各种方式培训培养(引进)全科医生9846名,其中欠发达地区7256名。此部分规范性文件对基本医疗卫生服务造成的变化是基层人才基本都获得全科医生培训合格证书,在资格上得到标准化的认可,同时基层医疗卫生机构医生的绝对数有所增加。

在硬件设施方面,《关于城市社区卫生服务中心规范化建设的通知》(粤卫〔2007〕205号)、《广东省农村卫生服务体系建设与发展规划》(粤卫〔2007〕28号)两份文件对机构的建设标准作了具体要求,并设立专项经费支持。省政府规定按照街道办事处所辖范围或按照3万~10万人规划新建或改造1所社区卫生服务中心。此部分规范性文件带来的明显变化是,基层医疗卫生机构硬件设施设置标准有所提升,体现了一个从量变到质变的过程。

在药物方面,《广东省国家基本药物制度近期实施方案(2009－2011年)》(粤卫〔2012〕32号)以“保障群众基本用药,减轻医药费用负担”作为目标,制定了基本药物目录。建立基本药物制度,包括城乡基层医疗卫生机构全部配备使用基本药物;综合医院按规定比例配备使用基本药物等。此部分规范性文件对基本医疗卫生服务造成的改变是基层医疗卫生机构保证了基本药物的配备。

在制度建设方面,《广东省人民政府关于建立全科医生制度的实施意见》(粤府〔2012〕47号)对全科医生制度做了系列安排,正逐步落实建立首诊和双向转诊制度。《关于印发广东省城乡家庭医生式服务试点工作实施方案(2014－2016年)的通知》(粤卫办〔2014〕24号)对基层首诊和双向转诊做了详细规定,并在全省开展试点工作。建立城乡统筹的医疗保障体系,扩大基本医疗保险覆盖面,提高报销比例,让农村的居民得到更多的优惠,缩小城乡差异。在医生层面,制定了基层医务人员待遇标准,稳定发展基层医疗服务队伍力量。

《深圳经济特区医疗条例》于2016年8月25日通过,于2017年1月1日起施行。该条例是全国首部地方性医疗卫生基本法规,是深圳利用特区立法优势,对现行法律法规中不适应当前医疗卫生事业发展需要的内容进行变通、创新和完善,同时对深圳医药卫生体制改革的重要举措予以固化,使之于法有据,并发挥立法的引领作用,为医改提供法律保障和支持。这亦是以立法推进改革,立法与改革主动衔接的典型。该条例对深圳的医疗资源配置与保障、医疗机构登记、医疗执业管理、医疗秩序与纠纷处理、医疗监督管理以及行业自律管理等方面作了全面、系统地规范。

四、广东省基本医疗卫生服务的现状与问题

课题组对广东省基本医疗卫生服务的现状进行了定量调查,并进行了相应的实证分析。

1. 抽样方法。调查分别对广东省的基层医疗卫生机构、医务工作人员(包括全科医生及非全科医生)、基本医疗卫生服务质量三部分进行抽样调查,三部分在城市层次的抽样方法相同,采用分层随机抽样的方法,首先根据人均 GDP 将广东省 21 个市分为两层:经济发达地区(GDP≥1 万美元)、经济欠发达地区(GDP<1 万美元),在每个层内分别随机抽取两个城市,得到经济发达地区:广州市、深圳市;经济欠发达地区:清远市、肇庆市;共四个城市,最后每个城市按照城乡性质分为城市地区与农村地区两层。研究中将二、三级综合医院及县医院作为非基层医疗单位,社区卫生服务中心/站、乡镇卫生院作为基层医疗单位。在每个城市分别按照城乡等比例、基层医疗单位与非基层医疗单位等比例、医务工作人员与患者为 1∶2 抽取调查对象。根据医生为 400 的样本量,最后一共调查 61 家机构,包括 41 家社区卫生服务中心/站、乡镇卫生院,20 家综合医院,一共收集 401 份有效的医生问卷和 864 份有效的患者问卷。

2. 调查问卷。问卷分为三套,包括《广东省全科医生及其服务现状调查(机构问卷部分)》《基本医疗服务评估工具(Primary Care Assessment Tools,PCAT)医生版》《基本医疗服务评估工具 PCAT 患者版》。其中,基本医疗评估工具由美国约翰·霍普金斯大学基本医疗政策研究中心开发,用以测量基本医疗服务模式实施的绩效和质量。调查采用 PCAT 的简版,并组织专家进行了汉化,其中包括 7 个维度,共 40 条目,采用李克特式量表评分,分数越高,表明患者所感受到的基本医疗服务质量越高。调查问卷同时包括了其他相关因素的问题条目:社会人口特征(性别、年龄、教育水平、职业、家庭人均月收入),健康状况,医疗保险等;医生问卷还包括工作条件、培训机会、社会认可度及职业满意度等。

3. 统计方法。数据的统计学分析采用 SPSS 软件进行。通过计算均数、标准差、中位数、四分位数间距、频数、频率等描述定量、定性指标。不同经济分层、不同机构分类、医生和病人之间的机构门诊服务量、医生基本情况、医生工作情况、医生培训教育情况、医生待遇晋级情况、机构/医生服务质量、病人的服务需求等通过方差分析、卡方检验、秩和检验组间进行比较。最后采用多重线性回归或 Logistic 回归分析影响医生就业取向和病人就诊取向、影响不同机构之间卫生服务质量、影响患者满意度等的因素。

4. 对投入—过程—产出的基本医疗卫生服务体系的分析。我们使用卫生系统基本流程图对整个基本医疗卫生服务涉及的各方面进行评价分析,如图 1 所示。

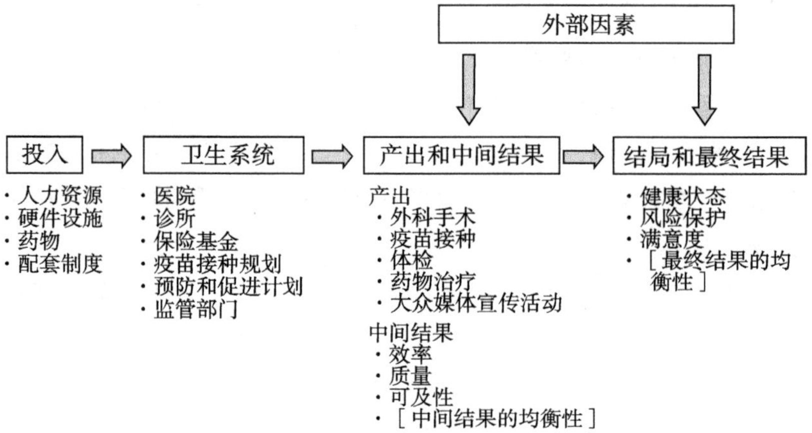

图 1　卫生系统基本流程〔3〕

注:WHO 为中国当前医药卫生体制改革设计了一个监测和评价框架。

(1)投入的变量分析

根据调查结果,基层医疗卫生机构(社区卫生服务中心或卫生院)中实施首诊制度的比例为 89.19%,实施双向转诊制度的比例为 79.49%,而在实施效果的调查中发现,每千服务人口上转病人人次数仅为 6.42,上级机构下转病人人次数则更少,为 1.44。这从一个角

〔3〕 参见胡善联:《国际组织对我国医药卫生体制改革监测与评价框架的建议》,载《中国卫生政策研究》2010 年第 3 期。

度反映了当前的基本医疗卫生服务存在体制、机制、结构性问题，具体而言，病人上转容易下转难；全科医生数量严重不足；基层医疗卫生机构服务质量低；政府对首诊和双向转诊制度的政策引导和支持不够；缺乏统一的标准和操作规范；信息系统建设滞后，信息共享存在障碍；患者就医观念存在误区等。

（2）过程的变量分析

根据调查结果，选择在基层医院就诊的人群多为年龄段偏高、户籍人口、非未婚、学历较低、收入偏低、健康状况较差及已退休的人群。而总体的基本医疗服务质量水平各维度的得分排序是：可获得服务 > 专业文化能力 > 信息协调 > 以家庭为中心 > 首诊利用率 > 可提供服务 > 就医协调 > 可持续性服务 > 以社区为导向，每个维度的均数满分是5分，可以看出以社区为导向维度的得分偏低，而这一维度正好是基层医疗机构可以借助深入社区基层的优势而提高的。全科医生提供的基本医疗服务质量评价总分和各个维度分数都高于非全科医生，且在首诊可及性、持续性服务、可获得的服务、可提供的服务、以社区为导向、专业文化能力各维度和PCAT总分的差异均有统计学意义。

（3）产出的变量分析

解决当前基本医疗卫生服务中存在的问题，关键在于能否充分地发挥基层医疗卫生机构的功能，以城乡社区为基点，通过建立标准化的服务提供模块，形成综合协调的基本医疗服务体系。将常见病、多发病和诊断明确的慢性病患者留在高质量的基本医疗服务体系中，就目前情况看，社区医疗机构仅仅承担20% ~30%的患者，而大部分患者在高级别的医疗机构中就诊，使资源利用率低、医疗费用上涨等问题加剧。[4] 一个标准化的医疗卫生服务体系有助于说服患者改变这样一种

〔4〕 参见梁鸿、朱莹、赵德余：《我国现行基本医疗服务界定的弊端及其重新界定的方法与政策》，载《中国卫生经济》2005年第12期；宋奎勐、张耀光、孔鹏等：《城乡基层医疗卫生机构基本医疗服务功能开展现状分析》，载《中国卫生信息管理杂志》2012年第1期。

观念，那就是，大医院提供的医疗服务比小医院或基层医疗卫生机构的更好。在某种程度上这是对的，因为小医院和基层医疗卫生机构里的全科医生得到的培训更少，而在大型综合医院中提供基本医疗服务的专科医生往往具有更好的技术和更令人信服的受教育背景。位于广东深圳的滨海医院，是深圳市政府与香港大学医学院的创新合作模式，其高薪引入的全科医生，就是想通过医院内的体制和建立社会口碑来改变人们对"全科医生"的传统观念。虽然训练有素的全科医生可以解决大多数的病例，但不使用标准化的系统评价，未融入一个由专业诊所和医院组成的，病人可以根据需要被转诊到更高级别的医疗机构或反向转诊到基层医疗卫生机构的网络体系，无论社会反映还是服务效果，都不可能持续发展并在普通民众中形成牢固的观念。

综上所述，广东省目前基本医疗卫生服务的投入—过程—产出整体运行机制和标准模式尚未建立，政府责任落实—机构资源配置—人群健康公平的三个层次的目标实现和相互关系尚待理顺。强化政府保基本的责任，坚持基本医疗服务公益性是广东省基本医疗地方立法的首要原则。再者，双向转诊、医联体、分级诊疗等在城乡之间的运作差异未厘清，存在差异化规范空间，故基本医疗卫生服务的规范也需要区分城乡两套标准。同时，医保对资源利用行为约束的导向手段单一，成效不显著；家庭式诊疗照护的发展处于两难境地，家庭医生式服务以基本医疗和基本公共卫生服务为主要内容，亟须解决提供同质高效标准化的基本医疗服务的制度保障问题。

五、构建标准化体系与地方立法的逻辑关系

（一）以行政法律关系理论为基础重构政府和市场、原则与技术的法律地位

专家治理专业部门是现有治理的基本假设，但在条块分割和交叉的行政管理体制中未能找到有效地结合点。党的十八届四中全会对完善立法体制提出了"建立健全专门委员会、工作委员会立法专家顾问制

度”的要求。在目前分权—集权—分权的行政执法模式下，从法制定到法执行再到法适用的基本假设的成立与否存疑。国家医改的目标之一是基于基本医疗服务的不均衡和不公平进行重建。标准化作为经济社会科学管理的重要手段，对公共服务体系建设与完善，公共服务质量评价与管理，实现公共服务均等化、质化有不可替代的作用，是矫正公共服务偏差现象的有效工具。其基本原理是建立公共服务的价值理念，质量目标，业务内容，业务流程，行为准则，过程监控，结果评价，持续改建等一整套规范。无论从数量还是质量上来说，广东省的医疗资源配置呈倒三角形，占全省总人口近70%的县域拥有全部医疗资源的30%，而占全省总人口30%的城市却占有全部医疗资源的70%。与发达地区相比，省内欠发达地区的卫生服务面临投入不足、效率低下，卫生人员水平较低、医疗卫生保障缺乏、公共卫生薄弱等问题，城乡之间的卫生服务资源整合问题迫在眉睫。可以说，只有把当地居民看病就医的问题重点放在县域解决，医药卫生改革的目标才能最终实现。

标准化是为在一定的范围内获得最佳秩序，对实际的或潜在的问题制定共同的和重复使用的规则的活动。也是一项制定条款活动，所制定的条款应具备的特点是共同使用和重复使用，条款的内容是现实问题或潜在问题，这些条款将构成规范性文件。也就是说标准化的结果是形成条款，一组相关的条款就形成规范性文件。如果这些规范性文件符合制定标准的程序，经过公认机构发布，就成为标准。基本医疗卫生服务的标准化体系包括总体框架、基础通用标准、服务保障标准、服务提供标准、服务内容标准和服务质量评价标准六个主要模块的条款，相对应于医疗卫生服务体系的投入—过程—产出的全链条管制。将标准化引入基本医疗卫生服务领域，建设服务标准体系，充分发挥标准化的技术支撑作用，形成一系列有序、高效、高质的服务标准，这将对城乡医疗机构服务质量提升起到非常好的推动作用。

（二）基于法律关系的转换，构建“社会共治”立法模式

建立政府主导制定的标准与市场自主制定的标准互为补充、衔接

配套的新型标准体系，要做到大胆的“放”，精准的“管”，多元的“治”，使政府和市场各就各位。我国实行的是统一而又分层次的立法体制，这种体制更要求地方立法内容既与国家现行体系保持一致，又需要体现地方政府的监管部门对市场的现实管制特色和实际需求。现代议会的决策模式与日益复杂的社会经济事务管理之间越来越缺乏相容性，这是议会政治面临的严重挑战。[5] 现代立法中的许多问题涉及专业性、技术性领域，如本文所述的基本医疗卫生领域中的投入—过程—产出全链条的标准的规制，缺少专业技术知识便无法进行立法。而地方人大代表来自各行业，他们的知识结构广泛但不精深，虽可掌握政策方向，但涉及技术性问题仍需要以行业专家制定的标准体系为基础。一方面，如果技术性很强的条款能源于行政部门和专家的行业标准，则可在一定程度上避免外行立法，进而保障所制定的法律得到切实有效的实施。另一方面，尽管立法环境可能无法生成技术，但是却可以就非技术性问题产生确认最佳的政策选项的观点和论据。基于法律关系的转换，构建“社会共治”模式，实现人大—政府—社会的良性循环以及动态的立法—执法—评估体制的改革。随着法律关系的转换，社会共治主体地位随之变化，哪些治理方式和技术工具因此而得以发挥功用须通过严谨的立法过程进行充分的讨论和谨慎判断，需科学界定服务机构、社会组织、行政职能、监管权限、标准程序、各方责任的法定化，建立权力清单制度，并完善负面清单的内容。立法事项的专业化特点使“社会共治”成为公众参与讨论立法过程的理性结果。行政机关直接从事社会的组织和管理，掌握医疗卫生服务体系的问题和法律的实施效果的一手信息，同时拥有丰富行政管理经验和专业技术知识庞杂的行政组织体系，所以在现有的地方立法程序中，管制者提出的草案往往更具有前瞻性、计划性、针对性和效率性，使立法机关在一定程度上可以克服其自身结构和运作方式上的局限；同时，公众通过参与立法过程表达自

[5] 王保民：《现代国家政府立法角色研究》，法律出版社2015年版，第121页。

己的利益诉求,医疗卫生服务的提供方和使用方能够在具有博弈功能的场域中进行咨询、协商和辩论,对提高医疗服务质量,改变人们就医观念有重要的推动作用。

六、地方立法在实践中的双重功能

(一)地方立法为行政权对行业管理提供“依法行政”的基础

立法机关所共有的一般属性决定了立法机关在制定法律和公共政策上的表现。一方面,这些特征是源于议会的宪法定位和价值追求的,因而是议会的传统优势所在。另一方面,随着社会日新月异的发展,立法机关的这些传统优势,从另一个角度看,可能恰恰又是其存在和发展的具现所在。这些特征及其带来的局限使议会难以适应现代社会对立法数量、立法技术、立法失效和灵活性的要求,从而影响了议会在与政府的立法互动中的传统主导地位的保持。[6] 行政权力对行业的标准化监管如果游离于医疗卫生服务之外,则医疗服务体系的运行就会失去秩序,服务质量也无法得到客观的评估和专业化、标准化的提升。但是行政权力属于公权力,权力既需要服务于个人健康权利的保障,同时也可能侵害个人权利;另一方面,公权力的行使必须来源于法律授权,故此,基本医疗卫生服务标准化体系的建立无法离开立法,以立法规范权力、限制权力,同时保障权力的合法行使和执法的顺利。市场并非万能,但政府干预同样也非万能,政府管制只是在法律授权范围内进行,是一种从属性的权力。作为委托人,立法机关对其负有提供合法性依据和监督行政行为依法实施的双重责任。

(二)政府管制措施成为地方立法的主要内容

即使在西方发达国家,与民事、刑事等体系较为完善的部门法相比,行政法仍像一个不断解构与重构,永远都在寻找自我的领域(Ronald. A. Keith,1987)。随着经济全球化、信息化、市场化与民主化

〔6〕 王保民:《现代国家政府立法角色研究》,法律出版社 2015 年版,第 121 页。

等潮流的兴起,欧美各国现代公共行政的快速发展凸显出行政法理论解释力的不足。一方面,法教义学中的概念创设难以满足行政实践中的现实描述,对政治机能更是难以兼容。另一方面,行政活动独特的创造与形成功能,也使法律适用的内涵变得无比丰富与积极,急需科际建构的知识补给。随之而来的是,独立、静态之行政执法观逐渐被全面、动态之行政过程观所取代,即从应用法律的释义学延伸至立法定位的决策活动,把法律视为有用的以及不能放弃的管制手段,并且应该去分析其效力之缺失及改善其效力条件。尤其当正当性(legitimacy)扩张,甚至取代合法性(legality)成为“依法行政”之核心内涵后,以往并不被重视的民主性、可接受性、有效性等元素也被吸收为行政过程的研究议题。在实践方面,英国自1988年以来实行“执行局改革”,旨在让政治任命官员承担政治责任,又让负责执行的行政官员集中精力关注高效政策执行,成为欧洲大陆当代新公共管理改革的成功典范。而以独立管制实践为所长的美国早已在管制机构之必要性上不再争议,自20世纪80年代以降的热点是对“再管制”及具体管制措施的探讨,彼时的“新公共管理运动”为政府再造输入新动能,着眼于行政部门引进绩效管理与市场化、公私部门开展竞争、地方政府与社区获得授权等方向,针对法律规范和实践问题,也将程序问题和实体问题结合考量,将以执法活动为核心的管制实践置于公共政策的形成过程以及行政实效。因为立法机关的非专业性源于其代表性,证明公民有权决定其代表的资格和利用可能超越任何一组专家的认知和眼界的“洞察和敏感”的“集体、非专业性的人”的能力。但也正是这些体现立法机关传统优势的定义性特征,在现代社会条件下,深深地影响和制约着其在促成符合最有标准公共政策的能力。[7] 在此层面上,行政部门以技术标准为主要内容起草地方性法规的草案可以在一定程度上减少这种制约和影响。故此我们认为,当代的地方立法体现国家立法和行政管理法治化的双重功能。

---

〔7〕 王保民:《现代国家政府立法角色研究》,法律出版社2015年版,第188页。

七、基本医疗卫生服务地方立法的发展路径

在现行的法规体系下,可以从部门行政法或各行业技术标准的角度来探讨以地方立法固化行政执法体制及其行政过程问题,构建一种与本省的地方立法、政策制定、市场机制以及管制机构相适应的结构合理、配置科学、程序严密、制约有效的基本医疗服务体系。

(一)明确基本医疗卫生服务与政府对慢性病健康管理的关系

随着社会发展和居民生活水平的提高,人们对基本医疗和卫生保健的要求越来越高,不仅要求有病能治,还追求健康长寿。同时疾病谱正发生根本性变化,慢性病(包括心脑血管疾病、恶性肿瘤、糖尿病、慢性阻塞性肺部疾病、精神异常和精神病)所占比重大幅上升。据 WHO 统计,全世界 60% 的死亡是由慢性病造成的,而在欧洲,这一比重达到 86%。慢性病患者最需要从方便、多种、高效、全面的提供方那里接受长期、系统的治疗,包括早期预防、持续治疗和家庭照顾等。但目前的基本医疗体系难以为患者提供优质的服务,严重影响患者健康。[8] 基本医疗服务是医疗卫生服务中最基础、最核心的部分,应当主要由政府负责,并保障其公益性,这是立法的原则。在立法框架中须专章规范政府落实领导责任、保障责任、管理责任、监督责任,并通过多种方式保障居民基本医疗服务需求。同时在管制的具体层面明确地方政府保障公立医疗机构基本医疗服务的提供,加强基层医疗卫生机构标准化建设,提升基本医疗卫生服务能力等服务功能等。

(二)明确基本医疗卫生服务与人才发展的关系

在基于社区的模型内的专业医务人员,某种程度上可理解为我国目前所称的"全科医生"(General Physicians)。他们更能清楚感知和理

〔8〕 Shi, Leiyu, Lydie A. Lebrun, Li-Mei Hung, Jinsheng Zhu, Tsai, Jenna, "US Primary Care Delivery after the Health Center Growth Initiative: Comparison of Health Centers, Hospital Outpatient Departments, and Physicians' Offices", *Journal of Ambulatory Care Management* 35(1): 2012, pp. 59 – 73.

解影响该社区人群的健康风险因素，这使他们在治疗一种疾病的时候能做出更准确的诊断，找出更广泛的导致健康不佳的原因。[9] 引入“全科医生服务标准化”进入立法草案，可以识别当前基本医疗服务中的不足，从而可以在教育和持续培训方面，解决全科医生供应不足等问题并进行同质化的改进。作为在一个综合协调的基本医疗服务体系中的首诊方，可以随着时间的积累，提供连续的服务，减少不必要的程序，在长期的照顾和治疗中提升成功治疗和管理的水平。国际上全科医生（家庭医生）制度的建立与发展已有百余年历史，在欧美等发达国家建立了包括医学本科教育、毕业后教育和继续教育三阶段在内的全科医学教育体系，这些国家的全科医生队伍人数占全部医生总数的30% ~60%，他们活跃在家庭和社区，承担着80%以上的基本医疗和保健工作。世界各国的医疗实践证明，发展全科医学是现代医学发展的必然趋势。以全科医生为骨干的基层卫生服务是低成本、高效率的医疗服务体系的基石。全科医生的产生和发展，是为了提供基本、全面的社区及家庭照顾，成为居民健康的“守门人”，故其在治疗的持续性、服务内容的综合性、就医协调、以社区和家庭为中心以及以人为本等方面进行标准化建设是立法草案中服务能力规范的核心内容。

（三）明确分级诊疗为基本医疗卫生服务的制度支撑

推进分级诊疗是2016年全国卫生与健康大会提出的主要任务之一，是国家和广东省完善医疗卫生服务体系和深化医改的重要内容。分级诊疗制度建设，是满足人民群众看病就医需求的治本之策，也是一条重要国际经验。在地方立法草案中应明确要求市、区政府对基层医

---

〔9〕 Hung L M, Shi L, Wang H, et al., “Chinese primary care providers and motivating factors on performance”, Fam Pract 30(5) 2013, pp. 576 – 586; Shi L, Hung L M, Song K, et al., “Chinese primary care physicians and work attitudes”, *Int J Health Serv*, 43(1) 2013, pp. 167 – 181; Shi L, Lebrun-Harris L A, Daly C A, et al., “Reducing disparities in access to primary care and patient satisfaction with care: the role of health center”, J *Health Care Poor Underserved*, 24(1) 2013, pp. 56 – 66.

疗机构的标准化建设，并固化家庭医生签约服务制度，引导医疗卫生工作重心下移、资源下沉，建立健康“守门人”制度，构建“基层首诊、双向转诊、急慢分治、上下联动”的分级诊疗模式。

（四）以健康公平作为评价基本医疗卫生立法的最终价值

居民享受基本医疗服务的水平应是公平的。无论何时何地，无论其身份和地位，无论其户籍在农村还是城市，都能享受到同等的医疗服务，这就是“标准”的实质性政策含义。然而，不同的监管环境会导致基本医疗服务质量的不同。[10] 一个更好的基本医疗服务也与更公平地在不同人群中分配医疗资源紧密相关。美国医疗服务差异年度报告显示，公平的基本医疗服务能消除“与预防性服务和常见的慢性疾病管理有关的典型的由基本医疗机构提供的”质量差距。[11] 基本医疗服务的提供者提供了比例失衡的非固定性的治疗给弱势群体。更多地获取基本医疗服务，与降低死亡率，得到更好的健康状况和降低医疗成本都具有显著的关联。[12] 所以，标准化有助于帮助决策者增强基本医疗服务的公平性，使之可以同质地惠及来自不同社会阶层，不同经济发展水平地区和不同收入水平的患者，从而实现基本医疗卫生立法的最终价值目标。

（五）以地方立法保障法律适用过程中“权力清单”的科学性

2015 年中共中央、国务院推动了各级政府工作部门权力清单制度值得肯定。从法理上说，公权力的权力清单乃自我约束的有效机制，坚持“越权无效”原则，旨在杜绝多头管理和监管空白并存的问题。但是与之相对应的是，我国目前的部门组织法长期未受重视，实践中的某个部门职权大多通过政府发布“三定方案”等非法定程序来确定，由此产

〔10〕 Marmot M.，“Social determinants of health inequalities”，*Lancet*，365（9464）2005，pp. 1099 – 1104.

〔11〕 S. Siegel E M A H. Assessing the nation's progress toward elimination of disparities in health care：the national healthcare disparities report. 2004：19，195 – 200.

〔12〕 Campbell R J，Ramirez A M，Perez K，et al.，“Cervical cancer rates and the supply of primary care physicians in Florida”，*Fam Med*，35（1）2003，pp. 60 – 64.

生管制工具和范围的合法性问题。地方立法一方面应为专业监管部门提供规范解释力与具体制度上科学性的保障;另一方面,也是为省级部门行政执法的组织重构、程序设计、行政实效保障等属于“权力清单”范畴的事项提供合法性的保障。

(责任编辑:庄瑞银)

专利法强制许可相关规定的修改与完善

——基于药品专利的探讨

陈学宇*

目　次

---

* ［作者简介］陈学宇，厦门大学知识产权研究院2015级博士研究生。

摘要:从强制许可的国际实践经验来看,药品专利一直是实施强制许可的主要对象。我国现行《专利法》上,不仅药品专利实施强制许可的一般规定在“公共利益目的”概念表述、使用费用、时间期限等方面存在不足,而且出口强制许可的特殊规定也存在规定过于简单、缺乏进口规则和出口范围受限等问题,同时也缺乏从融合的视角来看待药品专利实施强制许可所需的其他制度支持。在《专利法》第四次修订过程中,应当从一般规定、特殊规定和融合视角三个方面出发,寻找相应问题的解决路径,进一步完善专利法强制许可相关规定,以期早日发挥专利强制许可制度的应有功能。

关键词:强制许可;药品专利;一般规定;特殊规定;融合视角

引言

专利强制许可制度是平衡专利权人利益和公共利益的一种重要手段,是《与贸易有关的知识产权协定》(Agreement on Trade-Related Aspects of Intellectual Property Rights,以下简称《TRIPS 协定》)框架下世界各国专利法律制度的重要组成部分。如何使专利法典中的强制许可规定真正发挥其抑制药品价格虚高和改善药品可及的作用,一直是知识产权界十分重视的课题。从 21 世纪以来的印度、泰国、巴西、加拿大等国家的专利强制许可实践经验来看,药品专利一直是实施强制许可的主要对象。回顾我国专利法的立法实践,为了保障强制许可制度的有效实施,1992 年、2000 年以及 2008 年专利法修改时,强制许可部分均是修改的重要内容。近几年,随着陆勇案、魏则西案等案件的相继发生,药品专利对我国药品可及性的不利影响问题得到各方日益广泛的关切和深入的探讨,启动药品专利强制许可的呼声日益高涨。然而,从 2015 年 12 月 2 日国务院法制办公布的《专利法修订草案(送审稿)》(以下简称《送审稿》)来看,此次《专利法》修订却并未考虑对强制许可相关规定的进行修改和完善问题。

实际上,2008 年《专利法》第三次修改后,我国也曾出现了一例类似强制许可的尝试(即白云山版"达菲"案件),但该尝试最终仍未成功。[1] 我国未能顺利实施专利强制许可制度的原因是复杂的,但从学界的研究情况来看,专利法层面仍不完善也是重要原因。刘立春、朱雪忠的研究指出,现行《专利法》等法律中缺乏与药品相关的公共健康的定义导致可操作性差,不利于药品专利强制许可制度的有效使用。[2] 张晓敏研究指出,实施条件苛刻、程序繁琐仍是导致我国至今尚未实施过药品专利权的强制许可的重要原因。[3] 俞铖航、田侃等认为,《专利法》和《专利实施强制许可办法》的立法层次问题导致司法和执法操作的困难,且我国对强制许可的实施持谨慎态度等,均是导致我国至今零强制许可执行的现状的原因。[4] 郝敏更是直接指出了目前的专利强制许可规定仍未充分考虑到中国国情,很大程度上是对《TRIPS 协定》规定的复制,甚至高于《TRIPS 协定》规定的实施条件。[5] 总之,为使强制许可制度早日成为"活的法律",我国《专利法》上的强制许可相关规定仍有进一步研究和完善的空间。

从药品专利的视角完善现行《专利法》和《送审稿》中实施专利强制许可的制度供给,可以为后续的《专利实施强制许可办法》修订建立

---

〔1〕 2009 年 11 月 16 日,广州白云山制药总厂公告称其已向国家药监部门提交了"提前受理我厂仿制磷酸奥司他韦原料及胶囊的注册申请"的报告,希望启动绿色通道,提前批准生物等效性试验。此举被认为我国实施强制许可的重要尝试。参见袁泉、邵蓉:《从白云山版"达菲"事件看我国药品专利强制许可制度》,载《中国新药杂志》2010 年第 16 期,第 1393 ~ 1395 页。但截至 2016 年 8 月 7 日,国家食品药品监督管理总局官网"数据查询"模块"公众查询"页面(网址:http://app2. sfda. gov. cn/datasearchp/gzcxSearch. do? formRender = cx)中,以"磷酸奥司他韦"为关键词在"药品"搜索引擎中搜索,仍未能查到广州白云山制药总厂"磷酸奥司他韦"产品。

〔2〕 参见刘立春、朱雪忠:《与药品专利强制许可相关的"公共健康"含义》,载《中国卫生经济》2015 年第 2 期。

〔3〕 参见张晓敏:《公众健康权与药品专利权:利益冲突及其政策选择》,载《财经科学》2011 年第 8 期。

〔4〕 参见俞铖航、田侃、喻小勇:《印度药品专利强制许可制度分析及对中国的启迪》,载《中国新药杂志》2016 年第 3 期。

〔5〕 参见郝敏:《药品专利强制许可制度在发展中国家的应用——从"抗癌药代购第一人"陆勇事件谈起》,载《知识产权》2015 年第 8 期。

坚实的法律基础,同时更利于我国药品专利强制许可制度的实施,对于专利制度功能的全面发挥以及改善我国药品可及性都有着重要价值。

一、药品专利强制许可一般规定存在的问题及解决路径

(一)药品专利强制许可一般规定存在的问题

1. 第49条“公共利益目的”概念的条文表述过于模糊。我国现行《专利法》第49条明确规定了“公共利益目的”是国务院专利行政部门实施强制许可的事由之一,应对的情况包括防治环境污染目的等。[6](第50条规定的是药品出口强制许可的特殊情形,是对“公共利益目的”的进一步缩限,仅允许“公共利益目的”在公共卫生领域的具体诉求——“公共健康目的”——情形下的实施。)但是因为“公共利益目的”概念本身具有模糊性,需要二次论证。当面对艾滋病等传染病时,我国尚可勉强援引《多哈宣言》自圆其说;[7]但面对癌症等非传染性疾病引发的药品可及性问题时,第49条和第50条便无法为强制许可的具体实施提供直接而充分的法律依据。

2. 第57条和第58条使用费用的裁判程序烦琐,计算标准缺失。强制许可条件下,被许可人仍应当向专利权人支付相应的使用费作为补偿,这是强制许可制度的基本要求。为解决使用费的相关争议,现行《专利法》第57条和第58条专门就强制许可使用费的协商、裁决和司法审查问题进行了规定。然而,现行《专利法》对专利使用费的规定仍存在两方面的问题,不利于实施。一方面,从程序上看,我国《专利法》第57条规定,国家知识产权局对强制许可使用费的审查设有前置程序,即要求被许可人在获得强制许可后仍必须与专利权人就使用费数额问题再行协商,协

[6] 全国人大常委会法制工作委员会经济法室编著:《〈中华人民共和国专利法〉释解及实用指南》,中国民主法制出版社2012年版,第118页。

[7] 《多哈宣言》第5条第C项便已明确列举了“艾滋病、结核病、疟疾以及其他传染病”这些疾病范围,如果各国为应对这些疾病引发的公共危机颁发强制许可,当然是符合“公共利益目的”和“公共健康目的”。

商不成才能申请国家知识产权局裁定,无端增加了被许可人实施强制许可的时间成本。另一方面,从实体上看,我国《专利法》和《专利强制许可实施办法》均未对强制许可使用费计算的标准作出明确规定,国家知识产权局和法院难以把握具体的判断标准,当事人也难以形成合理预期。

3. 第55条第2款强制许可时间期限只能提前结束而不能延长。时间期限也是我国国家知识产权局颁发强制许可时应确定的重要事项。现行《专利法》第55条第2款对强制许可的时间期限进行了规定,即强制许可的时间期限具体由专利行政管理部门依个案的具体情况审查决定;同时,强制许可的期限除届满自动终止外,还可能会因为专利的有效性、强制许可理由不再存在而被提前终止。由此可见,专利强制许可的期限是有限的且可以灵活调整的。但是该条文不仅因缺乏判断时间期限长短的标准让人难以把握,而且仅预见到强制许可事由提前终止的情况,显得过于乐观,不够严谨。

(二)药品专利强制许可一般规定问题之解决路径

1. 增加"公共利益目的"列举式表述条款。理论上讲,如果要给"公共利益目的"这个术语下准确的定义确实很难,但并不妨碍以列举的方式明确已经形成国际共识的内容。除"艾滋病、结核病、疟疾以及其他传染病"外,《多哈宣言》以及后续《修改〈与贸易有关的知识产权协定〉议定书》均强调,《TRIPS协定》没有也不应当妨碍成员国为维护公共健康而采取措施。[8] 以此为依据,印度、泰国、巴西等发展中国家不仅对艾滋病等传染病颁发强制许可,甚至对癌症等非传染病也颁发了一些强制许可。以此为鉴,我国也可以根据"善意执行条约原则",在借鉴《多哈宣言》模式的基础上自行判断。易言之,我国《送审稿》第49条,可以结合当前国内居民的疾病谱和国际实践经验,增加列举式说明性条款,将国内和国际已形成共识的艾滋病、禽流感、癌症等具体疾病种类导致的公共健康危机等情况进行明确,方便申请人和国家知识产权

〔8〕 参见《多哈宣言》(2001年11月14日)第4条规定。

局掌握实施强制许可的尺度。

2. 修正使用费的裁定程序，增加计算标准条款。在程序方面，鉴于实践中强制许可使用费问题一般都是申请人难以获得许可的重要原因，在许可颁发之后再要求当事人协商对被许可人并不必要。同时，参考印度、泰国等国的强制许可实施经验，这些国家基本上都采取在强制许可审查时一并审查决定许可使用费的形式，实现了“两裁合一”〔9〕。因此，可将《送审稿》第57条第二句“付给使用费的，其数额由双方协商；双方不能达成协议的，由国务院专利行政部门裁决。”修改为：“申请人在提交强制许可申请时应提出强制许可使用费数额或计算方式，由国务院专利行政部门一并裁决。”

在使用费的实体计算标准方面，可考虑在《送审稿》第57条增加第2款，借鉴国际上确定强制许可使用费的考量经验，明确规定：使用费的确定，应当综合考虑自愿情况下的专利许可费、研发成本、专利的经济价值、强制许可的收益、损害赔偿情况、专利的合理奖励等因素，进行综合裁量；〔10〕并在后续《专利实施强制许可办法》中细化最终确定的使用费总体幅度范围。从国际实践来看，销售额的4%是较为合理的基准点，可以在此基础上综合其他因素进行调整。

3. 形成标准明确且可延长的时间期限规定。在《TRIPS协定》上，关于专利强制许可期限性的要求主要体现在第31条第c项规定和第g项规定，即强制许可的期限应限于准许使用的目的，且在充分保护被授权人合法权益的前提下，如果导致此种使用的理由不复存在或者不可能再次出现，此授权应当有责任终止。〔11〕从国际立法和执法情况来看，大部分国家都有具体的考量标准，具体包括依申请人的申请、专利有效

〔9〕 参见印度强制许可决定书（C. L. A. No. 1 of 2011），泰国强制许可决定书（Decree of Department of Disease Control, Ministry of Public Health, Regarding Exploitation of Patent on Drugs & Medical Supplies by the Government on Combination Drug Between Lopinavir & Ritonavir, 29th January 2007）。

〔10〕 参见林秀芹：《TRIPs体制下的专利强制许可制度研究》，法律出版社2006年版。

〔11〕 参见《与贸易有关的知识产权协定》第31条第c项规定和第g项规定。

期以及强制许可理由来确认强制许可的时间期限。[12] 同时,对于时间期限的调整,各国也存在一些灵活的规定,既可能缩短,也可能延长。如:加拿大便设定了可延展的初始有效期限制度,欧盟的塞尔维亚、马其顿有效期再调整程序,等等。[13]

参照国际经验,《送审稿》第55条第2款中可增加如下内容:(1)给予实施强制许可时间期限的标准,应当以申请人的主张为基础,结合强制许可理由的严重程度、专利有效期、药品注册时限等因素进行综合考量。(2)强制许可的时间到期但强制许可的理由仍然存在的,国务院专利行政部门应当根据被许可人的请求,经审查后作出在一定时期内继续实施强制许可的决定。

二、药品专利出口强制许可特殊规定存在的问题及解决路径

从2001年开始,为减轻履行《TRIPS协定》药品专利保护条款的负担,帮助最不发达国家和发展中国家在应对公共健康危机时更方便地获得相应的专利药品,世界贸易组织(WTO)相继通过了《多哈宣言》等文件,在《TRIPS协定》框架下构建了药品专利的出口专利强制许可制度。此后,不少国家相继建立了本国药品专利的出口专利强制许可制度。经过2008年《专利法》修改后,《TRIPS协定》中关于药品专利出口强制许可的规定主要被转化为《专利法》第50条和第52条的规定。

(一)药品专利出口专利强制许可特殊规定存在的问题

1.现行《专利法》的相关规定过于简单。我国对药品专利的出口强制许可的特殊性并未深入研究,导致现行《专利法》上的特殊性并不明显,仅在第50条对其进行了专门规定,并于第52条补充强调其供应范围不以国内范围为限,立法内容简单而粗糙。实际上,药品专利出口的

〔12〕 See Roger Kampf, *Special Compulsory Licences for Export of Medicines: Key Features of WTO Members' Implementing Legislation*, Staff Working Paper, ERSD – 2015 – 07 – 31, July 2015.

〔13〕 参见俞铖航、田侃、喻小勇:《印度药品专利强制许可制度分析及对中国的启迪》,载《中国新药杂志》2016年第3期。

强制许可制度需要在 WTO 框架下，由进口国、出口国两个法域内的政府部门和企业等多方主体共同努力，经过在进口国启动、申请人在我国提出申请、国家知识产权局进行审查、使用费确定等程序方能实现，不仅涉及国家知识产权局与国家食品药品监督管理部门的职能协调问题，也涉及中国、外国与 WTO 组织之间的沟通，申请程序较一般强制许可制度更为烦琐。药品专利出口强制许可制度的有效实施，自然需要在法律层面进行更为特殊而详尽的规定。从具有成功实施这一制度的加拿大来看，其为保障该制度的实施，还专门通过了《加拿大药品获取法》(Bill C－9)，对加拿大专利法和食品药品法做了系统性的修正，包含 19 个部分，100 多个条款，对授权部门、药品范围、质量安全、使用期限、出口范围等均进行了详细的规定，〔14〕有效保障了药品专利的出口强制许可制度的顺利实施。

2. 强制许可的出口范围限制明显。经过多年的发展，虽然我国医药产业发展水平整体上还不如制药业发达的国家，但在部分领域的药品仿制已达到较高的水平和可供出口的程度，可以为世界健康做出更大的贡献。〔15〕 然而，我国现行《专利法》第 50 条的规定对药品出口专利强制许可产品的出口范围进行了限定，即国务院专利行政部门可以给予制造并将其出口的范围仅是符合中华人民共和国参加的有关国际条约规定的国家或者地区。这里主要指遵守《TRIPS 协定》的有关规定，根据《修改〈与贸易有关的知识产权协定〉议定书》附件中关于“有资格进口的成员”的解释，即任何最不发达成员及任何已向《TRIPS 协定》理事会通报意图作为进口成员利用依第 31 条之二及本附件建立的药品

〔14〕 参见熊建军：《〈TRIPs 协议修正案〉研究》，知识产权出版社 2014 年版，第 186～205 页。

〔15〕 例如，青蒿素等自主研发的产品为疟疾等传染性疾病的防治做出巨大贡献，而中国国家疫苗监管体系也符合甚至有的超过了世界卫生组织的标准要求，已成为世界上有实力的疫苗生产大国之一；中国的 PD－1 单抗等抗肿瘤药物屡屡卖出天价，标志着我国相关领域的生物研发能力得到了更多的国际认可；2015 年，我国自主研发的全球首个 2014 基因突变型埃博拉疫苗获得了世界卫生组织(WHO)、西非国家和国际社会的一致好评；等等。

出口专利强制许可制度的其他成员。[16] 相比而言，印度、菲律宾、我国台湾地区等国家和地区早已将出口范围进一步扩大，甚至扩张到了任何不具备相应药品生产能力的国家和地区。[17] 出口范围的限制客观上又为该制度的实施增加了难度，毕竟进口国的经济发展水平往往都比较低，其市场本就不大，有限的需求量很可能不足以让药品生产企业的生产具有规模效应，生产成本自然较高，这必然抑制了企业的积极性。[18]

3. 缺乏满足国内患者需求的进口规定。由于涉及公共健康问题的专利药品多是治疗艾滋病、癌症等重大疾病领域的品牌药品，其中很多产品的技术水平至今仍然不低，国内企业要想成功仿制往往需经过一定程度的创新积累和配备较高水平的技术设备才能达到，国内的生产企业想成功仿制品牌药品存在不小的挑战；即使仿制成功，国产仿制药价格过高等原因也可能导致相关仿制药的可及性存在严重问题。[19] 回顾药品出口强制许可制度的立法实践，我国早先在引进该制度时，也有考虑过进口的问题。例如，2005 年发布的《涉及公共健康问题的专利实施强制许可办法》第 5 条就规定："治疗某种传染病的药品在我国被授予专利权，我国不具有生产该药品的能力或者生产能力不足的，国务院有关主管部门可以请求国家知识产权局授予强制许可，允许被许可人进口世界贸易组织成员利用总理事会决议确定的制度为我国解决公共健康问题而制造的该种药品。"遗憾的是，该规定已被废止，而后续的

〔16〕 参见全国人大常委会法制工作委员会经济法室编著：《〈中华人民共和国专利法〉释解及实用指南》，中国民主法制出版社 2012 年版，第 120 页。

〔17〕 See Roger Kampf, *Special Compulsory Licences for Export of Medicines: Key Features of WTO Members' Implementing Legislation*, Staff Working Paper, ERSD – 2015 – 07 – 31, July 2015.

〔18〕 《修改〈与贸易有关的知识产权协定〉议定书》附件一的第 3 段规定了解决出口量过小的一个解决方案，即区域性的联合订购，但条件仍然十分严苛。

〔19〕 据媒体报道，2013 年 4 月 1 日，格列卫在中国的专利期已满，仍然维持着一盒 2 万 4 千元的高价。虽然国内至少有两家药厂在生产它的仿制药，但仿制药的价钱也在 4000 元左右。相比而言，印度仿制药只要 200 多元。参见张倩：《抗癌药格列卫保护期已过，内地仿制药仍卖 4 千元》，载搜狐新闻：http://news.sohu.com/20150216/n409052092.shtml，访问时间：2016 年 9 月 14 日。

2008年《专利法》第50条仅保留了出口的规定。

(二)药品专利出口强制许可特殊规定问题之解决路径

1.单独设立药品专利的出口强制许可特殊规定一节。参考《TRIPS协定》和加拿大的立法形式,药品专利的出口强制许可是不同于一般强制许可的特殊制度安排,故应当在形式上将药品出口强制许可条款集中,独立成章;即现行《送审稿》第六章“专利实施的强制许可”应分为两节,设立“专利强制许可的一般规定”与“药品专利出口强制许可的特殊规定”两节,各自独立,进一步落实《TRIPS协定》要求。同时,应会同国家食品药品监督管理总局,增加药品出口强制许可涉及药品监管的相关规定(见后文“增加强制许可与药监制度衔接规定”部分)。

2.适当扩大药品专利出口强制许可的实施范围。我国目前关于出口国家的范围仍局限于WTO成员国,与《TRIPS协定》保持了高度一致。而其他国家已将该出口范围扩大至“任何不具备相应药品生产能力的国家和地区”,这当然地包括非WTO成员国家,并不违反《TRIPS协定》的基本原则。将出口范围扩大至本质上“任何不具备相应药品生产能力的国家和地区”符合《多哈宣言》等TRIPS文件所确立的目标和原则,也并不违背《TRIPS协定》的规定,还能够进一步增强药品专利出口强制许可制度的生命力,值得我国关注参考。故未来的《送审稿》中也可以对第50条进行修改,将出口范围扩大,使中国的药品有机会出口到“任何不具备相应药品生产能力的国家和地区”,以有机会为改善全球公共健康状况做出更多的贡献。

3.增加我国为公共健康目的而制造并进口相关药品的规定。目前我国仍然是发展中国家,人均收入并不高,特定进口药品的高价垄断导致的可及性问题时有发生,直接影响着我国公民的公共健康状况。同时,我国也并不是《TRIPS协定》中已声明的不作为可进口的国家和地区[注:《修改〈与贸易有关的知识产权协定〉议定书》已声明,澳大利亚、加拿大、欧共体(就第31条之二及本附件而言)及其成员、冰岛、日本、新西兰、挪威、瑞士和美国23个成员国将不作为可进口的国家和地区。],是否作进口国应是我国可自行判断的问题。因此,我国《送审稿》应当增加类似《涉及公共健康问题的专利实施强制许可办法》(已废止)第5条的规定,并将"治疗某种传染病的药品"范围按照我国的疾病图谱情况适当扩大。当我国公众因特定药品的可及性问题导致公共健康危机时,如果我国并不掌握该仿制药技术或者仿制成本过高时,中国可以按照《TRIPS协定》的相关规定,启动药品专利出口强制许可制度,成为进口国。

三、视域融合视角下药品专利强制许可规定的再审视

(一)视域融合视角下的药品专利强制许可规定

药品专利强制许可的实施从来不只是《专利法》上的问题。近年来,知识产权与药品监管、贸易政策等制度之间存在的密切联系和交融日益得到重视,知识产权制度的研究也必须以融合的视角来研究,方能真正推动医药产品技术的创新与应用。[20] 药品专利强制许可制度的基本目标是应对公共健康危机,通过对药品技术的强制许可,促进相关仿制药品的可及;为了实现这一目标,高效的药品监管和合理的经济利润也必然是保障药品专利强制许可取得实效的重要因素。然而,随着世界各国对药品监管要求的不断提高,一系列的药品安全性和有效性的评价试验,对药品仿制造成了更大的成本压力,同时也缩短了药品强制许可所授予的时间期限,降低了实施强制许可主体获得适当经济利润回报的机会。为保障药品专利强制许可制度的有效实施,《专利法》不仅需要在专利制度本身的视域下进行充分的完善,同时也必须对药品监管相关制度和经济支持等方面作出一定程度的规定,以实现三个视域之间的有机融合。

---

〔20〕 参见 WTO, WIPO, WHO:Promoting access to medical technologies and innovation:Intersections between public health,intellectual property and trade,WTO ISBN 978 – 92 – 870 – 3964 – 4,WHO ISBN 978 – 92 – 455 – 04,87WIPO ISBN 978 – 92 – 805 – 2493 – 2 628 C 号出版物,2013。

(二)视域融合视角下显现的相关问题

1. 未规定部门协作机制的内容。如前所述,药品强制许可的实施与药品监管部门有着密切的联系,只有药品顺利取得注册、合法制造生产并销售(或装运给进口国),该强制许可制度才算正式实施完毕。故作为专利药的仿制者,申请人应当向国家药品监督管理部门申请仿制药注册,完成生物等效性等程序,确保仿制药的成分和疗效与被强制许可的专利药品一致。药品强制许可的授权,涉及药品注册、药品数据保护、制造、销售以及出口等监管问题,自然需要国家知识产权局与国家食品药品监督管理部门分工协作方能完成。否则,这些环节(尤其是药品注册程序)花费时间过长,极有可能导致药品强制许可的发布失去实际意义。

2. 缺乏必要的经济激励措施。由于目前《专利法》缺乏必要的经济激励措施,制药企业实施该制度时,除前述出口范围限制导致生产成本较高的问题,还面临着其他巨大的经济压力。主要体现在:(1)药品研究开发成本。涉及公共健康问题的专利药品多是治疗艾滋病、癌症等重大疾病领域具有较高技术含量、较好疗效的品牌药品,国内企业要想成功仿制需配备的人力、财力、物力极有可能远高于一般的仿制药品。(2)专利使用费。根据《TRIPS 协定》和我国《专利法》的要求,获得强制许可的主体仍然要支付一定的专利使用费,国际经验多为销售额的0.5% ~6%,[21]这导致实施者的利润空间被进一步压缩。(3)药品营销成本。在药品出口情形下,被许可人还必须采用特定的标签或者标记注明"该药品是依据强制许可而制造的产品",而这极可能不利于相关仿制药品的销售,导致销量受到直接影响。

国内企业成功仿制涉及公共健康问题的专利药品往往具有相当大的

---

〔21〕 印度在2012年的Sorafenib案件中支付了销售额的6%(6%为印度强制许可使用费的上限);欧盟在紧急状态下的强制许可费用为合同价值的5%;加拿大的幅度为0.02% ~3.5%;泰国最低,在2007年授予的Lopinavir + Ritonavir案件中,仅支付了销售总额的0.5%作为补偿。

难度,本质上也是一种创新活动,而创新则需要一定程度的经济收益才能真正实现激励。对此,Jennifer A. Lazo 研究指出,无论是制药公司可能多么无私,或有多么严重的流行病如艾滋病,如果没有存在经济动机,有关药品出口强制许可的法律也将对改善生命或死亡的问题效用甚微,民众依然难以获得基本药物。[22] Reto Hilty 等专家也指出,应当对被许可人的商业利益进行考虑,不应剥夺其获得合理补偿及适当投资回报的可能性,否则被许可人可能自始就缺乏实施的动力。[23] 然而,目前的《专利法》和《专利强制许可实施办法》均缺乏必要经济激励措施方面的规定。

(三)视域融合视角下相关问题之解决路径

1. 增加强制许可与药监制度衔接的规定。获得药品出口专利强制许可的药品本质上仍是仿制药,只有达到与专利药品相同的安全性、有效性和质量可控性,方能真正成为解决进口国公共健康危机所需的产品。为了保障相关仿制药的安全有效性,药品出口专利强制许可的实施必须与药品监管部门负责监管的药品注册、生产和出口活动相衔接。因此,《送审稿》上可考虑增加一条:国务院药品监督管理部门负责保证强制许可药品的安全、有效和质量可控;国务院专利行政管理部门应当会同国务院药品监督管理部门制定强制许可的相关规则,保障药品专利强制许可实施。[24] 以此为基本依据,后续《专利实施强制许可办法》可在以下几方面内容明确双方的协调内容:

第一,合作制定药品品种指导目录。从实用主义的角度出发,为方

〔22〕 See Jennifer A. Lazo,"The Life-saving Medicines Export Act:Why the Proposed U. S. Compulsory Licensing Scheme Will Fail to Export Any Medicines or Save Any Lives," *Brooklyn Journal of International Law*, 2007.

〔23〕 参见 Reto Hilty 等起草,张文韬、肖冰译,林秀芹校:《专利保护宣言述评》,载《中外知识产权评论》2015 年第 1 期。

〔24〕 在部门合作立法保障工作衔接方面,我国的立法中已经有不少先例,以"会同"方式共同立法便是其中的典型模式。例如,《食品安全法》(2015)第 5 条第 3 款规定:国务院卫生行政部门依照本法和国务院规定的职责,组织开展食品安全风险监测和风险评估,会同国务院食品药品监督管理部门制定并公布食品安全国家标准;《广告法》(2015)第 50 条规定:国务院工商行政管理部门会同国务院有关部门,制定大众传播媒介广告发布行为规范;等等。

便启动药品出口专利强制许可制度，我国政府可以从我国医药产业发展现状出发，借鉴加拿大的经验，明确目前可授予药品专利强制许可的可授权品种范围，形成指导目录，并定期更新。在制定指导目录时，国家知识产权局应当征求国家食品药品监督管理总局意见，或者直接会同国家食品药品监督管理总局协商制定，确保目录收载的药品是能顺利注册的药品，这也可防止后续发生不必要的法律冲突。

第二，加快药品的审评审批进度。在授予专利之后，国家知识产权局应当通报国家食品药品监督管理总局；国家食品药品监督管理总局应当在保证药品安全性、有效性和质量可控性的同时，对符合特殊审评审批程序要求的，加快审评审批，尽快予以注册。如果该仿制药品已先在欧美发达国家注册，那么还可以考虑参考其认证结果，适当简化审评审批程序。

第三，明确药品批准文号的期限。国家食品药品监督管理总局颁发的药品批准文号，其有效期可以不按一般批准文号期限法律规定执行，可与国家知识产权局做出的专利强制许可决定期限保持一致。

2. 对相关仿制药进行资金支持，并鼓励再注册

第一，为高水平仿制药技术研发活动建立基金支持。如前所述，涉及公共健康问题的专利药品多是治疗艾滋病、癌症等重大疾病领域品牌药品，其中很多产品的技术水平至今仍然不低，国内企业要想成功仿制往往需经过一定程度的创新积累和配备较高水平的技术设备才能达到。因此对这些创新性活动，不仅艾滋病、恶性肿瘤、重大传染病、罕见病等疾病的创新药应当受到重视，[25] 国内企业立足于国内患者的需求而开展专利药品的高水平仿制研发活动，也应当得到资金和政策的支持。而且我国《科学技术进步法》第 34 条也明确规定，国家可以利用财政性资金设立基金，为企业自主创新与成果产业化贷款提供贴息、担

---

〔25〕 参见《国务院关于改革药品医疗器械审评审批制度的意见》（国发〔2015〕44 号），载国务院网站：http://www. gov. cn/zhengce/content/2015 - 08/18/content_10101. htm，访问时间：2016 年 9 月 15 日。

保。政策性金融机构应当在其业务范围内对国家鼓励的企业自主创新项目给予重点支持。基于上述理由,建议我国《专利法》应当增加规定:对于因符合公共健康目的而授予强制许可的药品仿制活动,国家可以利用财政性资金设立基金支持。

第二,鼓励获得强制许可的仿制药进行再注册或重新注册。药品批准文号是能为药品企业创造商业价值的重要无形资产,使该"无形资产"继续有效,能够为企业创造更大的经济价值。对于药品批准文号,药品强制许可有效期届满前,被许可人若能向药监部门提交其已获得专利许可的证明文件(强制许可或商业性专利许可),按照《药品管理法实施条例》第41条规定可以进行再注册并获得一般药品批准文号;若到期未能提供相关证明,依法注销相关批准文号。若相关专利到期而药品批准文号注销后,原被许可人企业再申请注册的,符合条件的,重新按照特殊审评审批程序尽快完成注册,以鼓励企业持续生产和供应,获得更大的经济价值。总之,未来的《专利法》在强制许可的一般规定部分可以考虑增加与《药品管理法实施条例》第41条相协调的规定。

结语

当前,我国实施药品专利强制许可制度的时机已经成熟,但由于《专利法》上的专利实施强制许可规定仍不完善,尚不足以为该制度的有效实施提供充分的制度供给。在《专利法》第四次全面修订过程中,我国政府应当本着"善意执行国际条约"的原则,充分理解和运用《TRIPS协定》相关协议给予的弹性空间,借鉴世界其他国家的经验和教训,从我国医药产业和药品可及性现状出发,完善《专利法》第六章"专利实施的强制许可"规定,进而为后续《专利实施强制许可办法》提供充分的法律依据,推动药品专利强制许可制度早日有效实施,进一步提升我国在世界公共健康议题的制度性话语权。

(责任编辑:黄泷一)

捐赠人个人信息披露之法理边界与规则表达

褚　蓥*

目　　次

摘要：我国公益信息披露规则存在难以平衡捐赠人与公众权利冲突的问题。这一权利冲突并非

---

* ［作者简介］褚蓥，管理学博士，华南师范大学公共管理学院讲师。

仅限于捐赠人隐私权和公众知情权之间的冲突,而是涉及两种表达自由权间的冲突。第三部门不同于市民社会和公共部门的特点在于捐赠人的捐赠和公众对公益组织的遴选,都涉及表达自由的问题。因此,人们无法以传统民法或公法规则去规范之,而应重新审视两种表达自由之界限。为此,应区分出两种不同的信息,即反映真实情况的信息和敏感的隐私信息。对于反映真实情况的信息,应适用法律强制披露,但应事先划定强制披露的深度。对于敏感的隐私信息,应引入契约规则,即"明示/默示同意"规则,并应对隐私信息披露通知做出规范。我国各地由于未能基于敏感度规则,将信息按照反映真实情况的信息与敏感的隐私信息的分类方式对规则做出区分,且缺少权利冲突界定规则、披露信息深度界定规则、强制保护规则、信息通知规则等几大规则,导致了社会实践中权利冲突多发的情况。为了化解这一冲突,促进公益行业之健康发展,我国应综合考虑社会的现实舆论环境,以及信息保护配套措施缺失的现实,出台公益行业的个人信息管理办法,并规定严格的信息披露规则。

关键词:表达自由;隐私权;知情权;信息披露

一、问题的提出

关于慈善信息披露,慈善界内争论颇多。有人提出公益事业就该全透明。[1] 此种声音在《慈善法》出台前后,时有出现。而另一种声音则认为公益事业不该全透明。[2] 这一争论都关系到一个重要问题,即如何平衡捐赠人与公众的权利冲突,合理划定信息披露的范围。

在《慈善法》中,对于慈善组织信息披露有明确的规定,即:"慈善组织、慈善信托的受托人应当依法履行信息公开义务。信息公开应当真

〔1〕 参见《慈善组织透明度整体偏低,公益事业亟待进入"透明"时代》,载新华网:http://cq. ifeng. com/gongyi/detail – 1_2013_10/09/1304853_0. shtml,访问时间:2013 年 10 月 9 日。

〔2〕 参见崔子研:《公益事业哪能做到绝对透明?》,载 http://blog. sina. com. cn/s/blog_448d45b90101povd. html,访问时间:2014 年 3 月 26 日。

实、完整、及时。”但《慈善法》的立法依旧存在问题。一方面，该法在信息披露方面规定较为简单，存在较为明显的立法缺陷。我国立法未对捐赠人的信息依照敏感程度作出区分，而只是规定以捐赠人选择为是否披露的依据。比如，《慈善法》第76条仅规定：“涉及国家秘密、商业秘密、个人隐私的信息以及捐赠人、慈善信托的委托人不同意公开的姓名、名称、住所、通讯方式等信息，不得公开。”依照此类规定，则在捐赠人疏于审查的情况下，募捐组织无需做出任何催告即可随意披露捐赠人的敏感信息。此一情况显然是不妥的。此外，我国的法律也未对捐赠人的范围作出分类，由此造成无论捐赠数额大小，即属于被披露对象的情况。这也会导致部分公众因恐惧信息外泄而不愿意捐赠。所以，我国的立法存在诸多问题，缺乏系统性和可操作性，不足以为实践提供有力的支持。另一方面，实践领域存在权利冲突的情况。其中，最为明显的是知情权与隐私权冲突的情况，即公众要求公益组织全透明，但一旦公益组织暴露全部信息，便涉及捐赠人的敏感信息，对其造成困扰。

对于上述问题，我国学者未曾进行过相关研究。已有的研究多集中研究医疗[3]、金融[4]领域的信息披露问题之上，而对公益领域的信息披露则未有涉及。同时，我国学者在对隐私权进行研究时，通常将视野局限于较低层级的权利位阶上，即仅研究隐私权与知情权冲突的问题，[5]甚至将其纳入大陆法系下私权利中的人格权的范畴。[6]

---

〔3〕 参见郭明龙：《论患者隐私权保护——兼论侵害“告知后同意”之请求权基础》，载《法律科学》（西北政法大学学报）2013年第3期。

〔4〕 参见许多奇：《银行保密义务与信息披露的现实冲突和法律整合——以信贷资产证券化为中心》，载《法学》2007年第6期。

〔5〕 参见白云：《个人征信体系中知情权与信息隐私权平衡的理念》，载《政治与法律》2008年第11期。

〔6〕 参见翁国民、汪成红：《论隐私权与知情权的冲突》，载《浙江大学学报》（人文社会科学版）2002年第2期。

这种做法并不符合第三部门[7]的特点。在第三部门中,公众之知情权和捐赠人之隐私权不同于其他两个传统部门中的隐私权,两者间的冲突也不同于传统意义上的隐私权与知情权的冲突。在第三部门中,两者在权利位阶上应属于最高位阶的宪法中表达自由权的范畴,两者间的冲突应属于两种表达自由权的冲突。我国现有立法对两者权利位阶的界定过低,导致实践中对隐私权保护的法律层级过低,加之立法技术上的不完善,自然容易造成权利冲突的问题。

因此,要想对捐赠人的隐私权作恰当之保护,就必须在宪法层面上分析这项权利,然后运用立法技术,做出有效的边界界定与权利保护。基于上述问题,本文将首先对两类权利的法理基础做出探讨,然后对平衡两者间冲突的辅助规则进行研究,最后对我国的现有规定作出回应。

二、捐赠人隐私权之宪法界定

如上所述,关于隐私权,我国学者多将之归于人格权。比如,王利明提出的隐私权的定义是:"隐私权是公民享有的私生活安宁与私人信息依法受到保护,不被他人非法侵扰、知悉、搜集、利用和公开等的一种人格权。"[8]该定义是传统私法社会下的定义,如运用于第三部门则不能完整的归纳与保护捐赠人之隐私权,因为其遗漏了对重要的宪法性权利的保障。

2008年11月,美国加利福尼亚州(以下简称加州),一项关于同性恋婚姻的法令进入到议会审议程序。为了促进该法的通过,同性恋者联合起来,组织了一些议院外的倡导活动。这些活动收到了不少的捐款。该法最终没有获得通过。在此事件之后,根据加州当地的法律规定,公益组织应向公众披露捐款超过100美元的捐款人的信息,所以,

---

〔7〕 萨拉蒙指出,非营利组织所在的社会部门不同于传统意义上的私人领域和公权领域,是一个独立的部门。参见莱斯特·M.萨拉蒙:《公共服务中的伙伴——现代福利国家中政府与非营利组织的关系》,商务印书馆2008年版,第19页。

〔8〕 王利明:《隐私权内容探讨》,载《浙江社会科学》2007年第3期。

这些捐赠人的信息也就被曝光于网上了。结果,人们通过这些披露名单发现了这些团体背后的捐赠人,并对捐赠人施以严重的骚扰和舆论压力,导致其中不少捐赠人因此丢掉了工作,或遭受了经济损失和社会压力。[9]

在该案例中,表面上受损的是捐赠人私生活的安宁,其实却是捐赠人的表达自由权。根据哈贝马斯的交往行为理论,第三部门不同于其他两大部门的特点是,其是由众多亚群体组成的。人们参与第三部门,自由组成各类亚群体,并开展各类活动。在这个过程中,人们的目的并不是为了获取经济利益,而是为了自由的表达自身的观点,“行动之协调和互动网络之形成是借助于理解过程而进行的”。[10] 这也就是说,其是通过组成亚群体来共同表达自身意见的。各种意见在交汇后,相互交锋与妥协,最终即形成社会主流意见,推动社会的进步。

同样,捐赠者向第三部门中的公益组织做出捐赠,也绝不单纯是为了奉献爱心,而是为了表达自己的观点。其与通常所见之言论表达的不同,在于普通言论表达是以言辞的形式表现出来的,而这里是以提供资金表示支持表现出来的。这也就是说,捐赠人选择的是与自身意见一致的组织。其向这些组织提供资助,帮助这些组织生存与发展,而这些组织则作为捐赠人的代言人存在。其在社会上开展的一切活动都紧密契合捐赠人的观点。这是一种自由组合的方式,捐赠人“用脚投票”,通过捐赠的方式来表达自身的观点。

因此,如果政府不加强对捐赠人隐私信息的保护,放任其在网络上自由流转,必然会影响表达自由权的正常行使。[11] 比如,环保组织在网站上披露捐赠人信息后,由于害怕政府的制裁和涉事企业报复,捐赠人

---

〔9〕 See Jesse Mckinley,“Theater Director Resigns Amid Gay-Rights Ire”,*New York Times*, 2008,p. C1.

〔10〕 [德]哈贝马斯:《在事实与规范之间:关于法律和民主法治国的商谈理论》,童世骏译,生活·读书·新知三联书店2003年版,第43页。

〔11〕 NAACP v. Alabama ex rel. Patterson,357 U. S. 449,452 (1958).

就不敢再提供资助了。这就等于是侵害了捐赠人的表达自由权。

所以,捐赠人的隐私权是一项宪法性权利。对此,美国学者巴伦有过一个精辟的表述:“决定有多少个人信息可以公开给公众知道的权利属于自然权利。自然法是该权利的基础。”〔12〕而佐治亚州最高法院也指出:“隐私权具备自然本能之内核,因此来源于自然法。”〔13〕而放任对捐赠人隐私权的侵犯,即等同于放任对人们宪法性权利之侵犯。这种情况在其他两大部门中显然是不会出现的。

当然,在言论表达自由之余,侵犯捐赠人的隐私权,还会造成对私生活安宁等各方面的侵害,因此,隐私权也关涉捐赠人的平静生活的权益,包括就业权、财产权等。〔14〕不过,这些权益都是以表达自由为最终导向的,即正是因为害怕这些权益受到损害,才导致捐赠人不敢自由发表言论。

另外,第三部门隐私权保护的问题还关涉公益组织的生存问题。信息的过度披露,会导致捐赠人畏惧潜在的负面影响而不敢向某些组织捐款,比如同性恋组织。而这会影响部分公益组织的生存,从而出现政府通过信息披露规则间接干预社会的情况。当然这一权利也与捐赠人的表达自由权直接相关,因为在这种情况下,捐赠人将找不到符合自己利益的公益组织来代表自身了。

综上所述,在第三部门中,捐赠人的隐私权的背后是位于最高权利位阶上的表达自由权。所以,在保护捐赠人隐私权时,应确保法律规范以表达自由保护为导向,而不能单纯的限于人格权。这也是为什么有外国学者提出隐私权保护是一件涉及公法和私法并轨的事情,“公法和侵权法必须规范采集、使用和披露信息的实体与提供信息的个人之间

---

〔12〕 Barron Warrn and Brandeis, “The Right to Privacy”, *Harvard Law Review*, 1890, p. 4.

〔13〕 Pavesich v. New England Life Insurance Co., 122 Ga. 190, 50 S. E. 68 (1905).

〔14〕 See David Lourie, “Rethinking Donor Disclosure After the Proposition 8 Campaign”, *Southern California Law Review*, 2009, p. 83.

的关系"[15]。所以,对捐赠人隐私权之保护,应当纳入表达自由之范畴,并通过刑法和侵权行为法同时给予保护,不然,仅从民法角度加以规范,并不足以提供有效之法律救济。

三、公众知情权之宪法界定

关于公众知情权,学界多认为是一项社会权利和政治权利。[16] 还有学者提出,知情权乃立足于"人民主权"说等基础之上,是一项"信息自由"权。[17] 此外,也有人认为知情权是一项民事权利,受私法之保护。[18] 但令人疑惑的是,作为一项社会权利和政治权利,甚或是一项私法权利,如何能与位于最高法律位阶之宪法性权利对抗。或者,换句话说,在权利位阶不对等时,自然以保护最高位阶之权利为首要选择,而应摒弃较低位阶之权利。否则,便属于不理性。因此,简单地将知情权归属于社会权利和政治权利,或者私法权利,皆未能领悟这其中的奥义。

笔者以为,在第三部门,公众的隐私权应属于宪法性权利的范畴,即属于表达自由权。曾有人提出信息披露具备三大重要作用:其一,有利于政府和公众发现公益组织资金管理中存在的贪腐现象。"信息披露要求可以阻止腐败,通过将捐赠和开销信息公开的办法避免出现腐败的情况。"[19]其二,可以帮助公众发现捐款被滥用的情况。"信息披露要求对收集信息,发现捐款使用超过捐赠人指定的用途十分必要。"[20]其三,信息披露能够帮助身处信息不对称境地的公众甄别优秀

[15] Marc Rotenberg,"Fair Information Practices and the Architecture of Privacy(What Larry Doesn't Get)",*Stadford Technology Law Review*,2001,p. 1.

[16] 参见张新宝:《隐私权的法律保护》,群众出版社 1997 年版,第 51 页。

[17] 参见何生根:《知情权属性之学理研究》,载《法律科学》(西北政法学院学报)2005 年第 5 期。

[18] 参见曹艳春:《知情权之私法保护》,载《政治与法律》2005 年第 4 期。

[19] Buckley v. Valeo,424 U. S. 1,66-67(1976).

[20] Buckley v. Valeo,424 U. S. 1,66-67(1976).

的公益组织,作出选择。[21] 在第三部门中,上述第三大作用至为重要。在这方面,第三部门与其他两大部门是不同的。公众关注商业机构生产的产品信息,是为了购买产品,而不是为了表达观点。而公众关注第三部门中的公益组织的资金和运营,并非因为真的关心公益组织本身,而是希望表达观点。其与捐赠人一样,是通过提供资金或者参与活动等间接的方式,来表达自身观点的。通过了解公益组织的信息,其能够更准确的选择适合自身观点和利益取向的组织,并通过加入这一群体来参与公共活动,共同展示自身的观点。因此,只有公益组织信息披露十分充分和准确,才能有助于公众作出判断。

既然公益组织披露信息是为了帮助公众行使其表达自由权,那么问题是,为什么公益组织披露捐赠人信息与否又关系到了公众的表达自由呢?关于这个问题,应以公众的信息辨识能力解答之。对于普通公众而言,其多无时间精力去详细研究公益组织,也没有能力去比对各类信息。比如,要求一个普通公众分析公益组织复杂的账目表明显是一件不现实的事情。因此,对于公众来说,查看公益组织的其他捐赠人信息,并凭借其他捐赠人的社会地位和捐赠金额的多少来作出判断是一种最省时省力的方式。这也就是说,公益组织披露的捐赠人信息是捐赠者选择的依据。"法律要求组织披露募捐信息,很像是要求食物生产商披露其脂肪含量一样。这类规则的目的主要不是为了避免传统的侵权或犯罪行为,而是为了让信息不对称的用户了解其他人的选择,并以此做出决定。"[22]

基于以上分析,我们可以得出一个结论,即政府要求公益组织披露信息之目的,不同于要求商业机构披露信息。政府要求商业机构披露信息,是为了防止欺诈,比如要求上市公司做信息披露是为了避免上市

---

〔21〕 See Elizabeth Garrett, "Voting with Cues", *Richmond Law Review*, 2003, p. 37.

〔22〕 R. George Wright, "Free Speech and the Mandated Disclosure of Information", *University of Richmond Law Review*, 1991, p. 25.

公司管理者利用职权，骗取投资者的资金，而要求公益组织披露信息，则是为了“提升公众讨论和思考的质量”[23]。这也就是说，政府通过要求公益组织进行信息披露，来帮助公众更有效参与到社会的公开讨论之中，从而促成社会上的观点对碰与妥协。

所以，从这个意义上来说，第三部门中的公众知情权，应属于表达自由的范畴。对隐私信息的过度保护，将限制公众的表达自由权。对此，美国学者沃洛克提出：“所谓隐私权——我控制你讨论关于我的个人信息的权利——即指的是我要求政府阻止你讨论我的权利。”[24] 而学者辛格利顿也指出：“将用户信息转让归为非法或加以限制，将会侵犯表达自由权。”[25]

这也就解释了为什么公众的知情权会与捐赠者的隐私权相冲突的问题。只有两者都属于同一位阶的宪法性权利，即表达自由权，才有可能出现如此严重的冲突。所以，如果我们过度保护捐赠者的隐私权，即会损害公众的表达自由权；如果我们过度保护公众的知情权，即会损害捐赠者的表达自由权。在这种左右都属于表达自由权的状况下，立法者才会面临如此之多的尴尬与困难，才会对立法技术提出如此之高的要求。因此，要想解决这两种表达自由权相互冲突的困局，就必须选择更为精妙的立法技术，而这种立法技术，则奠基于对两种表达自由权关系的梳理上。

四、双重自由权之法理边界

关于上述两种表达自由，既然相互间存在冲突，我们就有必要明确各自的界限，以免相互逾越界限，侵入对方的领域。所以，在这里，我们

---

〔23〕 Eugene Volokh, “Freedom of Speech and Information Privacy: The Troubling Implications of a Right to Stop People Speaking about You”, *Stanford Law Review*, 2000, p. 52.

〔24〕 Eugene Volokh, “Freedom of Speech and Information Privacy: The Troubling Implications of a Right to Stop People Speaking about You”, *Stanford Law Review*, 2000, p. 52.

〔25〕 Solveig Singleton, “Privacy as Censorship: A Skeptical View of Proposals to Regulate Privacy in the Privacy Sector”, *Cato Policy Analysis*, 1998, p. 295.

应对两种表达自由权的边界作分别的探讨。

在捐赠人隐私权方面，其外在界限在于不得损害信息的自由流动、增加交易成本和提升交易的便利性。

1. 在信息自由流动和交易成本方面，根据社会交换理论（Social Exchange Theory），人们做出某项社会举动之根据在于对与此活动相关的人际成本或回报的估算。[26] 通过提供个人信息，人们能够获得相应的回报，而这也能抵消提供该信息的成本。由此，信息获取的成本便得到了压缩，而交易的边际成本便也随之降低。这也就是说，通过降低对捐赠人隐私权的保护，能够提升交易的有效度，降低交易的边际成本。而过度的隐私权保护，则会“降低信息的供给量，提升交易成本，以及鼓励欺诈”[27]。而且，有学者提出，如果对个人隐私权的保护过于严格，人们在进行交流时将面临极为巨大的宪法障碍。[28]

2. 在交易便利方面，过多的隐私权保护也会降低交易的便利性。学者肯特指出：“保护隐私会导致如下成本：更多的通知和表格，更高的交易成本，更少的免费服务，更少的便利，以及经常是，更少的安全性。”[29] 目前，世界通行的隐私权保护规则是“信息权人同意规则”。该规则包括明示同意和默示同意（Opt-in/Opt-out）两种形式。但如果要加强对隐私权的保护，就应仅采用明示同意的方式，如此就会极度增加交易的繁琐性，降低交易的便利性。

基于上述分析，隐私权保护的外在界限在于如下两点：(1) 以不阻碍信息的正常流动，不额外增加正常交易的成本为首要边界；(2) 以提

---

〔26〕 See Richard M. Emerson, "Social Exchange Theory", *Annual Review of Sociology*, 1976, p. 2.

〔27〕 Richard A. Posner, "Blackmail, Privacy, and Freedom of Contract", *University of Pennsylvania Law Review*, 1993, p. 141.

〔28〕 See Neil M. Richards, Reconciling Date Privacy and the First Amendment, *UCLA Law Review*, 2005, p. 52.

〔29〕 Kent Walker, "The Costs of Privacy", *Harvard Journal of Law & Public Policy*, 2001, p. 25.

高交易的便利性,减少无谓的浪费为次要边界。只有能够达成这两点,才算是最平衡的隐私权保护。

在公众知情权方面,其边界在于不损害个人的正常权益。任何人都不得以其自身的自由权凌驾于他人权利之上。根据利益驱动理论(Benefits Motivation Theory),公益组织会出于内外七种因素而公开披露捐赠者的信息,而公众也能从公益组织的信息披露中获得利益。在这些因素中,外部因素包括:节省费用、节省时间、自我促进、社会调节;内部因素包括:成就感、创新、利他主义。[30] 但无论是哪种驱动因素在促使公益组织进行信息披露,其都不得对捐赠人的权益造成损害。因此,那种以损害捐赠人权益为基础的公益组织透明度是要不得的。

另外,也有学者指出,公众选择公益组织,不必然以披露的信息为依据,其自身的价值观和兴趣喜好都会对其产生影响。[31] 因此,公益组织无需过度关注信息披露。

总之,关于信息披露中两种表达自由权平衡的问题,必须以确定两种表达自由权的界限为基准,否则将无法解决。那么,在确定各自界限的前提下,其又如何通过立法技术得到实现呢?

五、双重自由权边界之规则表达

关于自由权边界之规则表达,应从两个方面入手:基本规则和辅助规则。

(一)基本规则

在基本规则层面,我们应着力之工作在于划定个人信息之种类,并基于信息之类别划定信息披露之范围。笔者以为,我们可以将个人信

---

〔30〕 See Kai-Lung Hui, Bernard C. Y. Tan, Chyan-Yee Goh "Online Information Disclosure: Motivators and Measurements", *ACM Transactions on Internet Technology*, 2006, p. 6.

〔31〕 See David B. Johnson, "The Free-rider Principle, the Charity Market and the Economics of Mood", *British Journal of Social Psychology*, 1992, p. 21.

息分为两类:

其一,反映真实情况的信息。所谓反映真实情况的信息,即指必须披露,否则不能反映公益组织运营真实情况的信息。这类信息的披露规则是法律强制披露,当事人不得自行选择是否同意披露。

其二,敏感的隐私信息。所谓敏感的隐私信息,指的是涉及人们的私生活的敏感内容,且只能辅助性的反映公益组织运营真实情况的信息。对于这类信息,法律不强制要求披露,而应由公益组织选择是否希望披露。如公益组织希望披露的,则应在披露前按照法律规定的程序获得信息权人的同意。

信息权人的信息的这一区分之意义在于其两点:第一,其便于人们根据信息之类型,单独划定信息披露之范围。这就是说,信息披露范围之界定,应根据信息类型做出,而非根据任何主体之特殊需求。否则,便可能破坏各方主体间之平衡,对各方造成损害。而事实上,我国之立法便存在未能界定信息类型之问题,从而损害了捐赠人之利益。

第二,其是实践"信息权人同意规则"之重要根基。如果不作出划分,将所有信息都纳入披露范围之内,即会造成信息披露范围过大,损害信息权人权益的情况;将所有信息都纳入到捐赠人选择范围之内,则会造成信息保护范围过大,损害公众权益的情况。下述我国的法律规定,即《关于规范基金会行为的若干规定(试行)》中就存在类似的情况。

在明确信息类型界定之基本原则的前提下,另一个值得注意的问题是明确划定信息类型之标准。这一标准影响甚大,即一旦标准设定不合理,便会出现隐私信息被纳入反映真实情况的信息范围之内,或反映真实情况的信息被纳入敏感的隐私信息范围之内的情况,从而导致信息权人与公众之间的权利失衡。

那么,该如何合理的区分这两类信息呢?国际通行做法是设定信息

“敏感度”(Sensitivity)标准。[32] 所谓信息敏感度,即指根据特定社会普通人的判断,某特定信息的敏感程度。信息的敏感度是决定信息属于哪一种类的关键因素。只有达到特定敏感程度的信息才会被纳入“敏感的隐私信息”这一类别。

那么,何为信息敏感度呢?通常认为,信息的敏感度取决于多种因素,且各个民族或国家各有不同的标准,如文化背景、生活方式、使用目的等因素。[33] 所以,敏感度标准并非世界通行,而是根据特定社会的文化、习惯、生存、历史等背景信息来设定。

(二)辅助规则

关于上述两种信息(反映真实情况的信息与敏感的隐私信息)之披露,为了充分保护信息权人的利益,除了通过基本规则划定信息的外在范围之外,还应根据两种信息的不同特点,制定辅助性规则。具体而言,其辅助性规则表达为:

1. 对于反映真实情况的信息,应划定信息深度与强制保护人群,即适用下述两大规则:

(1)信息深度规则。信息披露的深度关涉被披露的信息权人的范围,即有多少人被纳入到披露范围之内。这一问题涉及两个更为细节的立法技术问题:

“公益组织是否需要披露捐赠人的信息?”公益组织是否披露捐赠人信息,会对公众的表达自由权造成影响。正是出于对公众表达自由权之保护,《美国联邦税法典》(IRC)规定免税组织(Tax-exempt Organization)应披露捐赠的信息,其中包括捐赠人的信息。[34]

“公益组织是应披露全部捐赠人的信息,还是仅应披露大额捐赠人

〔32〕 See Richard C. Turkington, “Legacy of the Warren and Brandeis Article: The Emerging Unencumbered Constitutional Right to Informational Privacy”, *Northern Illinois University Law Review*, 1990, p. 10.

〔33〕 See Paul Jones, “Permission-based Marketing under Canada's New Privacy Laws”, *Franchise Law Journal*, fall 2004.

〔34〕 Internal Revenue Service, Schedule B, From 990, http://www.irs.gov/uac, 2011, 5.1.

的信息?"对此,《美国联邦税法典》规定,免税组织应披露在当前财政年度内捐款超过5000美元(单笔捐款不少于1000美元)的捐赠人的信息。而美国各州也分别规定了披露范围,如加利福尼亚州规定,应披露超过100美元的捐赠人的信息。[35] 之所以这么规定,是因为只有大额捐赠人才能对组织造成实质性影响,才是重点监管的对象。

(2)强制排除规则。应立法强制排除某些群体在信息披露的范围之外。比如,美国的法律规定,为了保护儿童的隐私,禁止在网上公开披露儿童的某些信息。对于这一种法律规则的权利,任何人,包括儿童本人或监护人,都不得弃权。[36]

另外,对于敏感的隐私信息,应适用"契约规则"。所谓契约规则,即指由信息采集方取得信息权利主体明示或默示的同意,从而达成信息披露协议。

关于契约规则,国外的通行做法是设立一套"明示/默示同意规则"。明示/默示同意规则,美国称为Opt-in/Opt-out,欧洲、加拿大等地称为Implied/Express Consent。美国的规则目前仅适用于消费者,对公益组织仅规定了电话劝募中的隐私权二次侵害的规制问题。[37] 而美国的消费者信息保护规则又以欧洲和加拿大的规定为借鉴对象,[38]因此,此处我们以加拿大的规则为研讨之对象。

加拿大的《促进个人信息保护和电子文档法》及其实施细则将信息的披露情况分为两种:需要默示同意、需要明示同意。默示同意与明示同意之区别在于,组织向信息权人寄送信息公开的通知后,是否需要获得信息权人的明确同意。如果无需获得明确同意,仅需要信息权人不

---

〔35〕 See Bruce R. Hopkins, *The Law of Fundraising*, 4th ed. John Wiley & Sons, Inc., 2009, p. 73.

〔36〕 See Children's Privacy Protection Act, 15 U. S. C. § § 6501 – 6506(2000).

〔37〕 See Ely R. Levy and Norman I. Silber, "Nonprofit Fundraising and Consumer Protection: A Donor's Right to Privacy", *Stanford Law and Policy Review*, 2004, p. 15.

〔38〕 See Neil M. Richards, "Reconciling Data Privacy and the First Amendment", *UCLA Law Review*, 2005, p. 52.

明确反对的，即为默示同意；反之亦然。

其中，需要默示同意的情况包括：(1)提供信息的人与组织存在商业或非商业关系的；(2)组织在明显位置提供了相应的电子地址，且信息权人并未言明自己不希望从该地址获得商业信息的；(3)信息公开后，信息权人未明确表示不希望收到商业信息的。〔39〕除上述情况外，公开披露任何信息都要获得明示同意。

笔者以为，该规则殊为合理，其以捐赠人的同意为基准，同时以法律规定之形式设立数种无需同意或仅需默示同意的情况。如此，便赋予了捐赠人更多的主动权，可以给予他更好的保护。该法为加拿大各省立法所借鉴，也可以为我国立法所借鉴。

此外，法律还应对隐私信息披露通知(Privacy Notice)做出特殊规定，以避免在实践中常出现的规避法律的情形。比如，在实践中，有金融机构把隐私通知写的卷帙浩繁，乃至于信息权人无法读完；有组织将通知的写作水平抬至大学三四年级的水平，以至于一般人无法读懂；甚或，有组织仅提供了极少数的信息，乃至于读者无法做出全面的判断。上述情况都会导致“明示/默示同意”规则归于无效。

对于这种情况，加拿大《促进个人信息保护和电子文档法》的实施细则有两项十分重要的规定：(1)规定通知必须明确、简单；(2)对通知中要说明的信息予以明确列举，包括：目的、所涉及的信息内容、其他情况。〔40〕

由此，结合上述“明示/默示同意”规则，捐赠人可以基于组织的领域、宗旨、使用目的、信息的内容是否敏感等情况，自行作出判断，以确定是否同意公益组织与其他组织分享信息。而其之同意函，即视为其

---

〔39〕 An Act to promote theefficiency andadaptability of the Canadian economy by regulating certain activities that discouragereliance on electronicmeans of carrying outcommercial activities, and to amend the Canadian Radiotelevision and Telecommunications, 10(9), (S. C. 2010, c. 23).

〔40〕 An Act to promote theefficiency andadaptability of the Canadian economy by regulating certain activities that discouragereliance on electronicmeans of carrying outcommercial activities, and to amend the Canadian Radiotelevision and Telecommunications, 10(9), (S. C. 2010, c. 23).

与公益组织间达成的协议，受契约规则之保护。笔者以为，该规则殊为值得我国借鉴。

综上所述，我们应对个性信息设定两大基本规则，四项辅助规则。由此，可以确定捐赠人个人信息披露边界之规则表达结构见图1。

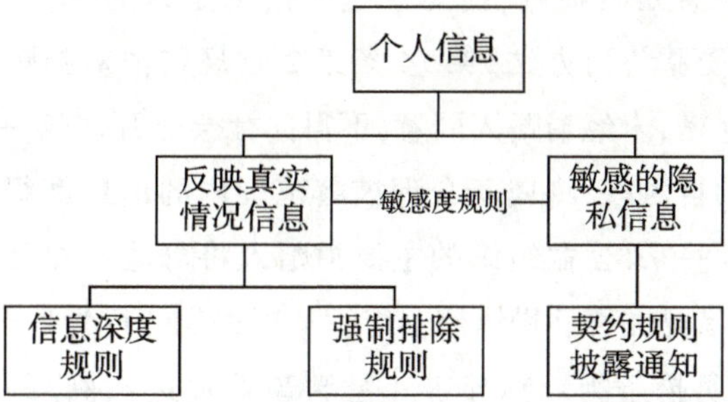

图1　捐赠人个人信息披露边界之规则表达

六、我国现有规则之研讨

相比国际上的通行做法，我国在慈善信息披露方面的现有规定，存在诸多问题：

首先，权利冲突界定规则缺失。目前，我国对公众与信息权人两者之间的自由权冲突缺乏明确的界定，因此在权利冲突平衡性处理方面，存在诸多原则性缺陷。其又可分为两种情况：

第一种情况是信息权人同意规则缺失。这也就是说，在法律规定中并未适用信息权人同意规则，而是强制要求披露全部信息。比如，《关于规范基金会行为的若干规定（试行）》第3条第6款规定："基金会应当及时向社会公众公布下列信息：……2. 主要捐赠人……"其未曾采用披露信息的敏感度规则。如此一来，主要捐赠人信息便没任何决定选择的余地，必要尽数曝光在公众视野下。这一状况，结合我国社会的现实环境，必然会使不少原本有意愿慈善事业的人士因为恐惧"露富"而不得不改变初衷。所以，这一规定是极不合理，缺乏科学论证的。

《慈善法》第76条虽然给予当事人以反对权，但毕竟属于事后保护。一旦组织没有事先问及当事人，而又主动将当事人信息予以披露，则情况也可能会变得难以收拾。

第二种情况是信息权人同意权范围过大。这既是说，信息权人可以决定自身信息是否披露，而无论这一信息是否为基本信息。比如，《江苏省慈善募捐许可办法》第14条第2款规定："对捐赠人的个人信息应当依法保密，未经捐赠人同意，不得向社会公开。"这一规定给予了捐赠人过度的自由权，将属于合理披露范围内的信息都留由捐赠人自主选择。如此一来，公益组织的主要捐赠人将可能不在公众的视野范围之内，并可借此在幕后操纵慈善组织从事违规的行为且不受监管。

《广州市募捐条例》与《宁波市慈善事业促进条例》的规定情况稍好，但有类似的问题。《广州市募捐条例》第23条对捐赠人可以拒绝披露的信息做了一个限定，包括"捐赠行为、捐赠财产和其他有关事项"，《宁波市慈善事业促进条例》第27条也做了类似界定，包括"个人信息和其他有关事项"。上述界定虽然能够略微平衡捐赠人与公众的利益，但还是存在向捐赠人过度倾斜的状况。

笔者以为造成上述问题的原因在于我国对捐赠人信息分类存在缺陷。其中，上述第一种情况的问题根源在于未对捐赠人信息作出分类，即无论信息属于反映真实情况的信息，还是敏感的隐私信息，都被纳入到披露范围之内。

第二种情况的问题根源在于未能对捐赠人信息作出合理分类，从而导致被纳入到特殊保护的敏感的隐私信息范围过大。比如，《广州市募捐条例》第23条规定的"捐赠行为、捐赠财产和其他有关事项"，捐赠财产明显不属于敏感的隐私信息范畴之内。《宁波市慈善事业促进条例》第27条规定的"个人信息"也存在界定不清，范围过大的情况。

那么，到底如何规定才是合理的呢？笔者以为，我们可以部分借鉴美国的做法。《美国联邦税法典》规定，免税组织应披露的内容包括：捐赠人的姓名、地址、邮编、捐赠金额。《美国联邦税法典》这一规定的优势在于通过列举式规定对信息做了分类,即明确列举哪些信息属于反映真实情况的信息,而除此之外的信息全部属于敏感的隐私信息。

当然,学界普遍认为,美国的做法还应予以微调。其存在如下不妥之处:一方面,披露捐赠人姓名和地址,会泄露捐赠人的隐私;另一方面,披露捐赠人的捐赠金额,也会泄露捐赠人的经济实力。因此,有学者建议,公益组织在披露的报告中或向政府提交的报告中,可以完整披露捐赠人的信息,以便于政府监管,而在对社会公开时,则应隐去捐赠人的姓名和地址,代之以编号和城市名称。〔41〕 此种主张可为我国所借鉴,即规定:(1)反映真实情况的信息包括捐赠人的姓名、地址、邮编、捐赠金额,但在公开披露中,姓名和地址应代之以编号和城市名称;(2)剩余信息都属于敏感的隐私信息,应遵守契约规则,〔42〕由信息权人和公益组织协商确定是否披露。

目前,国内只有《湖南省募捐条例》做出了类似的规定。《湖南省募捐条例》第 16 条规定:信息披露的范围应包括“捐赠人姓名或者名称(捐赠人要求保密的除外),捐赠财产种类、数量或者价值,捐赠时间”。这一做法值得其他地区借鉴。

其次,披露信息深度界定规则缺失。我国现有规定在信息披露深度方面大都未做出明确的规定。比如,上述《江苏省慈善募捐许可办法》、《广州市募捐条例》、《宁波市慈善事业促进条例》以及《湖南省募捐条例》中都未对此捐赠人做出区分,而是将所有捐赠人都纳入披露范围。由此便会造成一种状况,即大型公募组织将可能要披露海量捐赠人的信息,从而造成大量公众个人信息泄露。同时,又由于法律对公众的查询权的范围没有做出规定,便会出现一个普通公众可以据此向公募组织索要全部捐赠人名单的情况。如此看来,公益组织俨然成了一

---

〔41〕 See David Lourie, “Rethinking Donor Disclosure after the Proposition 8 Campaign”, *Southern California Law Review*, 2009, p. 83.

〔42〕 See Neil M. Richards, “Reconciling Date Privacy and the First Amendment”, *UCLA Law Review*, 2005, p. 52.

个信息泄露的主要管道。

在我国现有规定中,较为合理的当属《关于规范基金会行为的若干规定(试行)》,其将信息披露的深度限定为"主要捐赠人"。但令人遗憾的是,该规定未对主要捐赠人做出界定。笔者以为,关于这一问题,我们可以部分参考美国的做法,即以捐赠额为标准。美国法律规定,捐赠额超过5000美元的捐赠人应被纳入披露范围。笔者以为,美国的这种做法有待调整,因为以捐赠数额为判定标准并不具备可操作性。固定的数额对规模大小不同的组织而言意义不同,如果以5000美元为标准,则某些大型组织将列出长长的名单,而这些人对组织其实并不具备影响力。所以,笔者认为,我们应以捐赠比例为标准,即规定公益组织应披露当年捐赠额超过组织捐赠总收入5%以上的捐赠人的信息。

再次,强制保护规则缺失。纵观我国现有的所有规定中,对需要特殊保护的信息权人都未作出相关的保护性规定。而且,由于我国没有未成年信息保护的特别规定,实践中公益组织为显示自身之透明性与公信力,会将全部信息都披露于网络之上,所以,未成年人信息处于危险之中。笔者以为,未来我国的公益组织信息披露规则中,应对此作出明确规定,即禁止公益组织通过任何方式披露未成年人隐私信息,公众也不得向公益组织申请披露未成人的隐私信息,且未成年人及其监护人不得弃权。

最后,信息通知规则全面缺失。目前,我国对捐赠人规定了选择权的地方包括广州、江苏、宁波和湖南。而在这四个地方的规定中,没有一个地方对信息通知做出了规定。

在实践中,通常是仅在捐赠人主动提出信息保护的情况下,公益组织才会对捐赠人的信息采取保护措施,只有极少数的组织会通过口头的形式提醒捐赠人。如此一来,一旦捐赠人对公益组织的操作流程不熟悉,就可能造成信息外泄。

对于这种情况,《湖南省募捐条例》第16条第3款规定了一个后置性保护规则:"捐赠人对募捐情况公告书内容有异议的,可以要求募捐人予以更正;募捐人拒不更正的,捐赠人可以申请民政部门依法处理。"

这一规则确实能够部分保护捐赠人的利益,将其损害限制在一定范围之内,但这一做法并不比事先的告知更为有利。笔者以为,与其做出事后保护规则,不如在事前给予保护。

因此,我们应该在法律中明确规定,公益组织应事先向捐赠人告知可能披露的隐私信息的内容、披露目的和其他情况。并且,这一通知应采用简单的语言直接说明情况,不得有模糊、过度专业等情况。

七、结论

综上所述,我国目前关于保护信息权人的正当权益,平衡信息权人与公众之间的权利冲突的问题尚待完善。

由于我国现有规定未能基于敏感度规则,将信息按照反映真实情况的信息与敏感的隐私信息的分类方式做出区分,且缺少权利冲突界定规则、披露信息深度界定规则、强制保护规则、信息通知规则等几大规则,导致关于公益组织如何实现信息透明等问题出现了诸多争论。

为了合理解决争论,平衡捐赠人和公众的权利冲突,促进慈善行业之健康发展,我国政府应尽快研究相关法律制度。在这一过程,应综合考虑我国社会的现实舆论环境,从树立公益组织公信力的角度出发,规定一个较为严格的信息披露规则。但同时,在为《慈善法》配套相关规则时,应考虑尽快引入"明示/默示规则"等先进制度,并出台专门针对公益行业的个人信息管理办法,辅以《刑法》和《侵权行为法》,以实现对公益领域信息披露的规范化管理。如此,长期困扰我国慈善事业的纷争或将就此休止。

(责任编辑:胡汝为)

《事业单位人事管理条例》的法律适用问题探析

肖楠　胡汝为*

目　次

摘要:2014 年 4 月,千呼万唤的《事业单位人事管理条例》出台,打破事业单位人事管理事务由《劳动法》、《劳动合同法》以及国务院办公厅转发人事部《关于在事业单位试行人员聘用制度的意见》的

* [作者简介]肖楠,中山大学人力资源管理处培养发展科科长;胡汝为,法学硕士,管理学博士,中山大学公共卫生学院副教授。

通知(国办发〔2002〕35号,以下简称《35号文》)三份文件组成的实体法旧框架。新法的出台也带来问题,《劳动法》、《劳动合同法》、《事业单位人事管理条例》和《35号文》存在规定不尽相同之处的时候应当如何适用?本文从公立高等院校的人事管理实际问题出发,结合法律位阶相关理论,分析在《事业单位人事管理条例》出台及《立法法》修改以后事业单位人员聘用的法律适用问题,探索地方立法在保障高位阶法律在具体行业的适用过程中缺失及其作用及建议。

关键词:事业单位;人事管理;高等院校

本文第一部分将根据法律位阶理论,讨论法律系统中四份法律文件的应然法律效力及我国的实际状况;第二部分结合高等院校实际案例对法律适用中存在的一些问题进行分析;第三部分在讨论的基础上尝试提出完善建议。

一、《事业单位人事管理条例》的法律位阶分析

法律位阶理论由奥地利法学家梅尔克提出,由另外一位奥地利法学家汉斯·凯尔森发展壮大。凯尔森在《法与国家的一般理论》中将法律制度描述为一个有层次的体系,下级规范从上级规范中得来自己的效力,如果上溯则会止于最高级的"基础规范"。法律规范按照由另一个法律规范决定的方式被创造因而产生效力,后一个规范便成了前一个规范的效力产生的理由。这两种规范之间的关系表现为高级和低级的关系,决定新规范的创造的那个规范是高级规范,而被创造的规范是低级规范。[1] 法律位阶学说使一个法律体系内不同法律规范之间的关系得到解释,在一个统一的法秩序内,高位阶法律的效力高于低位阶法律,从而确保了法律秩序的稳定性。我国《立法法》虽然没有直接对法

〔1〕 参见[奥]凯尔森:《法与国家的一般理论》,沈宗灵译,中国大百科全书出版社1996年版,第124~126页。

律的位阶作出划分，但从立法上规定了法律规范之间效力的关系，如下所示：

第八十八条　法律的效力高于行政法规、地方性法规、规章。

行政法规的效力高于地方性法规、规章。

虽然从效力关系的规定直接推出法律位阶并不妥当，但结合法律位阶划分所依据的权力的等级性、事项的包容性以及权力的同质性三个准则，[2]也可以推出法律的位阶高于行政法规，而行政法规的位阶高于地方性法规和规章这一结论。法律由全国人民代表大会和全国人民代表大会常务委员会制定和修改，《劳动法》《劳动合同法》属于这种情况；行政法规则是由全国人民代表大会及其常务委员会授权国务院可以根据实际需要，对其中的部分事项先制定，2014 年出台的《事业单位人事管理条例》（以下简称《管理条例》）属于行政法规；规章则是国务院各部委在本部门的权限范围内制定，《关于在事业单位试行人员聘用制度的意见的通知》（国办发〔2002〕35 号，以下简称《35 号文》）由人事部制定，国务院办公厅转发，属于规章的范畴。《劳动法》和《劳动合同法》的位阶毫无疑问是最高的，效力也最优先；《管理条例》位阶高于《35 号文》，效力也优先于后者。低位阶法律的效力来自高位阶的法律，因此低位阶的法律只能在高位阶法律规定空白之处补充，而不能与高位阶的法律规定有冲突之处。

从理论上说，法律效力高于行政法规，而行政法规的效力高于部门规章，本文所研究的问题似乎就能迎刃而解，然而实际情况却复杂得多。1995 年生效的《劳动法》规定事业单位的劳动者“依照本法执行”，2008 年生效的《劳动合同法》虽然在总则中复述了《劳动法》的上述规定，但在附则中作出了特别规定，如下所示：

第九十六条　事业单位与实行聘用制的工作人员订立、履行、变

〔2〕 参见胡玉鸿：《试论法律位阶划分的标准——兼及行政法规与地方性法规之间的位阶问题》，载《中国法学》2004 年第 3 期。

更、解除或者终止劳动合同,法律、行政法规或者国务院另有规定的,依照其规定;未作规定的,依照本法有关规定执行。

《劳动合同法》的除外规定,实际上将事业单位从劳动法管辖范围中排除。《劳动合同法》生效晚于《劳动法》,相同规定应以前者为准,即2008年以后事业单位人事管理应当适用2002年发布的《35号文》。2008年《劳动合同法》颁布以前,《劳动法》本身并没有除外规定,理论上事业单位人事管理关系适用的应当是《劳动法》。

2003年,最高人民法院出台《关于人民法院审理事业单位人事争议案件若干问题的规定》,规定事业单位工作人员因辞职、辞退及履行聘用合同所发生的争议,适用《劳动法》。值得注意的是,这里"适用《劳动法》的规定处理"是指在程序上适用《劳动法》的相关规定,而实体处理则适用人事方面的法律规定。只有涉及事业单位工作人员劳动权利的内容,在人事方面的法律中又没有规定的,适用《劳动法》的有关规定。[3]

2008年《劳动合同法》颁布以后,事业单位人事关系的相关法律法规初步形成比较协调统一的法律体系,2014年《管理条例》的出台进一步完善了此体系。事业单位与实行聘用制的工作人员订立、履行、变更、解除或者终止劳动合同发生争议的,法律适用的次序依据是首先适用法律、行政法规或者国务院的规定,未作规定的,才适用《劳动法》与《劳动合同法》。[4] 这样做的理由不外乎事业单位实行的聘用制度与一般劳动合同制度在劳动关系双方的权利和义务方面、管理体制方面存在一定的差别,因此允许其优先适用特别规定。在《管理条例》未出

〔3〕 2003年最高人民法院出台的《关于人民法院审理事业单位人事争议案件若干问题的规定》第1条规定:"事业单位与其工作人员之间因辞职、辞退及履行聘用合同所发生的争议,适用《中华人民共和国劳动法》的规定处理。"2004年《最高人民法院关于事业单位人事争议案件适用法律等问题的答复》第1条为:"事业单位与其工作人员之间因辞职、辞退及履行聘用合同所发生的争议,适用《劳动法》的规定处理。"

〔4〕 参见杜开颜:《事业单位人事争议案件审理中相关问题研究》,载《法律适用》2007年4月期。

台之前，对于事业单位聘用人员而言，《35号文》的规定优先于《劳动法》与《劳动合同法》；而《管理条例》出台以后，其即成为最优先适用的法律法规，《35号文》次之，最后参照的才是《劳动法》和《劳动合同法》。

二、《事业单位人事管理条例》在高等院校的实际适用

可见，《劳动法》、《劳动合同法》、《管理条例》和《35号文》构成了不同位阶法律法规构成的法律体系。上述四份法律文件虽然在大多数的条款上面毫无二致，但也存在规定不同的地方。理论上规定不一之处，下位法必须遵循上位法，因为前者的效力来源于后者。但在实践中，出于种种因素的考虑，法律的实际适用和理论推演会有不一样的地方。下面笔者将结合具体条款在高等院校适用的实际情况，讨论在新法出台以后所产生的适用问题。

1.《劳动法》、《劳动合同法》和《管理条例》规定不同

关于试用期的规定，《劳动法》、《劳动合同法》和《管理条例》有差异，见以下法条：

《劳动法》第二十一条　劳动合同可以约定试用期。试用期最长不得超过六个月。

《劳动合同法》第十九条　劳动合同期限三个月以上不满一年的，试用期不得超过一个月；劳动合同期限一年以上不满三年的，试用期不得超过二个月；三年以上固定期限和无固定期限的劳动合同，试用期不得超过六个月。

……

《管理条例》第十三条　初次就业的工作人员与事业单位订立的聘用合同期限3年以上的，试用期为12个月。

可见，《劳动法》和《劳动合同法》对于试用期的规定是一致的，即试用期最长不得超过6个月；而《管理条例》的规定则不同，对于初次签订聘用合同而且期限在3年以上的，试用期被规定为12个月。如果严格按照法律位阶的理论，《管理条例》此条规定因为违背了《劳动法》

《劳动合同法》的规定，应该是无效的，即使初次订立聘用合同而且合同期限超过3年，试用期也不得超过6个月。

《劳动法》和《劳动合同法》规定试用期不得超过6个月自然是有道理的，这样的规定倾向于保护劳动者，使之不会因为试用期过长而利益受到损害。但是，《管理条例》所规定12个月的试用期更为切合事业单位的实际情况。《管理条例》第12条对事业单位与工作人员签订的聘用合同期限作出规定，一般不低于3年。按照正常的情况，也就是一位新进事业单位的员工与单位签订聘用合同时，期限一般是3年，而试用期是12个月。可见事业单位与员工签订的聘用合同期限一般较长，因而将试用期规定为12个月也是为更好地考察员工与岗位的匹配性。这样的规定和事业单位本身所具有的特殊属性是分不开的，事业单位属于由国家举办的社会服务组织，与企业相比，其工作人员具有更强的稳定性和更低的流动性，与之相适应，规定较长的合同期和试用期也无可厚非。

在实际的案例中，事业单位和人事仲裁机构也更为倾向《管理条例》所规定的12个月试用期，很多时候争议到了法院才会将《劳动法》和《劳动合同法》的相关规定纳入考量范畴内。人事仲裁与司法审判适用的实体法不统一，这也是我国人事改革所面对的一个难题。[5] 对于《管理条例》和《劳动法》、《劳动合同法》规定不一的情况，《管理条例》会得到优先适用。

2.《劳动合同法》、《管理条例》与《35号文》规定不同

关于订立聘用至退休合同的条件，各项法律法规也有所不同：

《劳动合同法》第十四条规定订立无固定期限劳动合同的条件之一为：用人单位初次实行劳动合同制度或者国有企业改制重新订立劳动合同时，劳动者在该用人单位连续工作满10年且距法定退休年龄不足

〔5〕 参见陈晓宁：《事业单位人事争议中的法律问题研究》，载《山东社会科学》2011年第1期。

10年的。

《管理条例》第十四条　事业单位工作人员在本单位连续工作满10年且距法定退休年龄不足10年，提出订立聘用至退休的合同的，事业单位应当与其订立聘用至退休的合同。

《35号文》相关规定　对在本单位工作已满25年或者在本单位连续工作已满10年且年龄距国家规定的退休年龄已不足10年的人员，提出订立聘用至退休的合同的，聘用单位应当与其订立聘用至该人员退休的合同。

综合以上三条可见，《劳动合同法》和《管理条例》对于订立无固定期限劳动合同或者聘用至退休劳动合同的条件是一样的，均要求在用人单位连续工作满10年并且距离退休不足10年；《35号文》则比前两者多了一种情况，也就是在本单位工作已满25年的情况。按照严格的法律位阶理论，《35号文》仅仅是部门规章，而其上位法《劳动合同法》以及《管理条例》并没有规定兜底规定，“在本单位工作已满25年”但不是“在本单位连续工作已满十年且年龄距国家规定的退休年龄不足十年”的劳动者是无权要求订立聘用至退休的劳动合同。在以下案例中可见一斑：

A于1970年生，1988年高中毕业进入B事业单位工作，至2013年工作年限满二十五年。恰逢2013年B事业单位人事改革，欲提高单位员工整体素质，而A又到续签劳动合同的年份，仅仅拥有高中学历的A因此非常忧虑会受到解聘。

A在2013年是43岁，距离法定退休年龄还有12年，虽然他在本单位已工作满10年，但他并不满足《劳动合同法》以及《管理条例》签订聘用至退休劳动合同的条件。但如果按照《35号文》的规定，A则有权利向单位提出签订聘用至退休的劳动合同。然而，值得注意的是《35号文》生效时间是2002年，《劳动合同法》和《管理条例》则分别是2008年和2014年生效，因此“在本单位工作25年”这一规定既不是新法，又不是上位法；虽然还有不尽妥帖之处，但在适用上遵循《劳动合同法》以及

《管理条例》的规定是毋庸置疑的。

从另外一个角度看，虽然《35号文》的规定效力低于《管理条例》以及《劳动合同法》，但《35号文》规定的合理之处也不容易忽视。《35号文》对A这一类人更为宽容，签订聘用至退休的劳动合同的要求相对更低一些。与A处于类似境况的人不在少数，这个人群的共同特点是文化水平不高、社会竞争力不强、在同一单位服务多年，如果他们不幸被解聘，重新获得聘用并不容易。因此，是否能续签聘用至退休的劳动合同对他们非常重要。此外，这类人一般而言都在同一单位服务多年，曾经的尽心付出也应该得到肯定。实践上，很多事业单位在对待A这样的老员工时，多采用婉转而留有余地的方式，在新法中对此类人群疏于保护与时下保护劳工权益的趋势并不吻合。

3.《管理条例》和《35号文》规定不同

对于事业单位可单方面解聘员工的旷工期限，《管理条例》和《35号文》有不同的规定：

《管理规定》第十五条　事业单位工作人员连续旷工超过15个工作日，或者1年内累计旷工超过30个工作日的，事业单位可以解除聘用合同。

《35号文》相关规定　连续旷工超过10个工作日或者1年内累计旷工超过20个工作日。

可见，后出台的《管理条例》比《35号文》的规定要更宽松一些，连续旷工日期从10天放宽至15天，1年内累计旷工时间从20个工作日放宽至30个工作日。此中所表现的，正是对劳动者的保护倾向。考虑到劳动者可能会因为某些突发情况旷工，《管理条例》将法定用人单位可单方面解聘的旷工期限提高，也就降低了劳动者被解雇的可能性。《管理条例》作为行政法规，位阶高于《35号文》，效力也优先于后者，而且还更符合时代发展潮流，在此问题上的法律适用毫无疑问是以《管理条例》为准。

由以上的分析可见，在高等院校的人事关系纠纷中，《管理条例》的优先适用得到绝对的肯定。这一方面的原因是《管理条例》是新法,新法优于旧法,另一方面在事业单位人事关系的实体法律规范中,它又是位阶最高的法律。

三、走向体系化:《事业单位人事管理条例》和相关法律法规关系分析

从前述对各项法律法规有冲突的情况可见,在现阶段内《管理条例》的适用问题还都是能够找到答案的。当然,实际和理论还是会存在一定距离。理论上,法律的位阶最高,行政法规次之,规范性文件最低;但在实际适用上,法律做出除外规定,事业单位人事关系中《管理条例》是首先应当遵循的法律文件,《35 号文》排在第二顺位,《劳动合同法》等法律则是在前二者均找不到相应规定时才会被引用。

这种理论上和实践上适用顺序的差异与我国长期以来劳动、人事二元化背景有关。在计划经济时期,事业单位与其工作人员之间的关系主要依靠行政手段来调节,强调单位对个人的身份管理。[6] 进入市场经济的年代,虽然在《35 号文》出台以后事业单位也走上了由行政关系向聘用关系改变的道路,但是行政化的色彩依旧浓厚。当然,这种残存的行政化色彩并不是时代发展的趋势,但在现阶段将事业单位聘用制度特殊化处理依旧有必要。这也是实际适用顺序产生的历史原因,而在制度上如上文所述《劳动合同法》在附则中做出除外规定,因而作为行政法规的《管理条例》才能被第一顺序适用。但是同时更应注意到的是,在《劳动法》和《劳动合同法》中关于事业单位也有“依照本法执行”的规定。

逐步向法律靠拢的意识是明确的,《管理条例》出台以后,它作为行政法规是调整事业单位人事聘用管理最高级别的法律文件,在一定程

〔6〕 参见杨珊:《事业单位聘用制改革适用劳动法探讨》,载《理论与改革》2009 年第 4 期。

度上缓解了在这方面缺乏统一的、高位阶的法律依据的问题。[7] 当然，这并不是终点。《公务员法》颁行以后公务员的人事关系处理就有了可参照的标准，事业单位的人事聘用关系问题也在朝此方向努力。显然，事业单位人事聘用关系和劳动关系的鸿沟不可能被拓宽，而只会逐步缩小。如《管理条例》第 19 条规定："自聘用合同依法解除、终止之日起，事业单位与被解除、终止聘用合同人员的人事关系终止。"事业单位与聘用人员之间的聘用关系，即合同关系的起止，亦代表了人事关系的起止，终结了事业单位与其聘用人员的合同关系，人事关系"两层皮"的现象。

现阶段的限制并不会长久地阻碍法律的完善，规范法学派所强调的法律法规系统内部的秩序也具有很重要的价值。虽说"理论上"的排序并不一定是现行"实际上"排序发展到最后的理想表现形式，但对于规范事业单位聘用制度的法律法规来说，未来更规范更有秩序的体系还是值得期待的。《事业单位人事管理条例》出台固然是事业单位人事制度改革的里程碑，带来了一股清新的气息，然而这股清新的气息并没有能荡涤所有的难题。问题依然存在，改革也还在路上，未来还需要更多的探讨和努力。

（责任编辑：潘炫明）

〔7〕 参见陈敏：《论人事聘用合同与劳动合同的并轨——兼谈〈事业单位人事管理条例〉的弊端》，载《政治与法律》2015 年第 2 期。

查审分离与行政司法化:历史转型中的证券执法体制改革*

潘炫明**

目　次

* ［基金项目］本文是香港特别行政区研究资助局优配研究金项目(项目号:CUHK－452913)和中央高校基本科研业务费中山大学青年教师培育项目"证券行政执法与刑事司法衔接机制研究"(项目批准号:17wkpy11)的阶段性成果。本文部分内容已发表于另一英文著作,参见 Xi Chao and Pan Xuanming, "Public Enforcement of Securities Law: A Case of Convergence?" in Zhao Yun and Michael Ng eds., *Chinese Legal Reform and the Global Legal Order: Adoption and Adaptation*, Cambridge University Press, 2017。

** ［作者简介］潘炫明,法学博士,中山大学法学院副研究员。

摘要:中国证监会借鉴美国证券行政执法制度设立"行政处罚委员会",实现证券行政执法体制的"查审分离",这在我国的行政管理体系中尚属首例。证监会的"行政司法化"改革,有助于突出其行政执法体制的创新性成果,并通过相关改革措施背后所体现的国际化、专业化和独立性等制度价值提高自身监管执法职能的正当性和权威性。从改革趋势来看,中国证监会的工作重点逐渐从单纯的行政审批转变为"监管执法",间接推动了中国资本市场的结构性转型。

关键词:证券执法;查审分离;行政司法化

一、导言

为了借鉴发达国家的先进经验,中国的证券行政执法体制在很大程度上模仿了美国证监会(Securities and Exchange Commission,SEC)的执法模式。相比其他国家的金融监管机构,美国证监会更加重视执法部门的建设,其闻名于世的"集中监管"和"执法主导"(enforcement-led)模式长期以来受到中国证监会领导层的青睐。[1]证监会于1999年成立了稽查局,并在2006年进行内部重组,增设了"稽查总队",加强对证券违法行为的实时监控,与公安部在证监会的派驻机构加强信息共享和案件通报等合作机制。

与此同时,中国证监会借鉴美国"行政法官"(Administrative Law Judges)制度,在内部设立了"行政处罚委员会",该委员会于2006年经

〔1〕 有关"集中监管"模式的论述,参见周正庆主编:《证券知识读本》,中国金融出版社1998年版;有关中国证监会借鉴美国"执法主导"模式的论述,参见Xi Chao and Pan Xuanming, "Public Enforcement of Securities Law: A Case of Convergence? " in Zhao Yun and Michael Ng eds., *Chinese Legal Reform and the Global Legal Order: Adoption and Adaptation*, Cambridge University Press, 2017。

国务院批准成为独立于证监会其他部门的专业机构，实现了证券行政执法体制的“查审分离”。这在我国的行政管理体系中尚属首例，不仅是我国行政处罚体制的重大创新，也是我国金融监管执法体制改革的重要突破。这项改革措施已经引起了其他部委的广泛关注，中国银行业监督管理委员会（以下简称银监会）、中国保险监督管理委员会（以下简称保监会）和国土资源部也相继实施了类似的改革。〔2〕

中国资本市场自2015年以来经历了大幅波动，证监会的行政监管角色也因此备受舆论关注。从发达国家资本市场的监管经验来看，证券违法行为在全球化与信息化的背景下已经发生量化甚至质化改变，如何实现监管执法的公平、公开与公正，及时发挥其应有的惩戒警示作用，是拓展直接融资市场和构建现代监管体系的重大考验。从过去20年的改革经验和发展趋势来看，中国的监管决策层已经意识到这一问题。在回顾历史的基础上，本文将进一步总结中国证券行政执法体制改革的发展趋势。

二、证券市场的集中监管

改革开放以来，中国的金融监管模式受到了国内和国际因素的双重影响。在20世纪90年代初期，中央同时设立了国务院证券委员会（以下简称证券委）和中国证监会，这种监管模式与日本、英国早期的复合型监管架构相似，但监管效率明显不足以应对国内外资本市场的快速发展。1997年亚洲金融危机爆发，中央决定对金融监管制度进行结构性改革，建立自上而下的垂直管理体制。在这种大时代背景下，中国

〔2〕 参见中国银监会官方网站行政处罚信息：http://www.cbrc.gov.cn/forwardToXZCFPage2.html；中国保监会官方网站行政处罚信息 http://www.circ.gov.cn/web/site0/tab5178/；杨旎：《国土资源部首次举行行政处罚听证会》，载《中国国土资源报》2017年11月21日，第1版。

证监会在 1998 年完成机构改革，成为我国资本市场的“集中监管”机构。[3]

证券市场的集中监管模式又可以理解为“集中立法授权”模式，主要指国家最高权力机关授权设立专门的全国性证券监管机构，并且通过专门立法实现对全国证券市场的集中管理。在这种模式下，全国性证券监管机构在市场管理中居于主导地位，证券交易所和行业协会等自律组织发挥辅助性作用。这种模式通常具备两个特点：一是强调立法授权和集中管理；二是设立专门的全国性监管机构负责市场监管。美国、巴西、日本和加拿大等国家都采用集中监管模式，而美国是这种模式的典型代表。[4] 美国联邦证券监管体制是根据 1933 年《证券法》和 1934 年《证券交易法》确立，除了可以行使执法权，美国证监会还同时拥有国会授予的“准立法权”和“准司法权”，是一个全国性的独立监管机构。

中国证监会的历届领导在不同场合都表达了对发达国家资本市场的特别关注，尤其是对于美国证券监管经验的重视。[5] 就经济体量与综合竞争力而言，美国的证券市场比其他西方国家更为发达，美国的证券监管机构也比其他国家的同类机构更为强势。基于这个现实判断，中国证监会在制度设计上十分注意吸收美国证监会的经验。[6] 在

---

〔3〕 此处引用的“集中监管模式”以美国证券监管机构的法律地位和法律授权为主要参考。中国证监会首任主席周正庆认为，以美国为代表的集中监管模式最适合中国的国情。参见周正庆主编：《证券知识读本》，中国金融出版社 1998 年版；也有学者认为，中国证监会在 1998 年已经建立“集权化”监管模式，参见洪艳蓉：《金融监管治理：关于证券监管独立性的思考》，北京大学出版社 2017 年版。

〔4〕 参见高伟：《证券监管模式的国际比较与启示》，载《国家行政学院学报》2003 年第 2 期。

〔5〕 曾经出任证监会领导职位的周正庆、高西庆、范福春等都有相关著述或发言，参见《中国证券市场设计者王波明与高西庆》，载和讯网：http://news. hexun. com/2008 - 09 - 12/108767219. html；《总理三问股市涨不涨，证监会三大人物一朝梦终圆》，载网易商业报道：http://biz. 163. com/40205/2/0ECI87CB00020QEU. html。

〔6〕 See Xi Chao and Pan Xuanming, “Public Enforcement of Securities Law: A Case of Convergence?” in Zhao Yun and Michael Ng eds., *Chinese Legal Reform and the Global Legal Order: Adoption and Adaptation*, Cambridge University Press, 2017.

1998年国务院机构改革以后，中国证监会逐渐获得全面的监管授权。2000年《立法法》正式确认证监会的规章制定权，2006年证监会借鉴美国“行政法官”制度建立“行政处罚委员会”，经过上述两项改革，中国证监会的“准立法权”和“准司法权”获得了正式认可，组织结构和权力配置模式与美国证监会相当接近。〔7〕

三、证券稽查体制的发展

与美国证监会的稽查执法实践相比，中国证券稽查体制的起步较晚。尽管中国证监会成立于1992年，而全国人大在1996年才颁布《行政处罚法》，证监会也直到1998年才成功争取到设立稽查局的独立编制。1999年7月《证券法》正式实施，为中国证监会的处罚、稽查权限及办案程序提供了法定依据。〔8〕 因此，整个证券稽查体系的成长仅有十多年的短暂历史。

中国证监会成立初期并无稽查局的建制，直到1996年才将法律部的一个下属处室（信访处）改组为稽查部（当时法律部的编制只有4人）。〔9〕 从法制大环境来看，有关行政处罚的立法在20世纪90年代仍处于萌芽阶段，1996年10月开始施行的《行政处罚法》第一次从国家立法层面规范行政机关的处罚行为和处罚程序。根据《行政处罚法》规定，除“具有行政处罚权的行政机关”外，只有“法律、法规授权的具有管理公共事务职能的组织”可以在“法定授权范围”内实施行政处罚。〔10〕 证监会在当时只是副部级单位，并且与国务院证券委共同管理证券市

---

〔7〕 参见李东方：《证券监管机构及其监管权的独立性研究——兼论中国证券监管机构的法律变革》，载《政法论坛》2017年第1期。

〔8〕 参见1999年实施的《证券法》第十章规定了证监会的各项职能，第167条、第168条规定机构权力为保证上述权力实现而赋予监管机构采取相应措施，第172条规定了其工作制度和处罚决定应当公开。

〔9〕 参见当时的稽查部门并没有法律明确规定的行政职能，但1997年亚洲金融危机爆发后，在国务院证券委的部署和其他部委配合下查处了不少案件。参见曹里加：《证券执法体系比较研究》，北京大学出版社2008年版，第220页。

〔10〕 参见1996年《行政处罚法》第15、17条。

场,法定的处罚权限尚未清晰,稽查职能也受到影响。[11]

1998 年证监会升格为正部级单位,正式成立稽查局,编制扩大到 33 人。[12] 按照国务院 1998 年颁布的《中国证券监督管理委员会职能配置、内设机构和人员编制规定》(国发办〔1998〕131 号,以下简称《三定方案》),中国证监会是国务院直属管理的事业单位,由国务院授权监管全国的证券市场,根据授权,证监会可以进行行政处罚,日常工作由法律部负责。根据《三定方案》,法律部(首席律师办公室)负责"组织办理涉及中国证券管理委员会的行政复议案件、行政诉讼案件、国家赔偿案件和其他诉讼案件"。[13]

证监会在 1999 年推行稽查执法体制的重大改革,实现稽查体制的垂直管理,并设立九大区证券监管办公室(以下简称证管办),以强化证券监管机构的稽查职能。2001 年 5 月证监会设立九大地方稽查局,与证管办实行"两套牌子一套人马"的统一管理模式,稽查员总人数扩充至 210 人;[14] 同年 7 月,证监会成立专责查办内幕交易和市场操纵案件的稽查二局;公安部成立证券犯罪侦察局,与证监会稽查局合署办公。[15]

2006 年,证监会向中央机构编制委员会提交新的改革方案,稽查执法体制实行第二次重大改革。2007 年 11 月 16 日,证监会正式宣布将稽查一局、稽查二局合并为稽查局(首席稽查办公室),并成立"稽查总队";改革后的稽查人员编制增加一倍,达到 600 的总数。[16] 证监会自

〔11〕 事实上,为了加强执法,证监会主动突破立法限制,在 1997 年颁布《证券市场禁入暂行规定》,对证券违法个人实施处罚。这一做法在当年受到质疑,因为根据《行政处罚法》规定,在法律、法规规定的处罚种类、幅度和范围之外,规章只能设立 3 万元以下的罚款。

〔12〕 参见曹里加:《证券执法体系比较研究》,北京大学出版社 2008 年版,第 220 页。

〔13〕 该条也引起很大争议,因为《三定方案》并非行政法规,而由证监会的内设部门自行处理行政复议也有违《行政复议法》的规定。参见曹里加:《证券执法体系比较研究》,北京大学出版社 2008 年版,第 220 页。

〔14〕 参见曹里加:《证券执法体系比较研究》,北京大学出版社 2008 年版,第 221 页。

〔15〕 参见曹里加:《证券执法体系比较研究》,北京大学出版社 2008 年版,第 221 页。

〔16〕 稽查总队核定编制 170 名,内部整合初步完成,稽查总队的首批人选正陆续到位,并已开始在全国范围内选聘 80 名会计、法律、财经、计算机等专业人员。另外,增加证监会派出机构稽查力量 110 名。

上而下也明确了“三级稽查”体系，即证券交易所和地方稽查局负责日常稽查；其他主管部门（如上市公司监管部）进行专项监管；对于重大案件（涉及警告以上的处罚），由证监会稽查局负责立案调查；[17] 涉及刑事案件则移送公安部门。[18] 改革后的稽查程序与美国证监会的执法程序十分相似：案件的调查分为“非正式调查”和“正式调查”两个阶段，兼顾执法的灵活性与规范性。稽查局内设“立案处”，负责接收有关举报信息和实施初步调查，并根据调查结果确定是否立案；[19] 地方稽查局有权对辖区内的上市公司进行“现场检查”并进行日常监督。[20] 经过这次改革，证券稽查体制可谓更加完整和充实，稽查程序也比以往更加规范。

四、监管理念与监管方式的转变

稽查体制的发展见证了中国证券监管理念和监管方式的转变。诞生于20世纪90年代的中国证监会，在承担政府监管职能的同时，还要背负起服务于“国企改革”这个当时中国最大经济改革命题的重任。证监会尽管在1998年升格为正部级事业单位并正式成立稽查局，此后查处大案逐年增加（如红光实业、东方锅炉、琼民源等），但其压倒性任务仍然是“发展”，即为国企改制上市服务。在上市公司股权分置改革以

〔17〕 参见曹里加：《证券执法体系比较研究》，北京大学出版社2008年版，第221页。在新的体制下，证监会内部形成了分工明确、相互配合的稽查体系：（1）首席稽查负责统一协调、指挥整个系统的稽查工作；（2）稽查局主要负责组织、协调、指导、督促案件调查，负责立案、复核及行政处罚的执行，负责跨境执法合作及行业反洗钱工作；（3）稽查总队主要负责调查内幕交易、市场操纵、虚假陈述等重大案件，以及涉及面广、影响大的要案、急案、敏感类案件；（4）地方稽查局及各地方监管局的稽查力量，主要负责辖区内案件的调查，以及非正式调查和各类协查工作。

〔18〕 参见《最高人民法院、最高人民检察院、公安部、中国证监会关于办理证券期货违法犯罪案件工作若干问题的意见》（证监发〔2011〕30号，2011年4月27日）。

〔19〕 参见《中国证券监督管理委员会案件调查实施办法》（2008年3月11日）和《中国证券监督管理委员会关于上市公司立案稽查及信息披露有关事项的通知》（证监发〔2007〕111号，2007年8月13日）。

〔20〕 参见中国证监会《上市公司现场检查办法》（中国证监会〔2010〕12号公告，2010年4月13日）。

前,大部分上市公司都不是纯粹的公司法人,无论在重组、申请发行新股等环节都无法避免政府部门的介入,加之寻租和其他道德风险,使得内幕交易和市场操纵行为难以查证。[21]

当时的中国证券市场承载了繁重的政治功能,包括通过国企上市将国有银行风险转嫁给"体制外"的民间投资者、充实国企资本金、为国企解困提供资金支持等。[22] 在复杂的体制环境下,许多不合法的行为由于执法资源的短缺而被掩盖,即使被发现也容易获得体制内的赦免。[23] 有批评者认为,监管者之所以会对一些违规行为开绿灯,可能的原因之一就在于对执法责任和发展市场两者之间的矛盾取舍。然而,现实情况往往是欲速不达,监管者太过迫切地希望发展市场,结果却有可能因此而陷入无法发展的境地。[24]

1999年《证券法》正式实施以后,证监会获得更大范围的法定授权,逐渐从原来最牵扯精力的"上市审批"工作中解脱出来,监管理念和监管方式出现转变。与此同时,中央领导层下决心对金融体系进行结构性改革,来自香港特区的史美伦被任命为证监会副主席后,行政执法开始成为证监会的工作重点,中国资本市场随即刮起了"执法风暴"。[25]

随着市场积累的问题和风险的释放,一批大案要案浮出水面,证券市场乱象横生,监管机构倍感压力。受到舆论高度关注的"德隆案""科龙案""琼民源案""银广厦案"等市场黑幕,牵涉面广、受害者众,为当时的资本市场敲响警钟。2004年仅在7月就有四家公司被立案调查,创单月立案之最。[26] 骤然上升的处罚频率和强度,反映了当时监管当局加强执法的态度,但也激起舆论对于证券市场积弱多年的诚信和执

〔21〕 参见曹里加:《证券执法体系比较研究》,北京大学出版社2008年版,第225页。

〔22〕 参见曹里加:《证券执法体系比较研究》,北京大学出版社2008年版,第224~225页。

〔23〕 参见曹里加:《证券执法体系比较研究》,北京大学出版社2008年版,第225页。

〔24〕 参见曹里加:《证券执法体系比较研究》,北京大学出版社2008年版,第220页。

〔25〕 参见《曾掀监管风暴令市场感念,"铁娘子"史美伦去留悬念待解》,载《中华工商时报》2003年9月16日。

〔26〕 参见曹里加:《证券执法体系比较研究》,北京大学出版社2008年版,第223页。

法体系的诟病。从另一侧面来看,证券执法体制的历次改革,在一定程度上是响应负面事件曝光后所造成的社会舆论压力。

此外,证监会的改革动力不仅来源于市场,也来源于体制内因素。证监会副主席方星海曾经公开表示,证券市场"执法难"的关键不在于人才的缺乏或技术的制约,而是"执法者的背后缺乏必要的监督和支撑"。[27] 由此可见,证券行政执法体制的专业化和法制化,有助于证监会适应官僚体系的内部竞争。中国在2001年加入世界贸易组织(WTO),中央政府自上而下推动行政体制改革,希望全面普及"依法行政"观念,包括证监会在内的行政机关必须予以积极回应。[28] 由于证监会行政处罚案件大多涉及"情节复杂"或"重大违法行为"需给予较重处罚的实际情况,有必要设立专门的行政处罚委员会,对这些重大、复杂案件进行集体讨论、研究,而行政执法体制的整体改革也在这种时代背景下呼之欲出。[29]

五、证券行政处罚体制的"查审分离"

相比稽查体系的发展,证券行政处罚体系的发展相对缓慢,直到20世纪90年代末期,大部分的行政处罚案件仍然交由法律部或稽查局进行审理,不仅没有专责行政处罚的审理机构,缺少听证和送达等程序性规范,甚至很多处罚决定也不对外公布。[30] 总体而言,中国证监会在

---

〔27〕 方星海认为,作为立法机关的全国人大常委会,应对《证券法》的执法情况进行经常性的检查和监督。参见安明静:《证券执法检查应建立人大监督制度》,载《国际金融报》2006年1月18日。

〔28〕 2002年证监会发布的《完善处罚体制的通知》就明确响应了国务院《关于全面推进依法行政的决定》(国发〔1999〕23号),尤其是《关于贯彻实施〈中华人民共和国行政处罚法〉的通知》(国发〔1996〕13号)的精神。

〔29〕 《行政处罚法》第38条第2款规定,"对情节复杂或者重大违法行为给予较重的行政处罚,行政机关负责人应当集体讨论决定"。

〔30〕 为了解决这个问题,1999年《证券法》第172条规定证监会"依据调查结果,对证券违法行为作出的处罚决定,应当公开"。另外,从历史档案来看,证监会自1999年开始,处罚决定编号开始由"证监查字"改为"证监罚字"。

2000 年以前已经初步确立了相对独立的稽查体系，但有关行政处罚的建制相对滞后，未形成相对专业和独立的处罚体系。

第一次行政处罚审理体制改革始于 2002 年，这一时期见证了证券执法“查审分离”机制的初步成形。查审分离是指调查和审理由不同的部门分别负责、分工合作、相互监督制约的体制。[31] 2002 年 4 月 25 日，证监会发布《关于进一步完善中国证券监督管理委员会行政处罚体制的通知》（以下简称《完善处罚体制的通知》），第一次提出“查审分离”作为证监会行政处罚工作改革的基本原则，为日后证监会内部的“稽查”和“处罚”两大体系的发展奠定基础。[32]《完善处罚体制的通知》强调，证券违法案件的处理要遵循两大原则，一是“贯彻分工明确、职责清楚、程序规范、精简高效的办案原则”，二是“实行重大、复杂案件集体讨论制度（集体负责制）”。

2002 年《完善处罚体制的通知》第一次正式提出成立行政处罚委员会，负责“对重大、复杂案件进行集体讨论、研究”。证监会在同年 5 月份建立专门编制和配套机制，初步建立了相对专业的案件审理机构制度。不过，根据《完善处罚体制的通知》规定，行政处罚委员会的工作机构下设在法律部，日常工作由法律部的“审理执行处”承办。换言之，行政处罚委员会的日常运作仍然依附于法律部，其独立性、专业性明显地受到限制。但是从总体趋势而言，查审分离制度自 2002 年开始已成为证券执法体制改革的主旋律之一。

第二次行政处罚审理体制改革始于 2006 年。这次改革正式确认行政处罚委员会及其办公室的独立地位与编制，标志着证券执法“查审分离”体系的正式确立。2006 年 10 月，中国证监会对外宣布，行政处罚委员会及其办公室的独立编制已经获得批准，证监会官员向媒体表示，

〔31〕 参见《证监会：创查审分离执法体制》，载《法制日报》2011 年 1 月 17 日。

〔32〕 2002 年《完善处罚体制的通知》第 1 条明确规定，证券执法实行“案件调查与处罚决定分开”，并且“建立调查权与处罚权相互配合、相互制约的机制”。

这一改革措施是借鉴发达国家在监管机构中设立相对独立的履行审理处罚职责的“行政法官”制度。[33]

新设的行政处罚委员会不再依附于法律部进行日常办公，属于独立职能机构，专责案件审理；下设单独的办公部门、配备独立的行政资源，从机构编制上真正确立了2002年《完善处罚体制的通知》所提出的查审分离模式，也进一步推进了“调查权与处罚权相互配合、相互制约的机制”。[34] 改革后的行政处罚委员会的主要职责包括：草拟行政处罚案件审理、听证等工作的规则、实施细则；承办行政处罚案件的审理、听证工作，对行政处罚案件提出处罚建议；负责全系统行政处罚工作的调查研究、监督指导；重大行政处罚案件的执法协调等。

为配合行政处罚的程序改革，中国证监会在2007年4月18日分别出台了《中国证券监督管理委员会行政处罚委员会工作规则》和《中国证券监督管理委员会行政处罚听证规则》（以下简称《行政处罚听证规则》）。这两个文件对行政处罚委员会的工作流程进行规范管理，并提出了类似于法院庭审的程序性要求，包括：完善公开听证和书面复核程序，赋予当事人提出书面申诉和抗辩以及聘请代理律师等权利。同时，《行政处罚听证规则》要求实行“主审委员”制度，即证监会立案调查的案件先由专职的主审委员对法律和事实进行审理，然后再交由合议庭作出决定。从规范层面而言，证监会的行政处罚程序越来越接近司法机关的审判程序要求。

六、证券执法的行政司法化

证监会行政执法体制改革的最大亮点在于，新设立的行政处罚委员会借鉴美国的“行政法官”制度，其运作独立于证监会其他部门。行

〔33〕 中国证券监督管理委员会编：《中国资本市场二十年》，中信出版社2012年版，第343页。

〔34〕 2002年《完善处罚体制的通知》第1条。

政法官制度是美国证券监管的特色之一。SEC 在成立之初就在执法程序中引入听证制度,20 世纪 30 年代以来恰逢美国的"行政司法化"改革,强调政府行为的透明化、程序化和专业化,包括 SEC 在内的不少联邦监管机构开始试行"听证主持人"(Presiding Officer)制度。[35] 这项改革在 1946 年的行政程序法案(Administrative Procedure Act,APA)被确立为正式的"行政法官"(Administrative Law Judge)制度,此后半个世纪的美国行政法发展见证了行政法官制度的高速发展,而 2010 年的金融监管改革法案(Dodd-Frank Act)出台以后,美国证监会直接适用行政执法程序进行处罚的频率明显上升。[36] 除美国以外,发达国家的证券行政执法体制也普遍强调执法部门的专业权威和执法工作人员的独立性。更重要的是,为了强化执法的公正性,行政执法程序逐渐趋同于司法审判程序。[37]

进入 21 世纪以来,国内投资者的维权意识已经明显加强,而机构投资者的比重也日益增加,这些因素使得中国资本市场出现结构性变化,也促使证监会重新思考自身的定位。在全球市场竞争日趋激烈的背景下,对于中国证监会而言,学习英美发达国家的监管经验是提高正当性和自身竞争力的有效方法。行政处罚委员会负责人在接受采访时强调,查审分离的核心价值就在于将"司法元素"引入行政执法程序当中。[38]

从查审分离的制度特点来看,证券执法体制改革逐步走向"行政司法化"。所谓"司法化"主要体现在两个方面:首先是行政决定主体的司

---

〔35〕 See Frederick Davis, "Judicialization of Administrative Law: The Trial-type Hearing and the Changing Status of the Hearing Officer" *Duke Law Journal* 2, 1977, pp. 389 - 408.

〔36〕 See David T. Zaring, "Enforcement Discretion at the SEC", *Texas Law Review* 94(6), 2016, p. 1155.

〔37〕 参见李晓珊:《证券市场监管法律制度之比较研究》,中国法制出版社 2014 年版;彭岳:《跨境证券融资的法律规制——以境外公司在境内上市的监管为视角》,法律出版社 2011 年版。

〔38〕 参见马婧妤:《查审分离 13 年,证监会执法效率质量持续"双升"》,载《上海证券报》2015 年 8 月 25 日,第 2 版。

法化(或“准司法化”)。行政处罚委员会建立“专职委员”制度,部分委员由高级法官或具有相关经验的社会专业人士出任,[39]推动行政处罚案件审理形成相对稳定、统一的审理标准。[40] 行政处罚委员会借鉴法院合议庭的特点,实行“主审”加“合议”的工作机制,把集体决策和个体责任结合起来,促使案件审理更加公平和公正。其次是行政决定程序的司法化(或“准司法化”)。稽查工作人员不参与案件裁决,以保证行政处罚委员会的中立性,排除不必要的干扰;在审理程序上,证监会在告知、听证诸环节不同程度地参照司法程序要求,并与最高人民法院联合出台了重要政策,其中包括实践中执法难度较大的内幕交易和市场操纵案件的听证程序、证据规则以及认定标准。[41] 行政处罚委员会的决定还可以通过行政复议和行政诉讼来实现外部的监督和制约,改变了传统行政机关的“命令和服从”模式,有助于市场主体对监管执法政策形成相对稳定的预期。

综合以上制度优势,证监会认为现行的查审分离制度是“根据资本市场发展的客观需要和证券违法行为的特点、借鉴成熟市场经济国家的经验、结合中国的实际、逐渐探索出来的”一种执法机制。[42] 2013年,时任证监会主席肖钢在《求是》刊登专题文章,明确执法改革应当作为监管职能转型的“着力点”。[43] 证监会官方统计显示,2006年至2014年底,行政处罚委员会共审结案件687件,作出行政处罚决定496项、市场禁入决定135项,结案率超过90%,同时对2117人没收违法所得和给予罚款,罚没款总额超过20亿元。2008~2014年,证监会行政调查

〔39〕 参见朱宝琛:《两位法官跨进中国证监会大门半年间》,载《证券日报》2011年6月15日,C03版。

〔40〕 参见中国证券监督管理委员会编:《中国资本市场二十年》,中信出版社2012年版,第343页。

〔41〕 参见例如证监会2007年3月27日印发《证券市场操纵行为认定指引(试行)》和《证券市场内幕交易行为认定指引(试行)》;最高人民法院在2011年印发《关于审理证券行政处罚案件证据若干问题的座谈会纪要》,更新了取证和认定的标准。

〔42〕 参见《证监会:创查审分离执法体制》,载《法制日报》2011年1月17日,第2版。

〔43〕 参见肖钢:《监管执法:资本市场健康发展的基石》,载《求是》2013年第15期。

后向公安机关移送证券期货犯罪案件和线索达241起。[44] 总体而言,证监会在舆论宣传上刻意强调行政处罚委员会的“司法化”特点,无疑有助于突出其行政执法体制的创新性成果,并通过“司法化”背后所体现的国际化、专业化和独立性等制度价值提高自身监管执法职能的正当性和权威性。

七、结论

自1998年成立稽查局以来,中国证监会的行政执法体制先后经历了几次重大调整。在2002年以前,证券行政执法总体上可以描述为“查审一体”的格局,即案件的调查和审理由同一个部门处理。这一格局在2002年开始改变,证监会将案件的调查、审理工作分别由不同部门负责办理。随着2006年上市公司股权分置改革完成,证监会逐渐把工作重心转移到监管执法上,并着手推动以“查审分离”为核心的证券执法体制改革。在此背景下,证监会设立了相对独立的行政处罚委员会及其专属办公室,实现行政机关内部审理行政处罚案件的专业化和司法化,这在中国行政管理体系中属于首例。

中国证券监管体系起步于20世纪90年代,证券市场的改革见证了国家经济和法制建设的关键转型时期。总体而言,中国证券行政执法体制改革已经走上正确的轨道,但改革的持续发展能力有待观察。回顾历史,中国证监会的工作重点逐渐从单纯的行政审批转变为“监管执法”,间接推动中国资本市场的结构性转型。必须注意的是,中国的证券监管模式仍然强调行政主导,行政执法体制的程序化与法制化并不意味着监管质量的必然提升。与此同时,证监会的角色转变也受到外部环境的影响,在应对国内经济新常态和构建国际金融新秩序的漫长道路上,查审分离和行政司法化都只是阶段性成果,改革的未来仍然充满不确定性。

(责任编辑:黄泷一)

---

〔44〕 参见马婧妤:《查审分离13年:证监会执法效率质量持续“双升”》,载《上海证券报》2015年8月25日,第2版。

“一带一路”背景下解决外国法查明问题的新思考

——以外国法查明的责任与方法为中心*

张　建**

目　　次

---

* [基金项目]本文为国家留学基金委建设高水平大学联合培养博士生项目“国际投资仲裁管辖权研究”(项目编号:201607070108)阶段性研究成果。

** [作者简介]张建,中国政法大学国际法学院2015级博士研究生。

摘要:由于主客观多方面因素的制约,外国法查明问题始终是摆在涉外民商事审判中未能解决的难题。在我国,审理涉外案件的法官应当依职权适用冲突规范及其所指引的外国法,其适用具有强制性而非任意性。对案件中可能适用的外国法,通常由法官或当事人进行查明,但各国实践不尽相同。我国现行立法与司法解释明确了"无法查明"外国法的认定标准,这对防范法官无限扩张法院地法的适用是有益的。在查明外国法的具体途径上,国际上惯用的是由专家证人提供意见以及运用互联网手段获取外国法信息的方式,我国应适当加以借鉴。通过对各国查明外国法的实践进行比较考察,可以注意到综合运用多元化方法已成为主流。"一带一路"背景下,外国法查明的难度颇大,我国应积极创新外国法查明机制。

关键词:外国法查明;专家证人;冲突规范;惯例证明

引言

外国法查明问题的妥当处理,不仅关系到国际私法学科的生死存亡,亦直接影响到涉外案件的裁判质量,但迄今为止,理论界并未对此提供令人满意的绝佳方案。[1] 通过考察世界上其他国家涉外民商事审判的实践,并与中国的状况加以对比,不难发现,查明与适用外国法的难题并不仅仅是中国所独有的,法官主观不愿适用外国法或客观未能查明外国法的困境,在相当一部分国家都有所体现。总的来看,中国在这方面的问题越发突出。实证研究发现截至2016年中国法院所审理的全部涉外、涉港澳台案件中,适用域外法(包括国际条约、国际惯例、外国法、港澳特区立法、台湾地区规定)的案件数量尽管相较于2011年《中华人民共和国涉外民事关系法律适用法》(以下简称《法律适用法》)生效前稍有增长,但在所有涉外案件中所占比例仍然极低,甚至不

---

〔1〕 参见宋晓:《当代国际私法的实体取向》,武汉大学出版社2004年版,第329~331页。

足6%,而绝大多数的涉外案件都是适用中国法裁判的。[2] 如果不能正视这一问题,并积极探讨出路,不仅会给其他国家留下中国法院对域外法一概排斥的消极印象,而且法治的开放水平作为影响评估投资环境的重要指标,从长远来看,中国法院一味适用国内法的裁判方式还很可能不利于中国企业"走出去"发展对外贸易与投资关系,甚至对"一带一路"倡议的实施构成消极影响。基于此,正视这一实践性问题,并结合域外经验讨论其解决对策,颇具现实意义。

一、外国法查明的基本问题

就其一般意义而言,外国法查明涉及两个紧密关联但又相对独立的问题:第一个问题,经法院地的冲突规范指引的外国法,其适用的条件是什么?有观点称,如果法院有义务依职权适用法院地的冲突规范,则法院亦有义务适用依该冲突规范指引的外国法,无论当事人是否提出适用外国法的主张,法官都不能回避外国法在特定案件中适用的强制性。[3] 但如果冲突规范的适用并非强制,则法官适用外国法亦将融入任意性的元素,须得当事人请求方可适用。实践中,大多数法域遵循的是混合模式,在某些情形下外国法的适用是强制性的,在另一些情形下则凸显出自由裁量权,具体情形的区分取决于权利的可处分性。第二个问题则是狭义上的外国法查明,即外国法内容的确定,这进一步关系到:究竟是应当由法官还是由当事人主要承担查明外国法的义务?可以采用哪些手段加以查明?无法查明时应当如何裁判?所查找的外国法应如何解释和适用?

对中国而言,在第一项问题上,基于民事诉讼中确立的职权主义诉讼模式,国内学界与实务的主流观点认为:中国大陆的法官应依职权在

〔2〕 参见王徽、沈伟:《论外国法查明制度失灵的症结及改进路径——以实证与法经济学研究为视角》,载《国际商务》(对外经济贸易大学学报)2016年第5期。

〔3〕 See M. Jänterä-Jareborg, *Foreign Law in National Courts: A Comparative Perspective*, 304 Recueil des Cours, 2003, pp. 236 – 243.

涉外案件中强制适用冲突规范,无论当事人在涉外诉讼中是否援引适用冲突规范,法官均应当依据冲突规范的指引适用准据法并查明准据法的内容。[4] 不过,也有学者别出心裁,认为不宜笼统地将中国冲突法归入"强制适用"或"任意适用"的范畴,中国的冲突规范更多体现的是"候补强制性",即当事人的合意选法一般性地优先于传统硬性冲突规则,在当事人没有选法合意时,法官无需考虑当事人是否请求适用外国法,都应依职权适用冲突规范并查明准据法。[5] 不过,2012 年《最高人民法院关于适用〈中华人民共和国涉外民事关系法律适用法〉若干问题的解释(一)》(以下简称《法律适用法司法解释》)第 6 条对意思自治的范围进行了明确的限定,即仅有法律明确允许当事人选法时,其合意才会对法官产生拘束力,否则当事人的选法合意将被认定无效,因此,"候补"的提法不完全准确。此外,在中国现行民事诉讼两审终审制及再审模式下,如果下级法院在冲突规范或外国法的适用上出现错误,将受到最高人民法院的审查。[6] 可见,冲突规范的"任意性适用"理论在中国难以立足。归根结底,在涉外民商事司法审判中,中国法官应依职权强制适用冲突规范。考虑到这一点,在中国法律实践语境下探讨外国法查明,更亟待解决的是第二项问题,尤其是外国法查明的责任分配与查明的具体手段、方法,本文的探讨也主要从这两点加以展开。

二、外国法查明的责任分配问题

解决好外国法的查明责任分配问题,是法官在涉外民商事司法审判中适用外国法的前提。总体上来看,相比于查明之后的外国法适用

---

〔4〕 参见秦瑞亭:《强制性冲突法和任意性冲突法理论初探》,载《南开学报》(哲学社会科学版)2007 年第 4 期。

〔5〕 参见徐锦堂、曾二秀:《论冲突规则的候补强制性》,载《学术研究》2010 年第 4 期。

〔6〕 例如,"美国总统轮船公司与菲达电器厂、菲利公司、长城公司无单放货纠纷再审案""富春航业股份有限公司、胜惟航业股份有限公司与鞍钢集团国际经济贸易公司海上运输无单放货纠纷再审案",参见宋晓:《最高法院对外国法适用的上诉审查》,载《法律科学》(西北政法大学学报)2013 年第 3 期。

阶段,各国在外国法的查明阶段,尤其是查明责任的确定和查明方法的使用上,差异更为明显。瑞士比较法研究所于2011年就欧盟内部各成员国之间外国法查明实践所作的一项研究报告显示,外国法查明责任的分配主要体现为四类模式。[7]

第一类模式采取的是英美法传统民事诉讼程序的解决方案,这类国家以爱尔兰、英国、卢森堡、拉脱维亚为代表,在其国内法院审理的涉外民商事案件中,证明外国法的责任完全归于当事人,法官在确定外国法内容上的角色是双重受限的:首先,对于案件所适用的外国法,如果当事人未援引或提及相关条款,则法官被禁止做相应的研究,也不得利用自己对该外国法所具备的个人知识;其次,如果案件一方当事人所提供的外国法内容,另一方无所争议,则这项外国法内容应视为有约束力的证据,此时法官有义务按照当事人双方所提供的外国法规定来解决争议,而无权再做另行查明。

第二类模式则将依职权查明外国法内容的责任归于法官,这类国家以奥地利、保加利亚、德国、爱沙尼亚、法国、意大利、荷兰、波兰、罗马尼亚、斯洛文尼亚、西班牙为代表。不过,即使在采用第二类模式的国家,其法官也很少独立承担查明外国法的程序责任。简单地讲,这类国家的法官之所以在外国法查明方面充当了积极的角色,是由于其法官在民事诉讼程序中收集与分析证据的环节发挥着重要功能,但这却并未排除当事人在外国法方面对法官提供协助,无论当事人是应法官的要求提供抑或主动提供外国法,法官均可以接受。

另有一些国家属于典型的第三类模式,以立陶宛、捷克、斯洛伐克为代表的国家在当事人与法官之间分配外国法查明的义务上,主要是按照指引适用外国法的冲突规范的性质来判断的。当指引法官适用外

---

〔7〕 See Swiss Institute of Comparative Law, *The Application of Foreign Law in Civil Matters In the EU Member States and Its Perspectives for the Future*, available at http://ec. europa. eu/justice/civil/files/foreign_law_iii_en. pdf,访问时间:2016年12月13日。

国法的某项冲突规范属于非强制性的冲突规范(亦称任意性适用的冲突法),则主张援引适用外国法的当事人一方有义务查明并向法官提供该外国法;反过来,当冲突规范属于强制性的,则法官应当主动确定案件所应适用的外国法的内容。至于如何划定并区分强制性适用与任意性适用的冲突规范,尽管立法上并未确立整齐划一的通行标准,但各国实践中均认定合同性事项,无论是在民法领域、商法领域抑或劳动法领域,均属于非强制性适用的冲突规范。在这些国家,对于此类任意适用的冲突规范,只有在至少一方当事人提出适用的请求时,法官才会适用冲突规范以及可能指向的外国法,如果各方当事人均未提出请求,则法官可直接忽略案件的涉外因素,依法院地法裁判。[8]

第四类模式是采取个案分析的方法来破解外国法查明的责任分配难题,这类模式以芬兰、瑞典、葡萄牙等极少数国家为代表。具体来讲,法官会基于案件事实,尽可能使查明外国法内容的成本最低化,衡量并考虑个案中双方当事人的物质资源充足情况、法官对外国法的个人知识、法官与当事人各自对于法定的查明程序的可利用性等多重因素。

这几类责任分配方式的形成,离不开各国已有的民事诉讼中对待外国法的处理态度,且立足于各国内在的诉讼程序模式,因此很难评断其优劣与高下。但不可否认的是,这项比较法视角下的研究报告表明,各国在查明与提供外国法的义务分配上,既存在共性也存在差异,比较明显的共性是均在裁判者与当事人之间确立义务承担方,而差异则主要存在于何者应优先承担查明外国法的主要义务、法官查找外国法时应当积极主动抑或消极被动。

反观我国的情况,《法律适用法》第10条系首次将外国法查明的问题提升至立法条款加以正式规定,在此之前,查明外国法的问题曾在2005年最高人民法院发布的《第二次全国涉外商事海事审判工作会议

〔8〕 参见徐鹏:《论冲突规范的任意性适用——以民事诉讼程序为视角》,载《现代法学》2008年第4期。

纪要》(以下简称《会议纪要》)以及2007年最高人民法院发布的《关于审理涉外民事或商事合同纠纷案件法律适用若干问题的规定》中有所规范。《法律适用法》第10条确立了一般规则及其适用例外,通常应由司法机关或准司法机关主动依职权查明外国法,仅在例外的情形下(即当事人选择适用外国法时),才施加给当事人查明外国法的义务。但同时,第10条第2款维持了最高人民法院一直以来的立场,即无法查明外国法时应一概适用中国法裁判涉外案件。考虑到此种处理方式很可能间接纵容法官在查明外国法的工作中采取消极态度、进而适用中国法取而代之,这一点受到一定的质疑和批判。但2013年实施的《最高人民法院关于适用〈中华人民共和国涉外民事关系法律适用法〉若干问题的解释(一)》(以下简称《法律适用法司法解释》)对消除上述质疑起到了正面的导向作用。《法律适用法司法解释》不仅于第17条首次明确了判定外国法无法查明的标准,[9]而且第18条对《会议纪要》中关于外国法内容如何质证和审查的合理规定进行了确认和更新。[10] 为了防范法官滥用无法查明外国法的借口而一味适用法院地法,第17条要求法官尽可能穷尽各类查明方法,只有确信多重途径均查而不得的情况下,才能达到"无法查明"的认定标准,否则法官不得轻言无法查明。那么,无法回避的问题是,在明确了查明外国法的义务主体之后,其可以采取哪些具体的途径与方法来完成这些任务?对此,各国法官经由长期的审判实践,从不同的角度积极寻求出路,且积累了各种有益的经验,但其侧重各有不同,颇有必要做一番比较法上的探究。

---

〔9〕《法律适用法司法解释》第17条规定:"人民法院通过由当事人提供、已对中华人民共和国生效的国际条约规定的途径、中外法律专家提供等合理途径仍不能获得外国法律的,可以认定为不能查明外国法律。根据涉外民事关系法律适用法第十条第一款的规定,当事人应当提供外国法律,其在人民法院指定的合理期限内无正当理由未提供该外国法律的,可以认定为不能查明外国法律。"

〔10〕《法律适用法司法解释》第18条规定:"人民法院应当听取各方当事人对应当适用的外国法律的内容及其理解与适用的意见,当事人对该外国法律的内容及其理解与适用均无异议的,人民法院可以予以确认;当事人有异议的,由人民法院审查认定。"

三、外国法查明的常用方法及其评介

(一)外国法查明的证据法思路

从既往学术研究的成果来看,在讨论外国法查明的问题时,多数著者会首先试图就不同国家对外国法的定性问题做一番考究:在以英国为代表的普通法系国家,法官通常将外国法视为事实问题,必须在当事人提出诉辩主张明确要求适用外国法时,才会予以考虑;而相反,在以德国为代表的大陆法系国家,外国法被视为法律问题,法官会使用一切可用的信息来源独立查明并适用外国法。[11] 在普通法国家,如果当事人均未请求将外国法作为诉因或案件应受外国法支配,则法官将适用法院地法,其如此裁判的基础是此时推定案件所涉及的外国法的内容与法院地法相一致或相似。[12] 不过,这种对外国法进行法律或事实二元划分的弊端日渐暴露,原因在于,如下文将详尽讨论的,美国早已改变了将外国法视为"事实"的处理态度,并通过联邦立法条款明确了外国法应被视为"法律"。即便在英国,法官也越来越注意到,外国法的适用虽然仍然需要当事人提出请求,但法官不可能用"事实"来裁判"事实",外国法属于"特殊的事实",在审判程序中,有关如何解释与适用外国法的争辩,最终由法官判定而非陪审团决定。笔者认为,在对外国法定性的问题上,要充分意识到其兼具双重属性:一方面,作为法律,外国法具有天生的规范属性,将其等同于案件事实而无视其司法约束力,并

---

〔11〕 参见张潇剑:《国际私法论》,北京大学出版社2004年版,第211页。

〔12〕 不过,这种在当事人未请求适用外国法或无法查明外国法时推定外国法与法院地法相一致的规则并不绝对。例如,英国与新加坡的司法实践中就已察觉到其弊病,在 Shaker v. Al Bedrawi 案中,涉及对一家宾夕法尼亚公司的法律判断,依冲突规范本应适用该公司的成立地法,无奈其成立地法无法查明,但英国法官拒绝援用推定规则而适用《英国公司法》,原因是《英国公司法》明确不适用于外国公司。David Foxton QC, *Foreign Law in Domestic Courts*, available at http://www.sal.org.sg/RegistrationForms/LES/Foreign%20Law%20in%20-Domestic%20Courts%20-%20Paper.pdf,访问时间:2017年11月11日。

不妥当;[13]另一方面,对内国法官而言,其并不当然知晓外国法具体规定的内容,与案件待证事实相似,外国法也是需要辩明和查证后才可作为裁判依据的。在当下的涉外民商事审判中,过分纠结外国法的定性问题,无助于提升审判质量、确保审判效率。

值得注意的是,无论在定性上将外国法视为法律抑或视为事实,在欧盟成员国范围内,相当一部分国家的实践是将外国法作为可以使用证据加以证明的对象。那么相应地,在一国涉外民商事审判中,当事人可以提交的以及法官可以采信的证据类型宽窄将直接关系到外国法适用的成功与否。通常,一国涉外民事诉讼程序中具有可采性的证据范围越宽,当事人成功向法官证明外国法内容的可能性就越大。从证据可采性的角度分析,欧盟国家在外国法查明的法律制度上又可以区分为两大类:第一类是在外国法查明的问题上不对法官可采信的证据类型加以限制,第二类恰好相反,在为了证明外国法的内容而提供的证据形式上施加了明确的可采性限制,如爱尔兰、拉脱维亚、英国等。[14]

相应地,以当事人提供证据或法院主动调取证据来获知外国法的信息,除了要考虑证据可采性的因素外,更需要探讨相应的证据类型。从既有的实践来看,各国最为常用的方法莫过于通过熟知某一外国法的专家证人提供意见的方式作出证明,至于专家意见的提供是通过口头还是书面,各国的情况又有所不同,这主要取决于法院地国的证据法传统。例如,普通法系国家倾向于专家证人在宣誓的基础上当庭对外国法具体问题进行口头作证,并接受交叉盘问,由法官判断其证言的可信度;而大陆法系国家的法官则更愿意接受外国法专家以书面方式作出的意见报告,这类报告可能并不要求满足具体的格式,但往往论证越

〔13〕 See Rainer Hausmann, *Pleading and Proof of Foreign Law-a Comparative Analysis*, The European Legal Forum 2 (2008).

〔14〕 See Swiss Institute of Comparative Law, *The Application of Foreign Law in Civil Matters in the EU Member States and Its Perspectives for the Future*, available at http://ec. europa. eu/justice/civil/files/foreign_law_iii_en. pdf,访问时间:2016年12月13日。

是充分、说理越是详尽、法律依据越是清楚的报告越有可能被法官所采信。[15] 至于外国法专家在诉讼中所充当的角色,一方面取决于其证明对象,另一方面要考虑其由谁所委任,对于当事人各自所委任的专家,其角色更接近于当事人陈述,而法庭委任的中立专家则更接近于鉴定结论。[16] 一旦就某一项外国法问题,不同当事人分别委任的专家证人出具了相互冲突甚至相反的意见时,法官需从中权衡,择一采信,或者法官另行指定中立专家作出独立意见。

此外,对于谁有资格和能力充当其他法域的法律专家,并不存在一以贯之的准确标准。一般来讲,曾在该外国法域执业过或正在执业的法官或律师通常是适格的外国法专家,但以英国民事诉讼为例,现在已不再强求对外国法作证的专家证人需要满足在该国执业的要件。英国的判例表明,虽未在该外国从事法律职业,但在另一第三国执业的律师,只要该第三国的法律体系与准据法所属国的法律体系相同,则这名律师仍然是合格的专家证人;虽然未曾系统学习过法律或在法律领域从业,但对外国法的某个具体方面甚为精通,也可以作为适格的外国法专家。[17] 那么,关于外国法的专家意见究竟应涵盖什么具体内容呢?可以肯定的是,这类专家证词不仅是对法官所提出的外国法问题进行有针对性的意见回复,而且为确保可信度,往往在意见中附以相关外国成文法典或法规的摘录。作为通例,专家意见中所涉的外国法信息越是详尽,其可信度越能加以保障,尽管没有绝对严格的形式要求,但标准的外国法专家意见通常须囊括以下信息:法庭审判中所遇到的具体外国法问题的回复、据以作出此类意见的法律渊源、作为意见基础的相

[15] See Trevor C. Hartley, "Pleading and Proof of Foreign Law: The Major European Systems Compared", *International and Comparative Law Quarterly* 45, 1996, pp. 271 – 274.

[16] 参见王葆莳:《论外国法查明的程序规制——兼评〈涉外民事关系法律适用法〉第10条的应用》,载中国国际私法学会、武汉大学国际法研究所主办:《中国国际私法与比较法年刊》(第15卷),北京大学出版社2013年版,第12～13页。

[17] See Lawrence Collins, *Dicey, Morris & Collins The Conflict of Laws*, Sweet & Maxwell Limited, 2006, p. 261.

关规范在其国内的法律位阶、该外国最高法院对相关条款所作的权威性解释或有效判例、与该外国法相关的其他不易查明的有关事项或明显必要的关联规范等。[18]

（二）互联网时代下获取外国法资料的新途径

从历史来看，各国法院都曾经历过难以查找物理意义的外国法副本的困难期。尽管曾有学者注意到，早在19世纪，美国就出现了对主要外国法律进行翻译的英文作品，但其亦坦言，相关论断得以确立的研究基础仅是对销售商或拍卖商所售书籍目录的筛选，至于这些学术作品对司法实践中适用外国法能够起到的实际效用，则微乎其微。[19] 甚至直到20世纪后期，在多数国家，若想自由获取权威的外国法信息，也只能求助于主要法学院的图书馆或大型聚居区的资料室，这与国内法的普及程度相比，显然也是望尘莫及。但与此同时，随着互联网信息技术的迅猛发展，关于外国法与国际法的专业化数据库在提供外国法资料方面越来越受到研究者与实务界的重视。例如，常用的 Foreign Law Guide、Kluwer Law Online Manuals 不仅按法系、国别、部门法对各国法律体系作了系统的科学整理，而且除现行成文立法和有约束力的判例外，还提供了绝大多数国家法律研究者所作的代表性论著和权威教科书，使具体规范的解释一览无遗。同时，相比于纸质资料，电子数据的更新换代更为及时，熟练运用后，法律实践者可以精准、详尽地找到某项具体外国法问题的答案。海牙国际私法会议常设事务局的一项调查研究显示，在各国司法机关所审理的涉及外国法的民商事案件中，25%的外国法问题可以通过在线获取的外国法信息、以电子形式载明的法律渊源加以解决，即使没有辅助其他方法对此加以核实，法官也可能会

[18] See Matthew J. Wilson, "Demystifying the Determination of Foreign Law in U. S. Courts: Opening the Door to A Greater Global Understanding", *Wake Forest Law Review* 46, 2011, p. 904.

[19] See M. H. Hoeflich, "Translation & the Reception of Foreign Law in the Antebellum United States", *American Journal of Comparative Law* 50, 2002, pp. 753 – 775.

采信。[20]

此外,互联网技术的进一步应用还对传统的外国法查明方法进行了一定的改良,其中的典型代表莫过于"视频会议"的查明方法。如上文所述,在相当一部分国家习惯采用专家作证的方式提供外国法意见,当事人指定的不同专家可能各执一词、观点互斥,而即使是法庭任命的专家,也需要出庭接受当事人的盘问,尤其是相关专家证人位于另一国时,无疑使外国法查明的时间与金钱成本陡增。所谓"视频会议"的方法,允许专家不出庭,而通过视频在线对话的方式接受庭审参与各方的提问并作出相应回复,这虽然没有完全突破专家出庭作证的模式,但却在相当程度上缓解了成本过高的问题。[21] 2012 年,以色列特拉维夫家事法院审理的一起涉外案件中,涉及香港法问题,法庭允许了专家通过视频会议方式接受交叉盘问,提升了审理的效率。[22]

(三)外国法查明的消极立场:推定规则与法院地法的回归

据学者研究,如果与案件有最密切联系的外国法或者根据冲突规范所指引的外国法无法查明,法官可能会采取如下解决方法:以"不方便法院原则"为由拒绝管辖;在保留管辖权的同时,适用一般法律原则、法院地法、容易获取但版本陈旧的外国法等;适用辅助性的冲突规则,如最密切联系原则所指引的法律,或适用外国法据以移植的"母法",等等。[23] 例如,在美国地方法官所审理的 Shah v. Kuwait Airways Corporation 案中,争论焦点涉及根据 1999 年《蒙特利尔公约》,航空公司的雇员所实施的盗窃行为是否在雇主的责任范围内,以及纽约州的

---

〔20〕 See Permanent Bureau of the Hague Conference on Private International Law, *Feasibility Study on the Treatment of Foreign Law: Summary of the Responses to the Questionnaire*, Preliminary Document No. 9A of March 2008, p. 28.

〔21〕 See Talia Einhorn, "Treatment of Foreign Law in Israel", in Yuko Nishitan, *Treatment of Foreign Law: Dynamics Towards Convergence*, Springer Publisher, 2016, p. 9.

〔22〕 Ploni v. Almonit, Family Case (Tel-Aviv) 45419 – 05 – 10, Nevo electronic database (27 March 2012).

〔23〕 See Shaheeza Lalani, "Ascertaining Foreign Law: Problems of Access and Interpretation", *International Journal for the Semiotics of Law*, 2016, pp. 1 – 16.

法律与科威特的法律在这方面是否存在真实冲突。审理中,法官曾试图查找科威特国内法关于替代责任的规定,尽管其未能查找到最新修订的《科威特民法典》,但却查找到了科威特1980年的一项法令中的相关条款,事实上,这些旧版的法律条款已表明科威特立法遵循的是埃及规则,即肯定雇主替代责任的存在。不过,主审法官最终仍然认定无法查明外国法,在确认查无所获的前提下,法官最终确定了适用纽约州的法律作为案件准据法。[24] 从这起案件中似乎也可以看出,尽管外国法无法查明时可能存在多重方案以供选择(例如冲突规范指向的准据法所属国的旧法、其据以进行法律移植的"母法"),但法官总体倾向于适用法院地法作为"挡箭牌",这种法律选择的单边主义倾向不但昭然若揭,且在世界各国都普遍存在。

除了以上处理方案外,在无法查明外国法或缺少可接受的专家证据时,一些国家的法院还形成了所谓的相似性推定规则,即法官求助于法院地法,但对当事人称无法查明的准据法与法院地法相一致。无疑,作为法律拟制的产物,这种欲盖弥彰的选法方式本质上仍然属于法院地法的扩张适用。例如,澳大利亚高等法院在审理 Neilson v. Overseas Project Corporation of Victoria Ltd. 案时,法官试图查明中国的法官如何行使其解释《中华人民共和国民法通则》第146条的自由裁量权,但专家给出的意见并未充分回答这一问题,于是本案法官推定中国的解释方法与澳大利亚相似,并根据自己的考虑来适用中国法。[25] 对这种由来已久的惯常实践,学理上褒贬不一,尤其是在本案中,有学者注意到,这并不是简单地对冲突规范进行解释的问题,还涉及冲突规范适用中的反致问题。事实上,中澳两国涉外民商事审判实践中对反致的态度迥然不同,适用推定规则误认为中国法与澳大利亚法相似,与事实情况

---

〔24〕 Shah v. Kuwait Airways Corporation. 2012. WL 1631624 (S. D. N. Y.).

〔25〕 See P. L. G. Brereton, "Proof of Foreign Law: Problems and Initiatives", *The Australian Law Journal*, 2011, p. 6.

相悖,其裁判结论亦显得荒诞。[26] 纵容推定规则的滥用,貌似可以提升法律选择的效率,但笔者以为,这无异于鼓励法官知难而退、回归适用自己最为熟知的法院地法,与多边主义理念下平等对待内外国法的立场不符。为了尽量避免及缓和外国法查明中的消极立场,汲取代表性国家外国法查明的有益实践,借以改善中国《法律适用法》中外国法查明制度"失灵"的困境,是有必要的。

四、代表性国家查明外国法的比较考察

(一)丹麦法官查明外国法时可要求当事人予以配合

在丹麦的民事诉讼程序中,只要当事人双方已经明确提出了其诉讼请求与抗辩,则根据相关法律作出判决的任务即属于法官的职能。相应地,丹麦法官有义务依职权在涉外案件中主动确定需要适用的外国法的内容,并准确加以解释与适用。不过,丹麦法官适用外国法的义务同时具有鲜明的特性,即法律规则是适用于特定事实的,如果据以要求适用外国法规则的事实纠纷并未被当事人的陈述与抗辩所充分涵盖,则法院不会适用相关规则。[27] 换言之,当事人对涉案事实表述的清晰与否以及当事人诉讼请求与抗辩的明确与否,会对法官是否查明与适用外国法规则产生直接的影响,但一旦确定需适用外国法,则法官主要承担查明之责。

在具体的查明方法上,丹麦立法未进行限制,法官可根据个案的需要选取相应的方式,其既可以主动调查并获取相应的外国法信息,也可以请当事人予以提供。如果法官通过事后研究或自己已有的知识背景知晓了外国法的内容,需告知双方当事人并允许当事人加以评论,在保

---

〔26〕 See Anthony Gray, "Choice of Law: the Presumption in the Proof of Foreign Law", *UNSW Law Journal* 31, 2008, pp. 136 – 137.

〔27〕 Clement Salung Petersen, *Proof and Information about Foreign Law* (*Denmark*), available at https://papers. ssr-n. com/so – l3/papers. cfm? abstract_id = 245004,访问时间:2017 年 11 月 11 日。

障各方当事人平等的程序参与权的基础上,丹麦法官方可适用外国法作出判决。此外,丹麦不仅是《关于提供外国法信息的欧洲公约》(以下简称《伦敦公约》)的缔约国,而且还加入了1978年《关于提供外国法信息的欧洲公约的附加议定书》(以下简称《伦敦公约议定书》),丹麦司法部已经依据公约的要求签发了公约及其议定书的指导性说明。因此,法官可自行决定按《伦敦公约》所确立的司法协助途径向其他缔约国请求获取相应的外国法。如果法官要求当事人提供外国法,通常当事人会在列明外国法相关的问题清单后,选定某一相应外国法的专家(可能是教授、律师或外国法研究机构),由该专家拟定意见。

（二）美国立法最大限度地放宽查明外国法的可用途径

1965年美国《联邦民事诉讼规则》第44.1条规定,“一方当事人若欲提出涉及外国法的事项,他需通过诉状或其他合理的书面形式作出通知。法院在确定外国法内容时,可以考虑任何相关资料或渊源,包括证言,不论此证言是否由当事人提出,亦不论此证言依《联邦证据规则》是否可采信。法院对外国法内容的确定应被视为对法律问题所作的裁决”。[28] 根据该条款,美国联邦法院在审理具有国际因素的民商事案件时,可以使用任何相关的材料来确定当事人提出且应予适用的外国法的内容。一旦当事人通知了涉及适用外国法的事项,法院可以查看任何相关的素材或资料,无论有关外国法内容的信息是从当事人的律师处获知的还是法官主动调查或研究所知,也无论根据证据规则有关资料是否具有可采性,法官均有权依据此类资料确定案件所应适用的外国法的内容。换言之,在查明外国法的问题上,美国联邦民事诉讼立法秉持的是实质正义的观念,获取外国法信息的手段并不受严格的形式主义束缚。具体地讲,美国联邦法院实践中,法官查明外国法的方法也是典型的多元主义,法官可采用的渠道包括但不限于:依赖于当事人

〔28〕 霍政欣:《美国法院查明外国法之考察》,载《北京科技大学学报》(社会科学版)2007年第4期。

所提供的专家证人的证词、法院所指定的专家针对有关外国法问题作出的书面报告、法官运用惯例、网络或非常规的资料进行独立研究而查知的外国法等。此外,法官甚至可以直接单方面地与精通相关外国法的学者或法律从业人士进行沟通、咨询。[29]

尽管实践中,最常见的情况是法官依赖于当事人委托的专家了解案件所需的外国法信息,但从法律条款来看,第44.1条第二句所用的措辞是"可以"(may)而非"应当"(should)或"必须"(must),其条款的立意重在突出对法官授予必要的自由裁量权,而非强制性的义务,这就意味着,法官并没有义务必须遵循某一方提供的专家意见。与第二句不同的是,第44.1条第一句的措辞则是"必须"(must),即提出适用外国法主张的一方当事人有义务向法院提供必要的、可用于确定外国法内容的材料。从该条款最后一句来看,美国联邦立法非常明确地要求法院需将外国法视为法律问题而非事实问题加以处理,这就意味着,当事人提交的关于外国法的材料,其目的并非用于确定案件事实,除非法官有特别要求,其也并不需要严格遵循证据法的要求完成宣誓、认证等程序或以特定的格式提供。在个案中,美国法官为了确定外国法的内容,不仅曾采信过未经公证认证的复印本和外国法的翻译件,[30]也曾认可过在外国律所网页下载并打印出来的资料,[31]甚至通过与法官助理及香港驻纽约经济贸易办事处的官员进行私人交谈而掌握案件所需要的外国法信息。[32] 不过,如果存在多份关于外国法的资料,其所表明的外国法信息互有冲突时,可以确定的是,法官更有可能采用来源可靠、格式规范、内容清晰、经过公证认证手续的资料。

---

〔29〕 See Matthew J. Wilson, "Demystifying The Determination of Foreign Law in U. S. Courts: Opening the Door to A Greater Global Understanding", *Wake Forest Law Review* 46, 2011, p. 902.

〔30〕 Forzley v. AVCO Corporation Electronics Division, 826 F. 2d 974, 979 (11th Cir. 1987).

〔31〕 In re Tommy Hilfiger Sec. Litig., 2007 WL 5581705, 15 (S. D. N. Y. Jul. 20, 2007).

〔32〕 United States v. Hing Shair Chan, 680 F. Supp. 521, 524 (E. D. N. Y. 1988).

毫无疑问，立法者在拟定条款时，故意使第44.1条的措辞保持充分的灵活性和非正式性，一方面，这种法律处理技巧避免因为严苛的格式要求或程序性限制使得外国法“查而不得”或“得而不用”；另一方面，这一条款也有益于促使法庭与当事人及其律师在外国法查明及适用的问题上展开并保持合作性的对话，提升涉外民事诉讼程序的稳定性与可预见性。表面上看，尽管这一条款明确了法官在查明外国法时不受证据法的严格拘束，且外国法不能被视为事实问题而应视为法律问题，但笔者注意到，从深层次考虑，这一条款仍然是在用证据与证明的思维来构建外国法查明规则。之所以作出此种论断，原因在于，英美等普通法系国家的证据立法基本是以“证据能力”为中心，即排除了非法证据之后，法官可按自由心证的原理就各类证据的证明力强弱加以评估并认定事实。而第44.1条的旨趣与此相契合，这一条款试图对法庭查明外国法的权限做灵活性展开，避免对法官可采用的资料进行硬性的限制或排除，只要是能够用于确定外国法内容的资料或信息，法官都可加以考虑。这样的处理模式，减轻了查明外国法的难度，进而在最大程度上防范了法官在涉外案件审判中轻易地以外国法无法查明为借口扩张法院地法的适用。因此可以肯定，在法律选择视角下分析，美国《联邦民事诉讼规则》第44.1条的立法原理是有助于缓和单边主义、强化国际主义的。

（三）荷兰法官查明外国法由法官主导

荷兰法官通常从当事人处获取关于外国法的必要信息，此外，法院和当事人也可以通过委任专家的方式获知与外国法有关的必要信息。在罕见的个别案件中，法官可以运用自己熟知的法律常识来获取与适用外国法。根据《荷兰民事诉讼法》第22条，荷兰法官有权命令当事人解释特定的事实主张或者提交与案件有关的特定文件。尽管该条款在制定之初主要作为查明案件事实的一种方式，但实践中，荷兰法官也有权据此从当事人处获取与外国法有关的信息。判例表明，荷兰法官常常依赖此种方式查明外国法，这在一定程度上也逐渐动摇了查明外国法是法官的义务这一基础。但另一方面，当事人却不能主动向法官提供外国法,荷兰最高法院(Hoge Raad)在1990年裁判的一起案件确立了这项规则。该案的主要争论点是,根据美国佛罗里达州的法律,涉案信托是否有效。在初审中,法官允许被告提交了若干由美国律师所出具的咨询意见(advisory opinion),这些意见表明根据佛罗里达州的法律本案信托是有效的。为了确保咨询意见的证明力,被告还请求法院允许提交证人证言对此加以补强。但初审法院拒绝了这一补充请求,而是认定法庭自身已充分了解佛罗里达州的法律,并认为涉案信托无效。原审被告对初审判决不服,上诉至荷兰最高法院,荷兰最高法院驳回了上诉请求,并明确表示:涉及证人证言的规则并不适用于本案,原因是外国法并不属于待查明的案件事实,法官根据《荷兰民事诉讼法》第22条命令当事人提供外国法,这应被视为当事人向法官提供案件信息的义务,而不属于查明外国法的方式,且该条款并未允许当事人主动提供相关信息。[33] 此外,在少数案件中,荷兰法官也可以在自己的知识范围内直接适用外国法裁判,而不需当事人提供外国法信息。在1994年审理的一起案件中,涉及土耳其婚姻法的适用,阿姆斯特丹上诉法院的法官称:《土耳其民法典》第170~240条认可当事人可以排除夫妻共同财产制的适用,这是个法律常识,因此,当事人完全可以通过协议的方式对其婚后财产进行约定。[34] 值得注意的是,如同德国的马克斯·普朗克外国私法与国际私法研究所、瑞士的比较法研究所,荷兰也设有专门负责查明外国法的学术机构,例如位于海牙的国际法律研究所(International Legal Institute),再如阿塞尔国际法研究所(TMC Asser Institute for International Law),其为提升本国涉外民商事审判的质量提供了可靠的智力支持。

此外,由于《伦敦公约》已于1977年对荷兰生效,并且《荷兰民事诉

〔33〕 Sofie Geeroms, *Foreign Law in Civil Litigation: A Compartive and Functional Analysis*, Oxford University Press, 2004, p. 154.

〔34〕 Sofie Geeroms, *Foreign Law in Civil Litigation: A Compartive and Functional Analysis*, Oxford University Press, 2004, p. 155.

讼法》第67条与第68条为该公约在荷兰的国内实施确立了法定基础，因此当事人与法院也可依赖公约规定的方法来获取外国法的有关信息。根据荷兰加入《伦敦公约》时所作的声明，荷兰司法部被指定为公约的中央机关，为了确保公约项下司法合作的高效性，当法官需要依赖公约中的司法协助获取外国法信息时，必须向荷兰司法部提出有关外国法的具体问题，而不能笼统地要求获取某一外国法。

(四)比利时当事人所提供的惯例证明

比利时法官在查明外国法的方法上经历了明显的转变，早期的司法实践表明，法官仅仅采取若干法律明文规定的查明方式，而现如今，法官则转向更为开放的立场，其广泛承认，外国法的内容可以通过各类用于查明案件事实的方式进行确定。法官可以指定专家，当事人双方也可以分别委任专家提供外国法的意见。不过，一些明显具有证据属性的用于查明案件事实的方法，如自认、宣誓等，则被排除在外国法的查明途径之外。与德国、荷兰、瑞士等国家相比，比利时并没有专门设立提供外国法查明服务的研究机构，国家也并未将这项任务授予现有的研究机构或学术部门，因此，比利时的法院与当事人并没有形成依托研究机构或大学查明外国法的传统。但是，比利时外交部拥有一座专门收藏外国法著述与资料的图书馆，这在一定程度上弥补了比利时不具有专门查明机构的缺憾。在1993年的一起案件中，比利时最高法院(Hof van Cassatie)向外交部的这一图书馆咨询并获得了与外国法相关的信息，且外交部并未收取任何费用。[35] 而对当事人而言，其通常采用惯例证明(certificat de coutume)的方式来确定外国法的内容，追根溯源，这一方式并非比利时所独创，而是比利时的法律从业者从法国所借鉴的实践经验。具体来讲，作为查明外国法的一项工具，这一证明最早是由律师所撰写的书面信函，用于陈述不成文的习惯法的内容。但随

〔35〕 See Sofie Geeroms, *Foreign Law in Civil Litigation: A Compartive and Functional Analysis*, Oxford University Press, 2004, p. 158.

着司法实践的演变,这也被用来证明案件所适用的外国法的大体内容。根据比利时早期的判例法,惯例证明甚至被接受为用于查明外国法的唯一方式,当案件所涉及准据法是外国的商事习惯法时,证明的主体通常是该外国的商会或贸易商。不过,从比利时近年来的判例法来看,法院已经不再使用这一方式,这不免让外界认为惯例证明的方法已经过时,但反过来从当事人的视角来看,他们仍然还在继续使用这一方法,只不过将其归类为"法律意见"(legal opinion)这一术语中。

(五)英国法官查明外国法的主要途径

在所有法律体系中,英国法院在查明外国法时可以采用的方法上别具一格。不过,法官过于依赖合格专家的口头证言,这也在很大程度上制约了当事人对外国法提供其他类型证据的自由。尽管采用专家证词的方式查明外国法存在成本偏高、易引发偏见等消极因素,但最新修订的《英国民事诉讼规则》并未改变普通法系国家将外国法视为事实这一基本立场。根据外国法提出诉讼请求或抗辩的一方当事人不仅要向法官说明案件缘何适用外国法,而且要向法官证明案件应适用的外国法如何规定。英国法律界始终将当事人之间对抗式的程序视为获取外国法信息的最佳途径,除非法律明确规定司法认知的事项,否则法官并不会逾越当事人抗辩的范畴主动查证外国法。[36] 英国诉讼模式的传统也解释了为何除了专家证词之外其他查明外国法的方式在英国极少被采用,相比较于当事人分别指定的专家证人,联合专家(single joint expert)、法官顾问(court-appointed advisor)、宣誓证据(affidavit evidence)等都在一定程度上限制了双方当事人控制证据收集过程的权力,因此在实践中并未受到重视。另外,基于类似的原因,英国 1861 年

〔36〕 如果提供外国法的专家证人参考了外国成文法、判例或法律书籍,则法庭仅有权着眼于专家证词所援引的部分,而不会考虑无关章节。例如,在 Nelson v. Bridport 案中,专家证人引用一部外国法书籍中的一段表述,但其并未将整本著作作为证据提供给法庭,则法官并不会主动去查实原书,也不会关心其他章节段落。See Lawrence Collins, *Dicey, Morris & Collins The Conflict of Laws*, Sweet & Maxwell Limited, 2006, p. 263.

颁布的《外国法查明法案》因其立法取向旨在为法官提供不需要当事人参与的外国法查明机制，与英国固有的诉讼传统并不契合，而未起到预期的实效；1968年《伦敦公约》虽旨在塑造缔约国间相互提供外国法资讯的合作平台，但由于公约的实施很大程度上需借力于法官职权主义的诉讼模式，因此也未能在英国立足。

在对外国法性质的认识和外国法查明方法的确立上，尽管美国也同属于普通法系的代表性国家，但其与英国却大相径庭。前述《联邦民事诉讼规则》第44.1条明确授权联邦法院有权在查明外国法的各种方式中自由选择，大多数州的司法认知立法中也作了类似宽泛的规定，且适用于法官的查明方法也同样适用于当事人，这意味着当事人可以依赖各种可能的方法向法官提供外国法的内容。不仅如此，《联邦民事诉讼规则》第44.1条及各州立法在实践中的实施状况也比较成熟，法院与当事人有效地凭借各类可行的方式查明了外国法。美国立法与实践之所以不去限制外国法查明的具体方法，根源于其将外国法的性质认定为法律而非事实，因此，无论案件当事人是否提供了外国法的内容，法官均在相当程度上承担了准确查明并适用外国法的责任。[37] 具体而言，法官既可以要求当事人以专家证人或出版资料的方式协助提供外国法，亦可以自行聘请特别专家（special master），还可以自行对案件所适用的外国法进行独立研究，甚至可以综合运用多重手段。实践中，通常由当事人对案件所涉及的外国法问题进行概要陈述，但鉴于相关资料可能片面不足或失准，因此法官及其助理仍然需要做深入研究以填补漏洞。相较于英国，美国法官对外国法法律属性的认知也使其较少依赖专家证人的口头证词、誓词、交叉盘问等言词证据，但美国法院先

---

〔37〕 例如，美国联邦第七巡回上诉法院早在20世纪80年代就确立了法官有准确查明外国法的义务，在Bodum USA，Inc. v. La Cafetiere，Inc. 案中，合议庭的三名法官一致认同，尽管查明外国法并非易事，但初审法院与上诉法院均有义务采取适当的方法查明争议中的法国法，并详尽地讨论了外国法在美国审判中的层级问题。See Louise Ellen Teitz，"Determining and Applying Foreign Law：The Increasing Need for Cross-Border Cooperation"，*International Law and Politicis* 45，2013，pp. 1090 – 1091.

前就相同外国法问题所作出的判例、宣誓书以及美国法官直接向外方请求法律咨询仍然被视为用以查明外国法的重要方式。当然,并不能据此断言美国民事诉讼程序的对抗性不及英国,毕竟,当事人在收集外国法信息方面的参与仍然颇有价值。且值得提及的是,相比于大陆法系国家,在法官指定专家证人的方面,美国与英国更为相似,即英美法官几乎从不通过行使其指定专家证人的权力来查明外国法,而大陆法系国家的法院,由于将查明外国法视为其裁判职能的一部分,因此在指定专家提供外国法方面并无障碍。此外,相较于外国法或国际法,州法院及案件当事人对其姊妹州法律的查明往往更为准确可靠。

(六)小结

除了共性因素之外,各国在其司法实践中分别形成了不同的外国法查明传统,例如德国长于利用专家意见(Gutachten)获取外国法信息,同时,荷兰也越来越强调国内学术机构或外国法研究中心向法官提供外国法的重要角色。尽管德国与荷兰的法官与当事人均可直接向国内研究机构请求提供外国法,但相较之下,荷兰的判例法表明其更为依赖通常的查明方法,例如强制当事人出庭、由法官或当事人指定专家证人出庭,而不仅仅由研究机构提供书面意见。造成德荷两国间存在这种差异的原因主要是,对德国学术机构出具的外国法意见,德国法官依然会适用证据规则加以质证再评估其证明力,而荷兰的法官则不会运用证据规则对外国法意见进行质证。法国尽管也设立了专门提供外国法信息的机构(l'Office de législation étrangeré),但其发达程度尚远不及德国,实践中法官与当事人仍然主要使用惯例证明(certificat de coutume)的方式确定外国法的内容,这一方法从操作上类似于普通法系的宣誓书(affidavit)制度,二者均由具有外国法知识或实务经验的个人起草,但制作惯例证书的主体无需像宣誓书一样履行宣誓手续。与德国法中的专家意见不同,惯例证明与宣誓书不是由精通外国法或比较法的国内律师所准备的,而是由外国律师所提供,即外国律师对某项涉及外国法的具体问题给出的法律意见。在比利时,当事人也常常求助于外国律师出具外国法意见。不过,比较法上的观察至少给我国法官处理外国法查明的问题提供了至关重要的一点启示,即尽可能拓宽外国法查明的途径,创新多元化的查明机制,综合运用多种可能的渠道获知外国法信息,才能保障相关冲突规范在实施中的有效性。

五、"一带一路"背景下对中国法院查明外国法的反思

(一)"一带一路"对外国法查明提出挑战

2013年,中国对外推出"丝绸之路经济带"与"21世纪海上丝绸之路"(以下简称"一带一路")倡议,力求在丝路沿线65个国家[38]间打造新的国际与区域合作平台,通过全面开展全球贸易、拓宽跨境直接投资,实现共同发展、共创繁荣的合作共赢局面。[39] 毫无疑问,该项战略的提出与推进将进一步加强中国与沿线国家合作的力度,提高对外开放的水平,而跨境商贸往来的增加会使中国法院面临更多的涉外案件,外国法查明的实践需求会进一步凸显出来。改革开放以来,中国法学教育与法律研究的外延渐趋国际化,法律界对外国法与国际法的研究越发深入全面,但已有的教学研究、法律实务较多集中于欧美等国成熟发达的法律体系,丝路沿线中的绝大多数国家的法律并非我国研究和教育重点。因此,在"一带一路"背景下讨论对沿线国家法律的查明,相较于对西欧、北美等国家法律的查明,其难度可谓有过之而无不及。

为了对国内各级法院充分发挥审判职能、妥善处理涉及"一带一

〔38〕 包括东亚的蒙古,东盟10国(新加坡、马来西亚、印度尼西亚、缅甸、泰国、老挝、柬埔寨、越南、文莱、菲律宾),西亚17国(伊朗、伊拉克、土耳其、叙利亚、约旦、黎巴嫩、以色列、巴勒斯坦、沙特阿拉伯、也门、阿曼、阿联酋、卡塔尔、科威特、巴林、塞浦路斯、埃及的西奈半岛),南亚8国(印度、巴基斯坦、孟加拉、阿富汗、斯里兰卡、马尔代夫、尼泊尔、不丹),中亚5国(哈萨克斯坦、乌兹别克斯坦、土库曼斯坦、塔吉克斯坦、吉尔吉斯斯坦),独联体7国(俄罗斯、乌克兰、白俄罗斯、格鲁吉亚、阿塞拜疆、亚美尼亚、摩尔多瓦),中东欧16国(波兰、立陶宛、爱沙尼亚、拉脱维亚、捷克、斯洛伐克、匈牙利、斯洛文尼亚、克罗地亚、波黑、黑山、塞尔维亚、阿尔巴尼亚、罗马尼亚、保加利亚、马其顿)。

〔39〕 See Michael M. Du, "China's 'One Belt, One Road' Initiative: Context, Focus, Institutions, and Implications", *The Chinese Journal of Global Governance* 2, 2016, p. 31.

路"倡议的民商事案件提供指引，最高人民法院于2015年7月发布了《关于人民法院为"一带一路"建设提供司法服务和保障的若干意见》（法发〔2015〕9号），其中第7条即指出："依法准确适用国际条约和惯例，准确查明和适用外国法律，增强裁判的国际公信力"，"要依照《涉外民事关系法律适用法》等冲突规范的规定，全面综合考虑法律关系的主体、客体、内容、法律事实等涉外因素，充分尊重当事人选择准据法的权利，积极查明和准确适用外国法，消除沿线各国中外当事人国际商事往来中的法律疑虑"。〔40〕 可见，我国最高人民法院已经十分明确地意识到，外国法查明与适用的准确性不仅是解决中外当事人具体案件争议的基础，而且能间接增强沿线国家潜在的外方当事人与中方当事人开展商事往来的信心，对问题的重视程度已经提到了应有的高度。那么，我国现有的法律框架（包括法律制定与法律实施）在解决外国法查明问题上，提供了哪些制度支持？

（二）我国用于查明外国法的途径与创新

我国《民事诉讼法》第7条规定："人民法院审理民事案件，必须以事实为根据，以法律为准绳。"有学者据此认为，我国法院在审理涉外民商事案件时，要以作出合理且公正的判决、维护当事人正当权益为要，无论"事实"抑或"法律"，均必须查清，因此，有观点指出，将外国法视为"事实"还是"法律"的论争，在我国并无实际意义。〔41〕 换言之，仅仅将目光集中于外国法在不同国家"事实"或"法律"的定性，并以此作为采用不同外国法查明方法的基本根据，这种研究路径很可能阻碍对形成外国法查明规则并支撑其运行的要素进行深入的探求。〔42〕 从现行的司法审判实践来看，我国已确立了由中外专家发表意见、法律服务机构

〔40〕《最高人民法院关于人民法院为"一带一路"建设提供司法服务和保障的若干意见》，载 http://www.co-urt.gov.cn/zixun-xiangqing-14900.html，访问时间：2016年11月30日。

〔41〕参见黄进主编：《国际私法》（第2版），法律出版社2005年版，第205页。

〔42〕参见徐鹏：《外国法查明的比较研究——兼评相关条文设计》，载中国国际私法学会、武汉大学国际法研究所主办：《中国国际私法与比较法年刊》（第10卷），北京大学出版社2007年版，第165~169页。

出具报告、通过司法协助请求其他国家提供外国法信息、借助法律论著、外国法介绍性资料等方式,并且在互联网途径、法院联合高校创建外国法查明中心等方面还在不断展开新的尝试。截至2016年12月30日,中国已与37个国家签订了双边民事或商事司法协助条约,其中包括24个丝路沿线国家。[43] 从司法协助的内容来看,除了在缔约方之间相互委托送达司法文书、调查取证、承认或执行外国法院判决与仲裁裁决外,相互请求并提供有关的国内法律咨询、交流法律信息也是司法协助的重要工作。通过双边或国际条约所确立的途径查明外国法,本应成为司法实践中查明外国法的有效途径,但我国最高人民法院从事涉外商事审判实践的法官研究发现,该途径并未得到司法实践的有效利用,其原因主要被归结为繁琐的程序整体上拉低了审判效率。[44] 另外,值得一提的是,我国最高人民法院于2015年颁布的《关于适用〈中华人民共和国民事诉讼法〉的解释》(以下简称《民事诉讼法司法解释》)第122条与第123条确立了"具有专门知识的人"的法律地位,这在学理上也被称为"专家辅助人"制度。[45] 有观点认为,"专家辅助人"在其可出具意见的事项范围上可以涵盖外国法的问题,他们凭借自己所拥有的对外国法的专门知识和经验,对专门性问题的说明可以帮助法庭查明案件事实,客观上起到了证明的作用,这标志着我国已经采纳了普通法系的观点,确立了专家证人制度。[46] 但《民事诉讼法司法解释》第122

---

〔43〕 参见司法部司法协助交流中心:《民商事司法协助概况》,载 http://www.moj.gov.cn/sfxzws/node_219.htm,访问时间:2016年11月30日。

〔44〕 通常,如果某中国法院希望通过条约途径查询外国法,其需要将该请求及相关材料包括译文报至最高人民法院,由最高人民法院转交司法部,再由我国司法部转交至缔约对方所指定的中央机关,并由该中央机关转交给该国主管机关办理,之后按原途径反馈意见,这一程序的复杂性使得通过条约途径查明外国法的利用率较低。参见高晓力:《涉外民商事审判实践中外国法的查明》,载《武大国际法评论》2014年第1期。

〔45〕 参见李学军、朱梦妮:《专家辅助人制度研析》,载《法学家》2015年第1期。

〔46〕 参见王葆莳:《论外国法查明的程序规制——兼评〈涉外民事关系法律适用法〉第10条的应用》,载中国国际私法学会、武汉大学国际法研究所主办:《中国国际私法与比较法年刊》(第15卷),北京大学出版社2013年版,第14~15页。

条第2款对专家辅助人意见的定位却比较模糊，该款规定，“具有专门知识的人在法庭上就专业问题提出的意见，视为当事人的陈述”，该条虽然明确了专家所出具意见与当事人陈述的功能相一致，但“视为”二字又未直接将二者相等同，因此专家出具的外国法意见究竟是立足于为委托方的当事人服务，抑或为协助法官中立、客观地认定事实服务，不甚明朗。

近年来，借鉴国外通过创设专门性研究机构的方式解决外国法查明的经验，我国不仅成立了专业化处理外国法查明的法律服务机构，〔47〕而且司法部门尝试谋求与高等院校、科研机构进行协同合作，例如上海市高级人民法院与华东政法大学合作成立的华东政法大学外国法查明研究中心、最高人民法院民四庭与中国政法大学合作成立的中国政法大学外国法查明研究中心等。通过引入此类第三方平台，充分利用研究中心所具备的师资力量与科研基础，提供外国法或港澳台等地区法律信息的专家意见，为法官裁判提供了高质量且中立、客观的法律基础。但有法官提出，这类外国法查明研究中心，由于其研究力量有限，所能接受的外国法查明请求数量和所能提供的外国法范围也都是有限的，相关的研究与信息共享机制也刚刚起步，还远未达到德国或瑞士的比较法研究机构发展水平，亟待通过资源整合组建统一且多元的外国法查明平台。〔48〕 2015年，在最高人民法院的主持下，我国曾展开过这类关于资源整合的工作，其在前海特区法院分别设立了“一中心两基地”，即中国港澳台和外国法律查明研究中心、最高人民法院港澳台和外国法律查明研究基地、最高人民法院港澳台和外国法律查明基地。

〔47〕 我国首家境外法律查明机构为深圳蓝海现代法律服务中心，性质上属于法律类民办非企业单位，其下设法律查明平台、法律交流平台，支持服务平台。经过两年多的运行，该平台所查明和提供咨询的法律已经覆盖了中国香港、美国、瑞士等国家和地区的法律，积累了一定的经验。参见黄漫山：《域外法查明引入第三方法律查明平台的可行性及问题分析》，载《特区经济》2016年第6期。

〔48〕 参见王贵枫：《我国外国法查明途径的拓展与革新》，载《武大国际法评论》2016年第1期。

其中,中国港澳台和外国法律查明研究中心汇聚了中国政法大学外国法查明研究中心、西南政法大学中国—东盟法律研究中心、法律出版社、深圳蓝海现代法律服务发展中心的法律专家资源。[49] 在第三方平台之外,法院系统内部也在谋求新途径。值得一提的是,作为"特区中的特区"的司法机关,前海法院被赋予了"中国司法改革样本"的任务,其积极展开了一系列探索,于2015年发布了全国首个地方法院的《深圳前海法院域外法查明办法(试行)》,其中第6条除了对传统的查明途径,如当事人提供、司法协助提供、外交途径、中外法律专家等加以确认,而且认可了第三方专业机构查明,并增设了兜底条款允许运用其他有效的方法,堪称多元化、开放化的典型。[50]

此外,在我国具体审判实践中,以互联网方式当庭查明外国法的方式得到了初步使用,且颇有成效。例如,在2006年上海市第一中级人民法院审理的一起涉外出资合同纠纷中,法庭确定应适用美国特拉华州的法律,原、被告均提交了特拉华州普通公司法的有关条文,被告还提供了自LEXIS网站获取的相关判例。因双方提供的法律条文版本略有差异,各方均对对方的法律条文真实性提出异议,原告还对被告所提供判例的真实性提出异议。在对当事人提供的外国法律进行庭审质证中,法院利用了法庭的计算机设备,当庭上网,进入美国特拉华州政府官方网站,下载了现行有效的特拉华州普通公司法,当庭打印后交由双方对比质证,确认了被告提供的条文的真实性。同时,本案中,法院还聘请了华东政法学院的法学教授出庭,不仅当庭发表意见,而且对网络查询的过程加以见证,确保了外国法查明程序的可靠性与真实性。[51] 这起案件中的外国法查明由于代表性强,一度为学者所称道,对后续相

〔49〕 参见郑媛:《国家级法律查明平台"一中心两基地"落户前海》,载《深圳商报》2015年9月21日。

〔50〕 参见孙普:《前海法院:驶入"域外法查明机制建设"快车道》,载《中国审判》2016年Z1期。

〔51〕 参见黄进、杜焕芳等:《中国国际私法司法实践研究(2001~2010)》,法律出版社2014年版,第210页。

关案件提供了较好的启示。

再如,在赛奥尔航运有限公司(SEoIL Shipping Co. ,Ltd.)与唐山港陆钢铁有限公司错误申请海事强制令损害赔偿纠纷案[52]中,赛奥尔公司和港陆公司在诉讼过程中就涉外侵权的法律适用达成一致意见,即侵权责任是否构成适用中华人民共和国法律审查,留置权是否成立适用英国法审查。依据《法律适用法》第44条的规定,赛奥尔公司与港陆公司协议选择法律适用符合我国法律规定,原审法院予以认可。因此,本案适用中华人民共和国法律审查侵权责任是否构成,适用英国法审查留置权是否成立。针对船东在英国普通法下是否就滞期费享有留置权的问题,天津市高级人民法院从公共网站获取了英国法律专家John FWilson教授撰写的《海上货物运输》(*Carriage of Goods by Sea*, Longman出版社出版,ISBN编号978 - 1 - 4082 - 1893 - 8)第7版著作。依该著作第303页记载,船东只能在三种情形下行使普通法下的留置权。此外,为了对上述著作所记载的外国法作进一步确认,法院又另从中国政法大学图书馆查阅了英国法律专家Stephen Girvin所著《海上货物运输》(*Carriage of Goods by Sea*,牛津大学出版社出版,ISBN编号978 - 0 - 19 - 876458 - 8)以及Alan Abraham Mocatta爵士、Michael J. Mustill爵士和Stewart C. Boyd修订的《SCRUTTON论租约与提单》(*Scrutton on Charterparties and Bills of Lading*, Sweet & Maxwell出版社出版,ISBN编号0 - 421 - 29710 - 7)两本法律著作。Stephen Girvin所著《海上货物运输》第350页27.05小节记载,明确了在普通法下,船东只在三种情形下享有留置权。对于所查阅的外国法资料,法院听取了当事人双方的意见,赛奥尔公司认为,法院上述查明方法不足以查明英国法下涉案留置权是否成立,理由在于:其一,英国法查明不应依据书籍,而应依据判例;其二,中华人民共和国法律规定了外国法查明的途径,不能通过查阅法律著作进行摘录得出结论。港陆公司认为,法院查

〔52〕 参见天津市高级人民法院(2012)津高民四终字第4号民事判决书。

阅上述著作的形式合法,亦认可法院根据上述著作归纳的英国法下船东享有货物留置权的情形。但天津高院最终认定,上述著作系来源于公共网站及高校图书馆,就本案争议的留置权问题,上述著作均直接确定了英国普通法下船东对货物行使留置权的适用情形,可以作为英国法的相关内容,审查留置权是否成立。可以预见的是,在“互联网+”时代下,通过网络手段获取外国法的电子信息并用于裁判,进而拓宽外国法查明的渠道,将成为大势所趋。

(责任编辑:徐英)

主权财富基金的国际法规制
——兼论中国投资有限责任公司的挑战与革新

边　城*

目　　次

摘要：主权财富基金是指由主权国家建立和所有的、由专门的政府投资机构管理的、用于长期投

* [作者简介]边城，中南财经政法大学法学院博士研究生，荷兰鹿特丹伊拉斯姆斯大学(Erasmus University Rotterdam)法学院博士研究生。

资的金融资产或基金。主权财富基金的表现形式包括基金会、养老金投资机构、国有企业等。主权财富基金及其投资行为引发了东道国的批评和抵触,东道国的立法者纷纷主张对主权财富基金做出相应的法律规制,以防止在主权财富基金投资行为掩盖之下的经济间谍活动对该国主权和国家利益的威胁和破坏。国际法本身并无对主权财富基金及其投资行为的"硬法"规制;主权财富基金国际工作组于2008年出台的《圣地亚哥原则》提出了24条适用于主权财富基金的指导性原则,是典型的国际"软法"规制。中国的主权财富基金——中投公司,从其诞生之日起就面临着诸多来自西方发达国家的非议和指责。为了更好地执行《圣地亚哥原则》,中投公司应当遵循更加严格的透明度标准和披露制度;并对今后的投资策略做出限制性承诺,以确保其完全的金融投资者的市场地位。

关键词:主权财富基金;中国投资有限责任公司;圣地亚哥原则;国际"软法"规制

一、概述

从20世纪末开始至今,主权财富基金的数量及其在全球范围内的投资额的爆炸式增长,引起了国际社会对其带来的政治上和经济上的影响的密切关注。虽然"主权财富基金"这一概念早在20世纪50年代已经出现,但是,自2008年金融危机在全球范围内爆发之后,主权财富基金及其在欧洲和美国金融市场的巨额投资才引发了国际社会正反两派的激烈辩论。

早在主权财富基金登上国际舞台之前,主权国家就已建立了对外国投资的国内法审查机制。建立这类审查机制的目的,一方面在于鼓励和吸引能够为东道国国计民生带来经济利益的外国投资,另一方面是为了限制和排除可能对东道国国内市场带来负面影响的外国投资。随着主权财富基金在全球范围内的爆炸式增长,各国的外资审查机制越来越多的引入了"国家安全"、"公共政策"或"敏感行业"等概念;如果东道国认为某外国投资可能威胁其国家安全或公共政策，抑或该外国投资涉及东道国敏感行业，那么东道国可基于国内法对该外国投资进行审查，并有可能得出禁止该项外国投资的结果。为什么主权财富基金的出现引发了各国立法者的普遍关注？国内外学者对这一问题的研究主要集中在对各国国内法的比较研究之上。然而近年来，对主权财富基金的国际法规制的研究也逐渐成为学术界关注和研究的重点。

2007年，中国的主权财富基金，中国投资有限责任公司（China Investment Corporation，CIC）（以下简称中投）的成立，再次引发了国际社会对主权财富基金及其法律规制问题的激烈辩论。中投公司的成立具有如下代表性意义：首先，其成立代表了国际经济竞争力从西方向东方转移的趋势；其次，其成立也表明，经过过去数十年的私有化运动之后，主权国家意欲作为市场主体，再次参与国际经济竞争和资源分配。同时，中投公司的成立引发了西方社会的担忧，其原因也是多方面的：首先，中投公司与中国政府具有紧密和直接的联系；其次，以中国庞大的外汇储备作为资金支持，中投公司及其投资将导致国际金融市场的剧烈震荡。[1]

从上述事实背景出发，本文的第二部分将阐释主权财富基金的定义，以及在全球化背景下，主权财富基金的产生和发展过程。同时，本文对晚近主权财富基金所招致的理性和非理性的质疑，以及这些质疑背后的深层次的原因加以介绍和分析。然后，本文的第三部分将从国际"硬法"和国际"软法"两个角度出发，对主权财富基金的国际法规制做出阐释。本文的第四部分着重研究中国的主权财富基金——中投公司。具体而言，本文第四部分首先对中投公司的成立和发展历程做出简要介绍，然后对中投公司成立以来所面临的质疑和挑战做出分析，最后，针对上述质疑和挑战，本文第四部分从公司治理角度出发，为中投

〔1〕 See Friedrich Wu，Arifin Seah，"Would China's Sovereign Wealth Fund Be a Menace to the USA?"，*China & World Economy*，Vol. 16，No. 4，2008，pp. 33－47.

公司提出革新的意见和建议。本文的第五部分是全文的结论。

二、全球化背景下主权财富基金的产生与发展

各国政府一般通过相关财政部门或者中央银行来管理公共财富。这些由财政部门或者央行来管理的资本侧重于强调资本的高流动性，投资的安全性和低风险性。然而，随着现代意义上的主权财富基金的出现，这种传统逐渐被打破。世界上首个主权财富基金是科威特政府为了降低该国经济对石油资源的依赖于1953年建立的科威特投资局（Kuwait Investment Authority）。科威特投资局追求高风险和高回报的投资，拥有巨大的资金储备，其投资对象也呈现出多元化的趋势。

国际法没有对“主权财富基金”这一概念做出权威性解释。按照惯常的理解，“主权财富基金”这一术语通常涵盖了以下几种不同的实体：基金会，养老金投资机构，国有企业，以及其他类似投资实体。根据《圣地亚哥原则》的定义，主权财富基金是指为了实现宏观经济目标而创设的，由各国中央政府所有的，具有特殊目的各种投资组合或安排，包括但不限于国际收支顺差，官方外汇管理机构，国有资产私有化的过程，国家财政税收以及贸易顺差。[2]

在过去的几十年里，西方发达国家一直承担着主要资本输出国的角色。然而，这种现象在2005年至2015年的十年间发生了戏剧性的变化。从2005年开始，得益于不断攀升的石油价格以及高速增长的国内经济，一大批“非西方国家”，包括中国、印度、科威特、俄罗斯、沙特阿拉伯、新加坡以及阿联酋，开始逐渐取代传统西方国家资本输出国的地位。特别是在2008年之后，随着美国的次贷危机的爆发，上述国家的主权财富基金接连收购了包括巴克莱银行、花旗银行、瑞士银行集团以

〔2〕 See International Working Group of Sovereign Wealth Funds, “Sovereign Wealth Funds-Generally Accepted Principles and Practices (Santiago Principles)”, October 2008, available at: http://www.iwg-swf.org/pubs/eng/santiagoprinciples.pdf, last visited on August 9, 2016.

及美林证券集团等大型跨国金融机构的股份。[3] 这一系列的收购行为也引发了东道国的政客和政府的高度关注；美国、法国和意大利尤以为甚。

以美国为例，美国政府对主权财富基金所持的怀疑态度主要基于两个方面：透明度的缺乏和投资政策的政治倾向性。一份美国国会的官方报告表明：主权财富基金透明度的缺乏会在极大程度上削弱美国国内市场和经济的高效运行。此外，不同于私人投资者或者私人投资基金，由主权国家所有的主权财富基金可能会追求除了经济利益最大化之外的其他的政治目标。正如美国政府会考虑除经济利益之外的其他的地缘政治目标和利益一样，其他国家也有其各自的政治考量。因此，主权财富基金作为投资者，应当得到特殊的对待。[4]

在这种背景下，一些东道国的政策制定者们主张对主权财富基金做出相应的法律规制，以防止在主权财富基金投资行为掩盖之下的经济间谍活动对该国主权和国家利益的威胁和破坏。这种主张背后的逻辑是，如果由主权国家所控制的主权财富基金在东道国投资国防、关键基础设施、核心技术等行业和领域，东道国的国家安全和经济安全势必会遭受一定程度的威胁。主权财富基金是政府实体，有着国家财政作为资金支持，这就导致了主权财富基金作为投资者，具有一般市场主体所不具备的特殊竞争优势。并且，虽然主权财富基金与对冲基金具有相似性，但是主权财富基金的透明度更低，因此对东道国经济和产业安全的威胁程度也更高。当然，上述观点只是学界对主权财富基金可能造成的影响的一种推测，目前在世界范围内还没有任何实质性证据表明主权财富基金涉及商业间谍活动，或者对东道国的国家安全造成了

〔3〕 See Yvonne C. L. Lee, "The Governance of Contemporary Sovereign Wealth Funds", *Hastings Business Law Journal*, Vol. 6, No. 1, 2010, pp. 197 – 238.

〔4〕 See Michael F. Martin, "China's Sovereign Wealth Funds, Developments and Policy Implications", *Congressional Research Service*, *Report for Congress*, September 23, 2010, available at: https://www.fas.org/sgp/crs/row/R41441.pdf, last visited on August 9, 2016.

负面影响。[5]

三、主权财富基金的国际法规制

(一)对主权财富基金的国际"硬法"规制

主权财富基金作为市场主体,其商业行为实质上是投资行为,应当受到国际投资法或者国内投资法的规制。基于篇幅的限制,本文并不讨论各国国内法对主权财富基金及其投资行为的法律规制问题。本文研究的核心问题是:主权财富基金及其投资行为是否受到国际投资法的规制?如果是,那么国际投资法是如何进行规制的?

为了回答这一问题,本文试从"硬法"规制和"软法"规制两个角度作为切入点。在现存的国际投资法和国际贸易法框架下,对主权财富基金具有强制力的"硬法"规制实际上并不存在。作为一个多边贸易条约,世界贸易组织(World Trade Organization,WTO)的法律制度在一定程度上包含了对投资行为的国际法规制。《与贸易有关的投资措施协议》(The Agreement on Trade-Related Investment Measures,TRIMs)涉及对影响贸易的投资行为的法律规制。TRIMs 的适用范围实质上相对较窄,仅覆盖与货物贸易有关的投资措施,并且只包含极少的条约义务(如国民待遇等)。因此,WTO 及其法律制度不是一个以规制国际投资为主的国际条约,也并不涉及对主权财富基金的规制。

在 2004 年的多哈回合上,WTO 部长级会议已经将"投资"议题彻底移出了讨论范围。国际社会也曾经做出过制定多边投资公约的尝试。早在 1995 年,世界经济合作与发展组织(Organization for Economic Cooperation and Development,OECD)就开始着手起草《多边投资公约》(Multilateral Agreement on Investment,MAI),然而,由于反对者的意见过于强烈,该公约的谈判也在 1998 年彻底宣告失败。

---

[5] 参见关雪凌、刘西:《全球主权财富基金:现状、原因与影响》,载《中国人民大学学报》2008 年第 5 期。

区域一体化条约（Regional Integration Agreements, RIAs）和双边投资条约（Bilateral Investment Treaties, BITs）中对主权财富基金的“硬法”规制实质上也不存在。如前所述，主权财富基金作为投资者，其“国家所有”的背景导致了东道国因其投资行为而产生的对本国国家安全、产业安全以及公共政策的普遍关切。因此，东道国通常通过国内立法对主权财富基金或者由主权国家控制的其他形式的投资进行审查，以保证本国利益不受侵犯。那么，这种国内法上的规制是否可能构成该国对本国已签署或加入的双边投资条约或区域一体化条约所规定的条约义务（包括最惠国待遇或国民待遇的给予等义务）的违反呢？大多数情况下，这些条约中包含了国家安全例外条款。国家安全例外条款是指缔约国为了保护其国家安全或者公共利益，可以在特殊情况下暂时背离其条约义务、排除其行为违法性的条款。〔6〕虽然国家安全例外条款的存在给予了东道国基于国家安全或者公共安全理由规制外国投资的国际法基础，但是，这类条款在性质上属于“自裁决”（Self-judging）条款，其适用范围、方式和程度均由缔约国自行斟酌决定。因此，条约缔约国作为投资东道国，实际上仍然基于其国内法（即该国的外商投资法制），而不是国际法，来管理和规制主权财富基金及其投资行为。

综上所述，国际法本身并无对主权财富基金及其投资行为的“硬法”规制。

（二）对主权财富基金的国际“软法”规制

学术界对“软法”这一概念本身及其功能和效力的界定不一而足。一派学者认为，随着适用的国家的数量逐渐增加，无普遍拘束力的“软法”最终将“进化”成为有强制力的“硬法”；另一派学者认为“软法”作为一种法律表现形式，有着其独特的功能，因此这种法律表现形式将会长期存在；第三派学者认为，“软法”与“硬法”的互动关系具有二元性

---

〔6〕 参见刘京莲：《国际投资条约根本安全例外条款研究》，载《国际经济法学刊》2010年第1期。

和两极性,它们要么互相排斥,要么相互补充。[7]

从国际投资“软法”对主权财富基金以及对跨国公司的规制角度出发,这些规制多以“行为准则(Codes)”,“指导原则(Guidelines)”、或者“行动宣言(Declarations)”命名,因此不具备法律强制力。但是不可否认的是,这些国际“软法”规制是国际社会对此问题做出的不可忽视的重要立法尝试;同时,这些国际“软法”规制也反映了东道国与投资者母国之间利益的平衡与妥协。

国际社会对主权财富基金的“软法”规制的最早尝试是世界银行(World Bank)于1992年颁布的《外国直接投资待遇指南》(Guidelines on the Treatment of Foreign Direct Investment)(以下简称《世界银行指南》)。[8]《世界银行指南》旨在对外国投资的待遇问题向东道国提供一个无法律拘束力的立法建议。有学者指出,《世界银行指南》并没有创造新的规则与准则,而是一次对现存的国际直接投资的多边规则的“重述”,或者“最低标准”的总结。《世界银行指南》第二章第4条b款规定:

在对本指南前述的外资准入自由化条款不产生歧视的前提下,作为本指南的一项例外,主权国家可以禁止某一外国投资进入本国市场:如果根据东道国的国内法,该投资与本国成文法规定的国家安全相冲突;或者,出于东道国国内产业政策和经济发展目标的考虑,该项投资只能由本国人开展;再者,如果某项国内产业受到外国投资者的控制,将会给东道国的国家利益造成紧急的威胁。

从上述条款可知,《世界银行指南》对外国投资的规制的侧重点不是对投资者或者跨国公司本身的公司治理方面的规制,而是对东道国的外国投资法(亦即东道国的国内法)的限制。

---

〔7〕 参见何志鹏、尚杰:《国际软法的效力、局限及完善》,载《甘肃社会科学》2015年第2期。

〔8〕 World Bank,“Guidelines on the Treatment of Foreign Direct Investment”, available at: http://www.italaw.com/documents/WorldBank.pdf, last visited on August 9, 2016.

国际社会对主权财富基金和东道国国内法的国际“软法”规制的最新尝试发生在 2008 年。国际货币基金组织(International Monetary Fund,IMF)下属的主权财富基金国际工作组(International Working Group of Sovereign Wealth Funds,IWG)于2008 年10 月出台了《主权财富基金:普适原则与实践》(Sovereign Wealth Funds-Generally Accepted Principles and Practices)。由于该文件的最终文本是工作组在智利圣地亚哥会议上形成的,因此这一文件也被称为《圣地亚哥原则》(Santiago Principles)。[9] 2009 年,主权财富基金工作组这一临时机构被主权财富基金国际论坛(The International Forum of Sovereign Wealth Funds,IFSWF)这一永久性机构所取代。主权财富基金国际论坛以《圣地亚哥原则》为核心,旨在全球范围内推动和促进主权财富基金的最佳实践和公司治理方式。目前,该论坛共有 30 名成员,由全球各国的主权财富基金所组成。这 30 名成员管理着全球主权财富基金总资产的百分之八十。我国的中投是其成员之一。中投公司的前任副董事长李克平同时兼任主权财富基金国际论坛的董事会成员。

《圣地亚哥原则》共有 24 条,现概括如下:对主权财富基金的母国国内法规制应当具有稳定性,并且向公众披露;主权财富基金的政策目标应当具有明确性;主权财富基金及其投资活动应当与母国财政和金融体系相互协作;主权财富基金的资金运作过程和财务报表应当向公众公开;主权财富基金应当维持自身的独立性和可追责性;主权财富基金的所有者(通常为一国财政部或类似政府机构)应当从主权财富基金本身的利益最大化出发,通过法定程序有效管理;主权财富基金的管理者应当具有独立性;主权财富基金的运营应当具有透明性;主权财富基金的雇员应当遵循相当的专业标准和职业道德;与第三方的商业往来

---

[9] See International Working Group of Sovereign Wealth Funds, “Sovereign Wealth Funds-Generally Accepted Principles and Practices (Santiago Principles)”, October 2008, available at: http://www.iwg-swf.org/pubs/eng/santiagoprinciples.pdf, last visited on August 9, 2016.

应当建立在纯粹的商业考虑之上；主权财富基金应当遵循东道国当地的法律法规；主权财富基金的投资政策应当具有明确性、连贯性，并且具有一定的风险抵抗力；主权财富基金的投资决策应当追求风险可控前提下的利益最大化原则；主权财富基金不得滥用其优势地位与私营企业竞争；主权财富基金应当具有一套完整的监测、评估和管理风险的公司治理机制；主权财富基金的资产和投资应当依法定程序向所有者及时报告。

总而言之，《圣地亚哥原则》全文可归结三类原则：第一类（原则1～5）是对主权财富基金的法律架构、目标和与母国宏观经济目标的协调的规定；第二类（原则6～17）是对主权财富基金的机构设置和公司治理架构的规定；第三类（原则18～24）是对主权财富基金投资策略和风险控制的规定。[10]

关于《圣地亚哥原则》的适用问题，《圣地亚哥原则》本身也做出了明确的界定：本规则的适用采取自愿原则，各成员可自行决定是否采用本规则以及在何种程度和条件下采用本规则；本规则仅包括一般性和概括性的原则和方针，一旦被成员接纳，其执行应当依据主权财富基金的母国的国内法来进行。据此，《圣地亚哥原则》不具有法律强制力和执行力，从性质上来看，是典型的“软法”。

世界经济合作与发展组织亦于2008年发布了一份文件，名为《主权财富基金及东道国政策》（Sovereign Wealth Funds and Recipient Country Policies）。[11]与前述《世界银行指南》类似，《主权财富基金及东道国政策》旨在为东道国提供对外国主权财富基金投资规制的指导原

〔10〕 See Locknie Hsu, “Multi-Sourced Norms Affecting Sovereign Wealth Funds: A Comparative View of National Laws, Cross-border Treaties and Non-binding ‘Codes’”, *The Journal of World Investment & Trade*, Vol. 10, No. 6, 2009, pp. 793–828.

〔11〕 See Organization for Economic Co-operation and Development (OECD): “Sovereign Wealth Funds and Recipient Country Policies”, Report by the OECD Investment Committee, 4 April 2008, available at: http://www.oecd.org/investment/investment-policy/40408735.pdf, last visited on August 9, 2016.

则。换言之,《主权财富基金及东道国政策》回答了东道国应当如何运用其国内法给予外国主权财富基金何种待遇的问题,包括国内法的透明度要求,国内法的可预测性和稳定性要求,以及国内法的比例原则等。

上述国际社会对主权财富基金的"软法"规制可以划分为两种不同的规制路径,即:对主权财富基金公司治理(Corporate Governance)的规制和指引;或者,对东道国国内法的立法指引和建议。上述两种不同的路径选择反映了东道国和投资者母国之间利益的平衡与妥协。

四、中国的主权财富基金——中投公司

(一)概述

目前中国一共成立了三家主权财富基金。他们分别是成立于香港的中国华安投资有限公司(SAFE Investment Company Limited)、国家社会保障基金(National Social Security Fund,NSSF)以及中国投资有限责任公司。作为目前国内最大、全球第五大的主权财富基金,中投公司成立于2007年,公司总部设在北京,注册资本2000亿美元,是依照《中华人民共和国公司法》(以下简称《公司法》)设立的国有独资公司。中投公司下设三个子公司,分别是中投国际有限责任公司(以下简称中投国际)、中投海外直接投资有限责任公司(以下简称中投海外)和中央汇金投资有限责任公司(以下简称中央汇金)。中投公司的公司宗旨是"实现国家外汇资金多元化投资,在可接受风险范围内实现股东权益最大化"。据此,作为一家依据我国《公司法》成立的有限责任公司,中投公司具有独立的法律人格,其性质是国有独资公司,其主营业务为外汇资金投资与管理。

作为一家全球第五大的主权财富基金,中投公司从其诞生之日起就面临来自西方发达国家诸多的非议和指责。以美国和欧盟为代表的发达国家一直怀疑中投公司的投资决策是由中国的国家利益和政治利益,而不是正常的商业利益所主导。并且,中投公司在美国和欧盟的投

资都带有控制该国战略性产业的目的。国际投资者担忧中投公司及其投资行为会加剧全球金融市场的不稳定性，其背后的原因是中投公司作为一家不成熟的机构投资者，其投资决策和公司运作不具有透明性和公开性。甚至在国内，部分学者对中投公司能否在海外市场赚取利润这一问题也持怀疑态度。中投公司自创立之初就面临着来自内部和外部的前所未有的危机和挑战。[12]

（二）中投公司所面临的质疑与挑战

首先，中投公司的投资目标和方向遭到西方学者的质疑。主权财富基金的创立通常具有两种目的，其中之一是承担母国的外汇储备管理职能。例如，新加坡政府投资公司（Government of Singapore Investment Corp.，GIC）。GIC 代表新加坡政府和新加坡财政部管理新加坡的外汇储备，但其本身不是这些被管理资产的所有者。主权财富基金承担的第二类职能类似于投资基金，例如俄罗斯联邦平准基金（The Stabilization Fund of the Russian Federation，SFRF）。SFRF 的资金来源是俄罗斯石油进出口的关税和贸易顺差。SFRF 的利润将用来填补俄罗斯联邦政府的财政赤字。总而言之，无论是承担外汇管理职能还是投资基金职能的主权财富基金，他们对外不承担债务，也不必对其资本支付利息。然而，西方学者认为，中投公司不属于这两类主权投资基金中的任何一种。[13] 其原因是，中投公司 2000 亿美元的注册资本的初始来源是中国人民银行的外汇储备，而财政部通过发行国债的方式向中国人民银行购买了这 2000 亿美元的外汇储备，并向中投公司注资。财政部不是中投公司的股东，而且财政部要求中投公司向财政部支付其发行的国债的利息。中投公司每天必须至少获得 3 亿元人民币的投资利润来抵消其需支付的利息和日常运营成本。因此，2000 亿美

---

〔12〕 参见张明：《全球金融危机背景下中国主权财富基金投资行为的转变》，载《国际经济评论》2010 年第 5 期。

〔13〕 See Ming Zhang and Fan He，"China's Sovereign Wealth Fund：Weakness and Challenges"，*China & World Economy*，Vol. 17，No. 1，2009，pp. 101 – 116.

元注册资本实质上并不是资本,而是债务;财政部不是中投公司的股东,而是其债权人。这种特殊的注资方式将会给中投公司带来如下潜在问题。首先,偿还巨额利息的压力会导致中投公司更热衷于追求高风险高回报的短期性投资项目,而回避长期的多元化投资组合。其次,中投公司的子公司之一,中央汇金是根据国务院授权的,国有金融企业的出资人。这就直接导致了中投公司身份的混同;甚至有西方国家认为,中投公司不是一般意义上的金融投资者,而是一家由中国政府主导的战略投资机构。

其次,中投公司的混合投资策略遭到西方发达国家质疑。机构投资者一般归属于如下两种身份之一:金融投资者或战略投资者。金融投资者追求投资利润最大化,通常不具有控制目标公司的主观意图。而战略投资者在主观上追求对目标公司的日常经营与管理的影响与参与,例如,战略投资者通常要求在目标公司董事会中取得席位。考虑到主权财富基金本身的政府背景,世界上大多数主权财富基金都选择将自己定位为金融投资者,以消除东道国对其投资的怀疑和审查。一个典型的例子是挪威的环球政府养老基金(The Global Government Pension Fund of Norway)。这一基金在全球3500多家公司中持有股份,并且在每家公司的持股通常不超过1%。[14] 与其相反的一个例子是新加坡淡马锡投资公司(Temasek Holdings Limited,以下简称“淡马锡”)。作为一家典型的战略投资者,淡马锡控制了新加坡国内十几个大型企业,同时也拥有多家海外大型跨国企业和金融公司的多数股份。例如,在2007年9月,淡马锡就一举收购了英国渣打银行(Standard Chartered Bank)17.22%的流通股。[15] 尽管中投公司一直致力于打造其金融投资者的形象,但在很大程度上,东道国,特别是欧美发达国家,仍然将其

---

〔14〕 See Qingxiu Bu, “China's Sovereign Wealth Funds: Problem or Panacea?” *The Journal of World Investment & Trade*, Vol. 11, No. 5, 2010, pp. 849 – 877.

〔15〕 参见周建军:《辩证看待“淡马锡模式”》,载《现代国企研究》2016年第7期。

视为战略投资者。最重要的原因之一是中投公司的子公司之一，中央汇金是一家典型的国内战略投资公司。中央汇金以极低的价格收购国有商业银行的股份，待这些商业银行成功上市之后，中央汇金便从中赚取高额的股息。因此，中央汇金的盈利不是来自于公平的市场竞争，而是来源于其垄断地位和政治背景。中投公司收购中央汇金的最初目的为了用中央汇金的盈利来减轻中投公司支付国债利息的压力，但是这也直接导致了中投公司战略投资者身份的转变。

最后，中投公司管理层的官僚化招致东道国的不满。中投公司高层管理人员由政府官员组成，其专业水平和管理经验令人怀疑。对于这些中投高管来说，中投公司的职位只是临时性的，他们最终会返回政府部门任职。例如，中投公司现任董事长兼首席执行官丁学东，历任财政部部长助理、副部长和国务院副秘书长；中投公司现任副董事长、总经理屠光绍，曾任上海市副市长、常务副市长。并且，考虑到中投公司高管的国家工作人员的特殊身份和来自政府和舆论的压力，他们的薪酬水平远低于同行业高管的平均薪酬水平。如果中投公司无法提供具有竞争力的薪酬，就很难吸引国际一流的管理人才来中投任职。这种人事任免的尴尬导致了中投公司管理层官僚化和专业性人才缺乏的恶性循环。

（三）中国主权财富基金的革新建议

西方发达国家对中投公司的上述三个方面的质疑与挑战集中地反映了当前国际社会对中国的主权财富基金所持的怀疑态度。诚然，这些批评与怀疑有其非理性和揣测的成分；但是，作为一家以海外投资为主营业务的投资公司，中投不得不对来自东道国的质疑做出回应。如前所述，中投公司是主权财富基金国际论坛的创始成员，中投公司积极参与论坛各项活动，在 2015 年的论坛年会上，时任公司董事长的李克平被推举为论坛新一届董事会董事。中投公司也公开地在多个场合反复地、明确地表示，公司将自觉、自愿遵守和执行《圣地亚哥原则》，并于 2015 年开展了针对《圣地亚哥原则》中 24 条基本原则的自我测评，取得了积极效果。

然而,仅仅依靠中投公司自身反复的承诺和保证以及口号式、运动式的宣传策略,显然不足以彻底消除主权财富基金带来的负面影响和忧虑。从公司治理的角度来看,为了更好地执行《圣地亚哥原则》,中投公司可考虑从如下几个方面做出变革:遵循更加严格的透明度标准和披露制度;以及对今后的投资策略做出限制性承诺,以确保其完全的金融投资者的市场地位。

首先,中投公司应该采纳和执行更加严格的透明度标准和披露制度。值得肯定的是,与其他的国有企业相比,中投公司在透明度和信息披露方面已经达到了较高的程度。例如,在中投公司的官方网站上,公司高层管理人员的姓名及其简历可供公众查阅。网站对公司的投资管理和决策也做出了简要的介绍。此外,根据国外研究机构"主权财富基金研究院"(Sovereign Wealth Funds Institute,SWFI)于2016年第二季度发布的最新Linaburg-Maduell透明度指数(Lindaburg-Maduell Transparency Index),中投公司的透明度指数达到了8分的高分(总分10分)。[16]为了进一步提高中投公司的透明度,中投公司可以考虑推广和执行更加严格的强制信息披露制度。例如,作为全球第一大主权财富基金,挪威政府养老基金被国际社会公认为世界上透明度最高的主权财富基金之一;该基金所做出的每一笔投资交易及其损益、该基金的债务/资产组合以及基金管理层的所有身份信息均向公众公开。[17]中投公司可考虑借鉴挪威政府养老基金的信息披露制度,执行高于《圣地亚哥原则》透明度要求的标准并在公司章程中加以规定;向公众公开其管理的资产总额及投资组合构架;公开总投资额超过一定阀值的投资

〔16〕 See Sovereign Wealth Funds Institute: Linaburg-Maduell Transparency Index, available at: http://www. swfinstitute. org/statistics-research/linaburg-maduell-transparency-index/, last visited on August 9,2016.

〔17〕 See Jason Buhi, "Negocio De China: Building upon the Santiago Principles to Form an Effective International Approach to Sovereign Wealth Fund Regulation", *Hong Kong Law Journal*, Vol. 39, No. 1, Fall 2009, pp. 197–216.

活动的全部信息，包括投资收益、投资业绩、时间表、投资对象的主要信息及其相关的财务报表和第三方审计评估报告等。通过这种自愿强制信息披露模式，中投公司可在很大程度上提高自身透明度，从而增强市场信心，消除东道国对其投资行为的疑虑。[18]

其次，为了确保其金融投资者的市场主体地位，中投公司可以考虑在公司章程中做出不取得被投资企业控制权的承诺。根据《圣地亚哥原则》的规定，主权财富基金可以在收购目标企业的股份之前，将其是否行使和如何行使其股东权利；以及如何取得目标企业的董事会席位的事宜向社会公布。如前所述，中投公司一直被西方国家视为是具有明显政治目的和政治倾向的策略投资者，为了进一步消除目标企业对中投公司的怀疑和抵触情绪，中投公司可以考虑在公司章程中纳入如下条款，履行高于《圣地亚哥原则》所规定的义务，以保证其完全的金融投资者地位：中投公司可以优先考虑购买目标企业中的无表决权股份；如果目标企业暂无可转让的无表决权股份，中投公司可以通过与目标企业签订协议的方式放弃其欲购买股份的表决权；如果这种股权协议安排也不可行，中投公司可以将在目标企业中的持股比例限制在10%的红线以下（根据国际惯例，持有股权超过10%的股东通常被视为该企业的控股股东）。通过这些自我限制条款，中投公司就能保持其被动投资者和非管理层参与者的身份；只有作为一个纯粹的金融投资者，中投公司才不会被东道国视为可能危及该国国家经济安全的潜在威胁。

五、结论

主权财富基金的创立是为了增加人类财富和福祉。通过管理庞大的公共财富，主权财富基金的资本可以为主权国家提供医疗、教育和基

〔18〕 参见刘媛：《论主权财富基金的法律规制——以主权财富基金透明度为视角》，载《法制与社会》2016年第4期。

础设施建设等所需的资金支持。随着全球经济一体化进程的不断深入,主权财富基金为全球金融市场注入了资本,起到了稳定市场和提高投资者信心的积极作用。

然而,主权财富基金的国家属性决定了其固有的特殊投资者地位。主权财富基金与地缘政治和国家利益有着密不可分的联系,这种联系导致主权财富基金从诞生之日起就经受着被民族主义者和国家主义者滥用的危险。对主权财富基金背后所秉持的真正目的的恐惧,无论是合理的还是非理性的,都将导致东道国国内投资保护主义的抬头。然而,在全球金融危机阴霾的笼罩下和全球经济衰退的大背景下,国际市场对主权财富基金流动资产的依赖程度越来越高,主权财富基金及其母国将在国际社会获得越来越多的谈判筹码。从为主权财富基金构建一个对各方均有利的国际法律规制体系的角度出发,《圣地亚哥原则》是国际社会目前为止针对此议题所做的一次最为积极和重大的尝试。当然,不可否认的是,作为国际"软法",《圣地亚哥原则》不具有法律拘束力,也无强制执行力。

中国作为世界上第二大经济体和第一大发展中国家,在国际舞台上的话语权早已不可同日而语。作为全球外汇储备第一大国,中国的主权财富基金在成立之初便遭遇了西方发达国家的密切关注。中投公司管理着在全球范围内资产总额第五大的主权财富基金,其一举一动更是成为国际媒体争相报道的焦点。面对铺天盖地的种种质疑和非难,中投公司通过官方网站、年度报告、新闻发言人、媒体报道等多种平台和渠道,主动披露公司主要经营管理情况,并认真履行《圣地亚哥原则》的承诺,积极塑造其国际机构投资者的良好形象。

为了进一步提高中投公司运作的透明度,保证其金融投资者的市场地位,消除东道国对中投公司及其投资活动的质疑与审查,中投公司可以在贯彻执行《圣地亚哥原则》的基础之上,遵循更加严格的透明度标准和披露制度,并且对今后的投资策略做出自我限制性承诺。这样,国际投资市场的非政治性和稳定性就能得到有效的维系。更为重要的是,如果中投公司能够实现国家财富代际的正转移,并切实提高国民的生活水平和福祉,那么,中投公司及其治理模式就能够成为全球范围内其他主权财富基金公司治理的典范和楷模。

(责任编辑:潘炫明)

《立法评论》注释体例

一、一般规定

1.本评论采用页底脚注的形式,编号连排,注释序号以阿拉伯数字上标;标题及作者简介信息注以星号上标。

2.引用文献的必备要素及一般格式为“[国籍]责任者与责任方式:《文献标题》(版本与卷册),出版者出版时间,起止页码。”

3.所引文献若为撰著,不必说明责任方式,否则,应注明“编”“主编”“编著”“整理”“编译”“译”“校注”等责任方式。

4.非引用原文者,注释前应以“参见”引领;非引自原始资料,应先注明原始作品相关信息,再以“转引自”引领注明转引文献详细信息。

5.引证信札、访谈、演讲、电影、电视、广播、录音、馆藏资料、未刊稿等文献资料,应尽可能明确详尽,注明其形成、存在或出品的时间、地点、机构等能显示其独立存在的特征。

6. 外文文献遵循该语种通常注释习惯。

二、注释范例

1. 著作

黄建武:《法律调整——法社会学的一个专题讨论》,中国人民大学出版社2015年版,第115页。

参见季卫东:《法治构图》,法律出版社2012年版,第56页。

2. 论文

王利明:《惩罚性赔偿》,载《中国社会科学》2000年第4期。

3. 集刊

贺卫方、苏彦新、徐忠明、任强:《法治及其西方资源》,载谢进杰主编:《中山大学法律评论》(第9卷第1辑),法律出版社2011年版,第56页。

4. 文集

陈光中:《中国刑事诉讼法的特点》,载陈光中:《陈光中法学文集》,中国法制出版社2000年版,第258页。

5. 教材

江平主编:《民法学》(第二版),中国政法大学出版社2011年版,第96页。

6. 译作

[美]贝勒斯:《法律的原则——一个规范的分析》,张文显等译,中国大百科全书出版社2002年版,第156页。

7. 报纸

徐忠明:《学术训练与大学时光——2011届新生开学典礼致辞》,载《中山大学法学院院报》2011年9月25日,第8版。

8. 古籍

沈家本:《沈寄簃先生遗书》(甲编),中国书店1985年版(据民国刊刷印本)(第43卷),第45页。

9. 学位论文

吴洪淇:《证据法的运行环境与内部结构》,中国政法大学 2010 年博士学位论文,第 26 页。

10. 会议论文

黄瑶:"Military Intervention under the Doctrine of the Responsibility To Protect (R2P)",发表于"亚洲国际法学会第三届双年会",北京,2011 年 8 月 27 ~ 28 日。

11. 学术报告

陈弘毅:《香港特别行政区与台湾地区的法治和民主:比较与反思》,发表于中山大学法学院"方圆大视野"系列高端公益论坛第十九期,广州,2013 年 1 月 8 日。

12. 研究报告

丁利:《理性、进化与均衡:博弈论解概念及其基础》,中国社会科学院经济研究所博士后工作报告,北京,2002 年 9 月。

13. 网络文献

《中国法学会国际经济法学研究会 2011 年年会在中山大学隆重召开》,载 http://ielaw. uibe. edu. cn/html/yanjiuhuizhichuang/20111120/17079. html,访问时间:2011 年 12 月 21 日。

14. 外文文献

期刊文章:

D. James Greiner, Cassandra Wolos Pattanayak and Jonathan Hennessy, "The Limits of Unbundled Legal Assistance: A Randomized Study in a Massachusetts District Court and Prospects for the Future", 126 *Harvard Law Review* 901 (2013), pp. 905 – 907.

著作:

Tai-Heng Cheng, *When International Law Works*, New York: Oxford University Press, 2012, p. 151.

图书在版编目(CIP)数据

立法评论. 第2卷 / 刘诚主编. -- 北京 : 法律出版社, 2019
ISBN 978-7-5197-3055-0

Ⅰ. ①立… Ⅱ. ①刘… Ⅲ. ①地方法规-立法-研究-中国 Ⅳ. ①D927

中国版本图书馆CIP数据核字(2019)第021210号

立法评论(第2卷)
LIFA PINGLUN(DI 2 JUAN)

刘 诚 主编

责任编辑 孙东育 王 珊
装帧设计 李 瞻

出版 法律出版社
总发行 中国法律图书有限公司
经销 新华书店
印刷 北京虎彩文化传播有限公司
责任校对 李景美
责任印制 陶 松

编辑统筹 学术·对外出版分社
开本 720毫米×960毫米 1/16
印张 17
字数 210千
版本 2019年3月第1版
印次 2019年3月第1次印刷

法律出版社/北京市丰台区莲花池西里7号(100073)
网址/www.lawpress.com.cn
投稿邮箱/info@lawpress.com.cn
举报维权邮箱/jbwq@lawpress.com.cn
销售热线/010-83938336
咨询电话/010-63939796

中国法律图书有限公司/北京市丰台区莲花池西里7号(100073)
全国各地中法图分、子公司销售电话:
统一销售客服/400-660-6393
第一法律书店/010-83938334/8335
西安分公司/029-85330678
重庆分公司/023-67453036
上海分公司/021-62071639/1636
深圳分公司/0755-83072995

书号:ISBN 978-7-5197-3055-0
定价:68.00元